Pallai
Kilinochchi
Mullaitivu
Mankulam
Omantai
Vavuniya
Kuchchaveli
Nilaveli
Medawachchiya
Uppuveli
Trincomalee
Hamillewa
Mutur
nuradhapura
Kulturelles Dreieck
Seiten 158–189
Habarana
Giritale
Welikanda
Valaichchenai
Golf von Bengalen
Dambulla
Polonnaruwa
SRI LANKA
Batticaloa
Ridigama
Osten
Seiten 190–205
urunegala
Matale
Kalmunai
Karativu
Kandy
Mahiyangana
Kehelulla
Ampara
Akkaraipattu
alle
Gampola
Kandy und Hill Country
Seiten 132–157
Vinayagapuram
ulgala
Nuwara Eliya
Badulla
Hatton
Bandarawela
Ella
Monaragala
Pottuvil
Dalhousie
Haputale
Buttala
Panama
Wellawaya
atnapura
Balangoda
Okanda
Kudawa
Kataragama
Indischer Ozean
Deniyaya
Embilipitiya
Yala
Tissamaharama
Süden
Seiten 102–131
Kirinda
Hungama
Hambantota
Akuressa
Ambalantota
Weligama
Tangalla
Matara
Dickwella
0 Kilometer 50
N

INSPIRIEREN / PLANEN / ENTDECKEN / ERLEBEN

SRI LANKA

DK Vis-à-Vis

SRI LANKA

INHALT

SRI LANKA ENTDECKEN **6**

SRI LANKA ERLEBEN **60**

REISE-INFOS **218**

Links: *Ein liegender Buddha in einem Tempel in Colombo* (siehe S. 62–85)
Vorhergehende Seite: *Eine Teeplantage im Hill Country* (siehe S. 132–157)
Umschlag: *Stelzenfischer vor der Küste von Weligama* (siehe S. 122, 124)

SRI LANKA
ENTDECKEN

Luftaufnahme von Weligama Bay

WILLKOMMEN IN SRI LANKA

Die vielen Attraktionen der tropfenförmigen Insel lassen leicht vergessen, dass sie nicht besonders groß ist. Doch man findet Wildtiere wie kaum anderswo, atemberaubende Landschaften, koloniale Sträßchen, die wie aus der Zeit gefallen wirken, oder majestätische historische Monumente von Weltrang. Was immer Sie auf Ihrer Traumreise dorthin ansteuern - dieser Vis-à-Vis-Reiseführer ist der perfekte Begleiter. Ob für eine Woche oder länger, mit ihm sehen Sie das Beste, was die Insel zu bieten hat.

1 *Zug auf der Demodara Bridge, nicht weit von Ella*

2 *Entspannung am Wasser im Fort von Colombo*

3 *Türkisfarbene Fluten am Strand von Unawatuna*

4 *Im Maviddapuram-Kandaswamy-Tempel auf Jaffna*

Gesäumt von idyllischen Sandstränden und umspült von den warmen Fluten des Indischen Ozeans, präsentiert sich die Insel im Inneren vielgestaltig. Undurchdringlicher Tieflandregenwald im feuchtwarmen Südwesten geht im Süden über in endlose Trockenebenen, durchstreift von Elefantenherden, während im Yala West National Park die berühmten Leoparden auf Bäumen liegen. Das innere Hügelland ist überzogen mit Teeplantagen, gesäumt von Wolken-Nebelwäldern und schroffen Gipfeln.

Vielfältig sind auch die Orte. Neben der Hauptstadt Colombo mit quirligen Basaren, zeitgenössischem Chic und kolonialer Pracht bieten das perfekt erhaltene holländische Fort in Galle oder das eigenwillige »Little England« Nuwara Eliya weitere Impressionen. Während Foodies in der Hauptstadt knusprige *hoppers*, dampfende *samosas* oder scharfe Currys lieben, steht in Nuwara Eliya der Afternoon Tea im Mittelpunkt. Kandy wiederum wurzelt im singhalesischen Erbe mit seinem goldgedeckten Zahntempel und dem traditionellen Tanz, mit aufwendigen Kostümen, kreisenden Bewegungen und Feuerläufen.

Doch wo beginnen, bei diesem Angebot? Wir stellen Ihnen die Insel kapitelweise vor, Expertentipps und detaillierte Karten helfen, den Besuch perfekt zu planen. Viel Vergnügen mit dem Buch – und in Sri Lanka.

LIEBENSWERTES SRI LANKA

Es gibt viele Gründe, weshalb man Sri Lanka »die Perle des Indischen Ozeans« nennt - dampfende Teetassen, vollgefüllte Curryschalen oder ehrwürdige Tempel und heilige Berge. Hier einige unserer Favoriten.

1 Heiliges Kandy

Inmitten idyllischer grüner Hügel besitzt die kulturelle Hauptstadt mit dem berühmten Zahntempel eines der weltweit bedeutendsten buddhistischen Heiligtümer *(siehe S. 140f)*.

Unvergessliche Zugfahrten 2

Nutzen Sie das britische Eisenbahnnetz Sri Lankas *(siehe S. 48f)*. Die Linie, die sich ratternd durch grüne Teeterrassen des Hügellands schlängelt, ist die schönste Zugstrecke.

3 Nass und wild

Kaum überraschend, bietet die Insel eine Palette an Wassersportarten *(siehe S. 34f)*: Surfen an der Arugam Bay, Kitesurfen an der Kalpitiya-Halbinsel oder Wasserski bei Bentota.

Koloniales Galle 4

Eine der malerischsten Kolonialstädte Asiens belohnt Besucher mit Straßenzügen, gesäumt von verschlafenen holländischen Villen, und Meerblick in jede Richtung *(siehe S. 106–111)*.

Bunte Festivals 5

Die vielen hier gelebten Religionen scheinen buchstäblich jeden Tag irgendein Fest zu feiern. Hauptattraktion ist zweifellos die mehrtägige Esala Perahera in Kandy *(siehe S. 139)*.

Köstliche Küche 6

Das reiche kulinarische Erbe Sri Lankas mischt traditionelle Gerichte mit Rezepten, die Händler und Kolonialherren mitbrachten. Probieren Sie unbedingt *Rice and Curry* *(siehe S. 31)*.

Teeplantagen in den Hügeln 7

Erkunden Sie das spektakuläre Hill Country *(siehe S. 132–157)* mit Wasserfällen, Wolken-Nebelwäldern und endlosen grünen Plantagen, bevor Sie eine Tasse feinen Tee genießen.

Antike Tempel und hohe Stupas 8

Vergangenheit, gemeißelt in Gebäude, ob Höhlentempel von Dambulla *(siehe S. 180f)* oder erhabene Stupas in Anuradhapura *(siehe S. 172–177)*. Ein Muss: die Felsenfestung Sigiriya *(siehe S. 162f)*.

9 Wunderbare Tierwelt

In den Natur- und Nationalparks der Insel finden Sie Tiere jeder Größe, ob schwer erkennbare Leoparden oder mächtige Elefanten. Auch die Gewässer wimmeln von Tieren *(siehe S. 36f)*.

10 Adam's Peak

Wandern Sie nachts auf den Adam's Peak *(siehe S. 146f)*. In der frühen Dämmerung werden Sie am Gipfel mit einem traumhaften Blick über das Hill Country im Morgenlicht belohnt.

Herrliche Strände 11

Platzieren Sie Ihr Handtuch am perfekten Strandabschnitt: an der gepflegten Westküste, an den menschenleeren Stränden im Süden oder in einer abgelegenen Bucht im Osten *(siehe S. 38f)*.

Wellness-angebote 12

Sri Lanka bietet Erholung für Körper und Seele, von zweiwöchigen ganzheitlichen Ayurveda-Kursen über Strand-Yoga und Retreats bis zum Meditieren in den Hügeln *(siehe S. 32f)*.

SRI LANKA
AUF DER KARTE

Wir haben Sri Lanka in sieben farblich unterschiedlich markierte Regionen unterteilt, die auf den folgenden Seiten einzeln beschrieben werden: Colombo, Westküste, Süden, Kandy und Hill Country, Kulturelles Dreieck, Osten sowie Jaffna und Norden.

Südostasien
PAKISTAN
INDIEN
BANGLADESCH
CHINA
MYANMAR
LAOS
VIETNAM
Golf von Bengalen
Arabisches Meer
THAILAND
KAMBODSCHA
Andamanensee
SRI LANKA
MALEDIVEN
MALAYSIA
SINGAPUR
Indischer Ozean
INDONESIEN
Pallai
Kilinochchi
Mullaitivu
Mankulam
Omantai
Vavuniya
Kuchchaveli
Nilaveli
Medawachchiya
Uppuveli
Trincomalee
Hamillewa
Mutur
Anuradhapura
Kulturelles Dreieck
Seiten 158–189
Habarana
Giritale
Welikanda
Valaichchenai
Golf von Bengalen
Dambulla
Polonnaruwa
SRI LANKA
Batticaloa
Ridigama
Osten
Seiten 190–205
Matale
Kurunegala
Kalmunai
Kehelulla
Karativu
Kandy
Mahiyangana
Ampara
Akkaraipattu
Kegalle
Gampola
Kandy und Hill Country
Seiten 132–157
Vinayagapuram
Kitulgala
Nuwara Eliya
Badulla
Hatton
Bandarawela
Ella
Monaragala
Pottuvil
Dalhousie
Haputale
Buttala
Panama
Wellawaya
Ratnapura
Balangoda
Okanda
Kudawa
Kataragama
Indischer Ozean
Deniyaya
Embilipitiya
Yala
Tissamaharama
Süden
Seiten 102–131
Kirinda
Hungama
Hambantota
Akuressa
Ambalantota
Weligama
Tangalla
0 Kilometer 50
N
Dickwella
Matara

DIE REGIONEN SRI LANKAS

Die im Indischen Ozean liegende tropfenförmige Insel Sri Lanka besitzt unter anderem wunderschöne Strände, sich ausbreitende Orte, endlose Teeplantagen und hoch aufragende Berggipfel. Sich mit den einzelnen Regionen vertraut zu machen, hilft bei der Planung Ihrer Reise.

Seiten 62 – 85

Colombo

Colombo, die mit Abstand größte Stadt der ländlich geprägten Insel, bildet buchstäblich die Ausnahme von der Regel. Ausgedehnt, verwirrend und oft geradezu chaotisch verströmt sie eine Energie, wie man sie sonst nirgends im Land findet. Ein Ort erstaunlicher Kontraste, von den unvergesslich-wilden Basaren Pettahs bis zu ruhigen buddhistischen Tempeln, von charmant-altmodischen Kolonialstraßen bis zu modernen Cafés, Bars oder Boutiquen.

Entdecken
Zeitgenössisch-schicke, geschäftige Basare

Sehenswert
Colombo National Museum, Pettah, Fort, Gangaramaya-Tempel

Genießen
Sonnenuntergang am Galle Face Green

Seiten 86–101

Westküste

Die lebhaft-geschäftige Westküste ist das Kraftwerk im Herzen der pulsierenden, boomenden Tourismusbranche. Große Resorts säumen die Küste zwischen Negombo und Bentota, durchsetzt mit Backpacker-Enklaven und einigen schönen Boutique-Hotels. Der Westen ist die Zone der Aktiven, erstklassig zum Kitesurfen, Delfinbeobachten in Kalpitiya, Tauchvergnügen in Hikkaduwa und adrenalintreibendem Wassersport in Bentota. Ruhiger ist ein Ausflug in die Lagune von Negombo oder die Beobachtung von Elefanten, Leoparden und Faultieren im Wilpattu National Park.

Entdecken
Strandvergnügen

Sehenswert
Tolle Sandstrände und actionreiche Resorts

Genießen
Bootsfahrt durch das Muthurajawela-Feuchtgebiet

Seiten 102–131

Süden

Ein Paradies für Ruhesuchende und wunderbar verschlafen, steht der Süden für verborgene Strände und schicke Refugien. Doch wäre es Verschwendung, den ganzen Tag im Sand zu liegen, wenn man auch Wale beobachten und Meeresschildkröten entdecken kann. Nicht zu vergessen die Leoparden, die gut getarnt den Yala West National Park bevölkern. Nicht weniger bezaubernd sind die Städte: vom perfekt erhaltenen holländischen Galle bis zur lebendigen Pilgerstätte Kataragama. In dieser Ecke der Insel erleben Sie Geschichte und Spiritualität in Reinkultur.

Entdecken
Wildtierbeobachtung

Sehenswert
Galle, Udawalawe National Park, Yala West (Ruhuna) National Park

Genießen
Nächtliche Feiern in Kataragama

→

Seiten 132–157

Kandy und Hill Country

Im Hill Country zeigt sich Sri Lanka von seiner spektakulärsten Seite. Hier geht die Insel plötzlich in dramatische Landschaft über mit grün überwucherten Hügeln und schier endlosen Teeplantagen. Das Herz dieses Gebiets ist die historische Stadt Kandy, stolze Bastion der bedeutendsten Inselkulturen. Auf dem Weg nach Süden rattert die phänomenale Eisenbahn vorbei am hoch aufragenden heiligen Berg Adam's Peak und dem wolkenverhangenen Hochland des Horton Plains National Park – buchstäblich am Ende der Welt.

Entdecken
Beeindruckende Landschaft

Sehenswert
Kandy, Horton Plains National Park mit World's End, Ella, Adam's Peak

Genießen
Fahrt mit der Hill-Country-Bahnlinie

Seiten 158–189

Kulturelles Dreieck

Im Kulturellen Dreieck, wo sich die frühen Inselbewohner in einer fantastischen Folge von Stupas, Buddhas und Tempeln kulturell verewigten, warten 15 Jahrhunderte Geschichte. Die majestätischen zerstörten Hauptstädte Anuradhapura und Polonnaruwa beherrschen die Region neben einer Vielzahl weiterer Attraktionen, wie abgelegenen Waldklöstern und den Höhlentempeln von Dambulla, überragt von den Ruinen der spektakulären Felsenfestung Sigiriya mit ihren außergewöhnlichen Fresken.

Entdecken
Historische Monumente und Stupas

Sehenswert
Sigiriya, Polonnaruwa, Anuradhapura, Mihintale, Felstempel von Dambulla

Genießen
Größte Ansammlung wilder Elefanten Asiens im Minneriya National Park

Seiten 190–205

Osten

Fern des Touristenrummels bietet die Ostküste Reisenden mit Abenteuerlust eine Kostprobe der Insel abseits ausgetretener Pfade. Die lagunengesäumte Küste ist dort weitgehend unberührt, die vom Krieg heimgesuchten Städte Trincomalee und Batticaloa bergen Tempel, Moscheen und Kirchen, die die ganze ethnische Vielfalt der Region spiegeln. Weiter südlich strömen Surfer zu den perfekten Wellen der Arugam Bay, einer der schönsten Strandhochburgen Sri Lankas.

Entdecken
Unberührte Strände

Sehenswert
Trincomalee

Genießen
Wanderung auf den Gipfel des Lover's Leap

Seiten 206–217

Jaffna und der Norden

Im Norden fühlt man sich wie in einem anderen Land. Die von Jahrzehnten des Bürgerkriegs gebeutelte Region ist bis heute kaum entwickelt und noch weniger besucht. Das dschungelbedeckte Flachland der schwer geprüften Region Vanni (zwischen Vavuniya und Elephant Pass) scheint unheimlich leer, das nur über einen Damm verbundene Mannar Island liegt nah an Indien. Hauptattraktion ist die pulsierende Tamilenstadt Jaffna mit Hindu-Tempeln und palmengesäumter Küste, umringt von einem hübschen Bogen tief liegender Inseln.

Entdecken
Hinduistische Kultur und Tempel

Sehenswert
Halbinsel Jaffna, Jaffna-Inseln

Genießen
Tägliches *Puja*-Ritual im hinduistischen Nallur-Kandaswamy-Tempel in Jaffa

←

1 *Mönche im Ruinengelände von Polonnaruwa*

2 *Auf zum Sigiriya-Felsen*

3 *Sri-Muthumariamman-Tempel in Matale*

4 *Trommler in Kandy*

Sri Lanka bietet endlose Entdeckungsmöglichkeiten, ob Wochenenden zur Erkundung historischer Städte oder ausgedehnte Fahrten im ganzen Land. Egal, wohin Sie möchten, ausgewählte Touren helfen Ihnen bei der Planung Ihrer perfekten Reise.

2 WOCHEN *in Sri Lanka*

Tag 1

Starten Sie in Kandy *(siehe S. 136–141)*. Nach dem Frühstück am Central Market folgt die morgendliche *Puja*-Zeremonie im Zahntempel, untermalt von laut schallenden Trommelklängen. Nach Besichtigung des Tempels erkunden Sie die *devales* (überdachte Schreine) gegenüber und genießen ein südindisches Mittagessen im Sri Balaji Dosa (balaji-dosai.business.site). Springen Sie in eine Autorikscha (Tuk-Tuk) und verbringen Sie den Nachmittag in den Peradeniya Botanical Gardens *(siehe S. 148f)* mit der ganzen Pflanzenvielfalt Ostasiens. Zum Abendessen kehren Sie in die Stadt zurück zu traditionellem *Rice and Curry* im Sharon Inn (59 Saranankara Road).

Tag 2

Mit Mietwagen und Fahrer geht es 135 Kilometer nach Polonnaruwa *(siehe S. 166–171)*. Halten Sie unterwegs am Kloster Aluvihare, um die bunt ausgemalten Höhlentempel zu erkunden *(siehe S. 189)*. Nach dem Mittagessen im hübschen Hotel Cinnamon Lodge in Habarana (www.cinnamonhotels.com) folgt ein Abstecher zum magischen Waldkloster in Ritigala *(siehe S. 186)*, bevor Sie zurück nach Polonnaruwa fahren.

Tag 3

Eine gute Erkundungsmöglichkeit bietet das Fahrrad, mit dem Sie durch die Ruinen der historischen Stadt Polonnaruwa strampeln. Highlights: kunstvoll geschnitzte Schreine, im Viereck angeordnet, und riesige Felsen-Buddhas im Gal Vihara. Nach einem Tag im Sattel rundet ein Spaziergang um den Lustgarten und den See von Potgul Mawatha bei Sonnenuntergang den Tag ab.

Tag 4

Fahren Sie südlich nach Dambulla zum Hotel Heritance Kandalama *(siehe S. 183)*, teils versteckt unter dem Dschungeldach. Nach Mittagessen und Bad im tollen Infinity-Pool geht es zur himmelhohen Felsenfestung Sigiriya *(siehe S. 162f)*. Ideale Ankunftszeit: gegen 15 Uhr, wenn die untergehende Sonne den riesigen Felsen in einen intensiven rötlich orangefarbenen Schimmer taucht.

Tag 5

Heute steht die Erkundung der Höhlentempel von Dambulla *(siehe S. 180f)* auf dem Programm, eine wahre Schatzkammer mit eindrucksvollen Wandgemälden und aus massivem Stein gemeißelten imposanten Statuen. Auf dem Weg zurück nach Kandy lassen Sie den Fahrer am Steintempel Nalanda Gedige *(siehe S. 189)* und an der Sri Muthumariamman-Thevasthanam-Tempelanlage in Matale *(siehe S. 188)* mit hohem polychromem *gopuram* (Torturm) stoppen. Ziel ist Helga's Folly, Sri Lankas wohl verrücktestes Hotel *(siehe S. 137)*. Doch kein Besuch in Kandy ohne traditionelle Tanz- und Trommel-Darbietung. Als Top-Veranstalter gilt die Kandyan Arts and Craft Association (72 Sangaraja Mawatha; Beginn um 17 Uhr). →

1

2

3

Tag 6

Geben Sie Ihrem Fahrer frei und steigen Sie in die berühmte Hill-Country-Bahn *(siehe S. 48f)*. Durch die Hügel südlich von Kandy öffnet sich die Landschaft allmählich zu riesigen Teefeldern, übersät mit Teepflückerinnen in Saris. Ankunft in Haputale *(siehe S. 154)* ist am frühen Nachmittag. Buchen Sie dort ein Zimmer im schmucken Hotel 't En Zal *(siehe S. 154)* und erkunden Sie vor dem Abendessen die Stadt bei einem Spaziergang.

Tag 7

Versuchen Sie, bereits gegen 7 Uhr im Horton Plains National Park *(siehe S. 142f)* zu sein. Folgen Sie dem atemberaubenden Rundweg durch die höchsten und dramatischsten Szenerien der Insel. Woher World's End seinen Namen erhielt, versteht man, wenn man auf das neblige Tal tief unten schaut. Zurück in Haputale, geht es in einstündiger Zugfahrt nach Ella *(siehe S. 144f)*. Das entspannte Dorf liegt pittoresk an einem Hügel. Zum Abendessen empfiehlt sich das stilvolle AK Ristoro *(siehe S. 145)*.

Tag 8

Zur Erkundung Ellas schnüren Sie die Wanderstiefel. Ein kurzer Aufstieg bringt Sie zum Little Adam's Peak, dann folgt der Besuch der Newburgh Tea Factory, wo Sie erfahren, wie man grünen Tee herstellt. In der Nähe gibt es mehrere Cafés wie Adam's Breeze (Passara Road). Gestärkt geht es weiter zur majestätischen Demodara Bridge mit neun Bogen, ein schönes Fotomotiv. Abendessen mit traditionellem *Rice and Curry* empfiehlt sich im Restaurant Remo's *(siehe S. 145)*.

Tag 9

Mit Mietwagen und Fahrer geht es in 90 Minuten zum Yala West (Ruhuna) National Park *(siehe S. 116f)* mit Zwischenstopp bei den beeindruckenden Buddha-Reliefs in Buduruwagala *(siehe S. 155)*. Das Cinnamon Wild Yala dient als Basishotel im Park *(siehe S. 116)*. Genießen Sie die umliegende Dschungellandschaft von der Aussichtsplattform, bevor Sie am Spätnachmittag nach Kataragama *(siehe S. 118)* aufbrechen, um rechtzeitig zur ausgelassenen Abend-*puja* am Haupttempel Maha Devale einzutreffen.

4

5

1 *Riesen-Buddha in Buduruwagala* ↑
2 *Elefanten im Yala West National Park*
3 *Zug auf der Demodara Bridge*
4 *Radler in der Altstadt von Galle*
5 *Jami-ul-Alfar-Moschee in Pettah*

Tag 10

Eine Morgensafari in Yala bietet gute Chancen, Leoparden zu erspähen. Planen Sie etwa drei Stunden ein, um durch den Park zu fahren und im Hotel Mittag zu essen. Wenn Sie die Tierwelt »abgehakt« haben, geht es in die reizende Stadt Mirissa *(siehe S. 120)*, um dort im O Mirissa Café & Bistro *(siehe S. 120)* italienisch zu speisen.

Tag 11

Am Morgen heißt es, auf einer der beliebten Touren zur Walbeobachtung die Wellen zu durchpflügen. Zwischen Dezember und April sieht man wahrscheinlich Blauwale. Zurück in Mirissa, können Sie im populären No. 1 Dewmini Roti Shop *(siehe S. 120)* Mittag essen. Den Rest des Nachmittags sollten Sie zu einer Auszeit am Strand nutzen – Sie haben es sich verdient!

Tag 12

Das heutige Tagesziel ist Galle *(siehe S. 106–111)*. Spazieren Sie nach dem Mittagessen im stilvollen Galle Fort Hotel (www.gallefort hotel.com) durch die Respekt gebietenden Bastionen und erkunden Sie die malerische Altstadt. Das Chambers *(siehe S. 107)* serviert orientalische Gerichte zum Abendessen.

Tag 13

Fahren Sie auf dem Southern Expressway nach Colombo *(siehe S. 62–85)*, umrunden Sie die Festung *(siehe S. 84f)* und essen Sie im Pagoda Tea Room *(siehe S. 71)* zu Mittag. Das Colombo National Museum *(siehe S. 66f)* schließt das Sightseeing Ihrer Inselrundfahrt stilvoll ab. Suchen Sie in den belebten Straßen Pettahs *(siehe S. 68f)* nach Souvenirs, bevor Sie rechtzeitig zum Sonnenuntergang am Galle Face Green sind *(siehe S. 76)*.

Tag 14

Beenden Sie Ihre Reise in Negombo *(siehe S. 92)*, eine kurze Autostrecke von Colombo entfernt. Besichtigen Sie bei einer Tuk-Tuk-Fahrt die vielen Kirchen dieser Region und entspannen Sie danach am Strand. Nach Sonnenuntergang gibt es im Rohan's Place *(siehe S. 93)* traditionelles *Rice and Curry* – perfekt als letztes Abendessen, bevor es vom nahen Flughafen nach Hause geht.

←

1 *Jami-ul-Alfar-Moschee*

2 *Schauräume im Colombo National Museum*

3 *Der Stupa Sambodhi Chaitya*

4 *Auf einen Sundowner im Galle Face Hotel*

2 TAGE
in Colombo

Tag 1

Vormittags Nach der Stadtgeschichte im Stadtviertel Fort *(siehe S. 70f)* folgt ein Rundgang *(siehe S. 84f)*, vorbei an wichtigen Sehenswürdigkeiten wie dem Uhrturm (Colombo Fort Clock Tower) und den Kolonialgebäuden an der Janadhipathi Mawatha. Nach einer Kaffeepause im Grand Oriental Hotel spazieren Sie am Meer entlang der windumtosten Chaitya Road zum skurril-modernen Stupa Sambodhi Chaitya.

Nachmittags Die Mittagspause verbringen Sie im Pagoda Tea Room *(siehe S. 71)*. Anschließend geht es nach Pettah *(siehe S. 68f)*. Die schlichte Sammlung des Dutch Period Museum vermittelt einen guten Einblick in die holländische Kolonialzeit. Weiter die hektische Main Street hinab, erkennen Sie die auffällig rot-weiße Jami-ul-Alfar-Moschee (Fototipp!). Der nicht weniger malerische Markt vor dem Alten Rathaus bietet sich für einen Imbiss an. Finden Sie sich um 16:30 Uhr an den *kovils* New Kathiresan und Old Kathiresan ein, wenn die beiden Tempel zur *puja* unter Glockenklängen und Rauchwerkwolken zum Leben erwachen.

Abends Die romantische Rooftop-Bar Botanik *(siehe S. 71)* ist ein exklusiver Ort für einen Abendcocktail und feinste Asiaküche. Mit etwas Glück liefert eine Liveband die passende musikalische Untermalung für eine stimmungsvolle Nacht.

Tag 2

Vormittags Nach der umfangreichen Sammlung des Colombo National Museum *(siehe S. 66f)* und einem Besuch der National Art Gallery *(siehe S. 77)* folgen als Kontrast aktuelle Werke des Künstlermarkts am Green Path *(siehe S. 80)* – auch ein Tipp für Reiseandenken … Schlendern Sie durch den üppigen Vihara Mahadevi Park *(siehe S. 79)* zur Devatagaha-Moschee mit hohen Türmen. Danach können Sie in der Paradise Road *(siehe S. 79)* in Kunsthandwerksläden nach Landestypischem stöbern und sich im gemütlichen Paradise Road The Gallery Café *(siehe S. 83)* ein Mittagessen gönnen.

Nachmittags Ein Spaziergang durch die Nebenstraßen von Slave Island *(siehe S. 76f)*, wo die Holländer einst Sklaven hielten, führt zum Gangaramaya-Tempel *(siehe S. 72f)*. Der Seema Malaka daneben *(siehe S. 78)* repräsentiert den Architekturstil Geoffrey Bawas *(siehe S. 81)*. Am Beira Lake *(siehe S. 78)* nach Norden, vorbei an auffälligen Beispielen moderner Architektur, wie den schiefen Altair-Wolkenkratzertürmen, biegen Sie ab nach Westen am Seeufer entlang, um am Galle Face Green zuzusehen, wie die Sonne im Meer versinkt.

Abends Nach einem Sundowner im Galle Face Hotel speisen Sie stilvoll im Monsoon *(siehe S. 77)*, wo man schmackhafte südostasiatische Küche serviert.

1

2

3

4

→

1 *Trommler und Tänzer in den Straßen vor dem Zahntempel*

2 *Peradeniya Botanical Gardens*

3 *Händler am Central Market*

4 *Batikhandwerk der Kandyan Arts and Crafts Association*

2 TAGE
in Kandy

Tag 1

Vormittags Ausgangspunkt der Tour ist der Zahntempel *(siehe S. 140f)*, das spirituelle Herz von Kandy. Finden Sie sich pünktlich zur *puja* (9:30 Uhr) ein, denn dann treten dort Trommler in traditioneller Kleidung auf. Beim Besuch von Tempel und angeschlossenem Museum begegnet man dem hochverehrten ausgestopften Elefanten Raja. Westlich des Tempels liegen drei prächtige *devales* (Schreine; *siehe S. 136*) neben der von den Briten errichteten Kirche St Paul's.

Nachmittags Nach einem Mittagessen im Sri Balaji Dosa *(siehe S. 21)* erkunden Sie am Nachmittag das Straßengewirr im Zentrum Kandys – ein wahres Einkaufsparadies. Zunächst geht es entlang der von imposanten Kolonialgebäuden gesäumten Dalada Vidiya zum maroden Central Market *(siehe S. 138)* mit seiner bunten Mischung aus Lebensmittel- und Gewürzständen, aber auch interessanten Souvenirläden. Jayamali Batiks etwa führt aufwendige Batik-Wandbehänge mit landestypischen Motiven. Folgen Sie der Colombo Street weiter Richtung Westen. Ihre Bürgersteige werden von umherziehenden Straßenhändlern gesäumt, die hinter kleinen Obst- und Gemüsehaufen thronen. Und nicht zuletzt lohnt sich ein Blick auf die schönen Textilien, die bei Selyn in der nahen Temple Street *(siehe S. 138)* verkauft werden.

Abends Eröffnen Sie den Abend mit einer traditionellen Tanz- und Trommel-Performance im YMBA, einer kleinen, unaufdringlichen Location (5 Rajapihilla Mawatha; Beginn um 17:30 Uhr). Danach können Sie im schicken kleinen Empire Café (www.empirecafekandy.com) direkt im Stadtzentrum dinieren.

Tag 2

Vormittags Der Morgen gehört den idyllischen Peradeniya Botanical Gardens *(siehe S. 148f)*. Sie befinden sich eine kurze Autofahrt entfernt und gelten als führendes Arboretum Asiens mit einer riesigen Auswahl von Bäumen. Von der Great Lawn geht es nach Norden die Royal Palm Avenue entlang, vorbei am Great Circle, bis zum Fluss. Kehren Sie dann im Uhrzeigersinn um die Cabbage Palm Avenue zurück zum Eingang. Nehmen Sie dort ein Tuk-Tuk zurück ins Zentrum, um sich im populären Devon Restaurant (Dalada Vidiya) bei *Rice and Curry* unter die Einheimischen zu mischen.

Nachmittags Tauchen Sie im Kandy National Museum *(siehe S. 137)* tief in das kulturelle Erbe der Region ein, beachten Sie hier besonders die *Ola*-Palmblatt-Manuskripte. Die vielseitigen Exponate des angrenzenden International Buddhist Museum *(siehe S. 137)* stehen in interessantem Kontrast zu dieser lokalen Handwerkstradition. Nach einem Blick auf Buddhas aus der ganzen Welt vertreten Sie sich die Beine bei einem gemütlichen Rundgang um den schönen Kandy Lake *(siehe S. 136)*. Die Kandyan Arts and Crafts Association *(siehe S. 138)* ist ein guter Zwischenstopp, wo lokales Kunsthandwerk noch höchst lebendig ist. Weiter gegen den Uhrzeigersinn am Seeufer entlang, erreicht man dessen Südseite, gesäumt von einer Reihe alter Klostergebäude. Atemberaubend präsentiert sich der Blick auf den gegenüberliegenden Zahntempel.

Abends Das Sharon Inn (59 Saranankara Road) auf einem Hügel serviert tolles *Rice and Curry*, das zu den besten der Insel zählt, während darunter in der Stadt nach und nach die Lichter angehen.

1

2

3

4

←

1 *Die Sigiriya-Festung aus der Luft*

2 *Stilvoll speisen im Hotel The Sanctuary at Tissawewa*

3 *Feigenbaum Sri Maha Bodhi*

4 *Der liegende Buddha des Gal Vihara ist ein beliebtes Fotomotiv*

5 TAGE
im Kulturellen Dreieck

Tag 1

Ausgangspunkt für eine Tour durchs Kulturelle Dreieck ist Anuradhapura *(siehe S. 172–177)*, die älteste antike Stadt Sri Lankas. Fahren Sie direkt zum Kloster Jetavana – das dem Ort nächstgelegene Gelände mit den größten der drei monumentalen Stupas der antiken Stadt. Weiter geht es zum Mahavihara-Komplex mit Besuch der Ruwanwelisaya Dagoba und des hochverehrten heiligen Feigenbaums Sri Maha Bodhi, bevor Sie im nahen Hotel The Sanctuary at Tissawewa *(siehe S. 175)* eine Mittagspause einlegen. Nachmittags führt es Sie nach Norden, vorbei an den Ruinen des Königlichen Palasts, zum faszinierenden Abhayagiri-Gelände mit den »Zwillingsteichen« Kuttam Pokuna, der Samadhi-Buddha-Statue und weiteren grandiosen Denkmälern.

Tag 2

Mietwagen und Fahrer bringen Sie von Anuradhapura nach Polonnaruwa *(siehe S. 166–171)* mit einer Stunde Pause auf dem Weg zur magischen Waldklause von Ritigala *(siehe S. 186)*, wo sich die Überreste alter, durch Meditationswege verbundener Klosterbauten im Dschungel verbergen. Das Hotel Cinnamon Lodge in Habarana *(siehe S. 21)* ist nicht weit entfernt und empfiehlt sich mittags für *Rice and Curry*, bevor es nach Polonnaruwa weitergeht. Wenn Sie Ihr Ziel erreicht haben, werfen Sie einen Blick auf den Lustgarten *(siehe S. 170)* – die Ruinen des Königspalasts von Nissankamalla.

Tag 3

Ein Tag für das restliche Polonnaruwa beginnt im Museum *(siehe S. 169)*, um die Stadtgeschichte zu studieren, darunter die legendären Friese am Sockel des Königlichen Palasts *(siehe S. 168)*. Vorbei am spektakulären Heiligen Viereck *(siehe S. 170f)* geht es nach Norden zum Felsentempel Gal Vihara *(siehe S. 166)*. Riesige Buddhas zeigen unterschiedliche Handhaltungen *(mudras; siehe S. 187)*. Weiter geht es im nördlichen Bereich. Beachten Sie die prächtigen Wandmalereien des Tivanka Patamaghara und die mysteriösen Überreste des als riesiger Stupa geplanten Demala Maha Seya.

Tag 4

Jetzt ist es Zeit für einen Tempowechsel! Auf Kultur folgt Wildtierbeobachtung in den Nationalparks Minneriya *(siehe S. 184)* oder Kaudulla *(siehe S. 185)*. Elefanten wandern frei zwischen beiden Arealen, wählen Sie also Ihr Ziel. Nach der Safari fahren Sie nach Dambulla Richtung Süden *(siehe S. 182)* für ein Mittagessen im vom Dschungel überdachten Hotel Heritance Kandalama *(siehe S. 183)*. Abgerundet wird der Tag mit einem Besuch des idyllischen Popham Arboretum *(siehe S. 182f)*, ein Waldreservat mit unzähligen nachtaktiven Tierarten, wie Schlankloris, Axishirschen und Pangolins.

Tag 5

Sind Sie bereit für einen Blockbuster-Tag mit zwei Top-Attraktionen des Kulturellen Dreiecks? Zuerst warten die aus dem Felsen gehauenen Buddhas und beeindruckenden Fresken der Höhlentempel von Dambulla *(siehe S. 180f)*. Das zwanglose Gimanhala Hotel (www.gimanhala.com) im Ort bietet sich für eine angenehme Mittagspause an. Nach einem Morgen in düsteren Höhlen heißt es am Nachmittag klettern. Es dauert ein paar Stunden, die brüchigen Stufen zum Löwenfelsen Sigiriya hinaufzusteigen *(siehe S. 162f)*. Versuchen Sie das Gelände gegen 15 Uhr zu erreichen, wenn sich bei nachlassender Hitze die Massen verzogen haben und der riesige Fels orangerot in der Spätnachmittagssonne leuchtet.

Geben Sie Ihrem Urlaub Würze!
Zimt war es, was die Europäer im 17. Jahrhundert nach Sri Lanka zog. Tausende Bäume wurden wegen ihrer kostbaren Rinde gefällt, und noch immer findet man das Lorbeergewächs – neben anderen Aromapflanzen – in den Gewürzgärten der Insel. Wenn auch oft sehr kommerziell, eignen sie sich bestens, um mehr über beliebte Gewürze zu erfahren und Proben in Bioqualität zu kaufen. Tipp: Der hübsche New Ranweli Spice Garden (Tel. +94 812 387 613) gegenüber der Brücke zu den Peradeniya Botanical Gardens *(siehe S. 148f)* bietet kundige Führer und günstige Produkte.

←

Gewürzproben im Restaurant des New Ranweli Spice Garden

SRI LANKA FÜR FOODIES

Nahrhafte Currys mit sahniger Kokoscreme und würzigen Chilis, knusprige *hoppers* und natürlich dampfender Tee: Lokale Aromen und internationale Einflüsse treffen in der Küche Sri Lankas aufeinander. Entdecken Sie sie in köstlichen Gerichten, aromatischen Gewürzgärten und Kochkursen für sich.

TOP 3 Kochkurse in Sri Lanka

Aunty's Sri Lankan Cooking Class
Traditionell: *Rice and Curry* im Herzen Colombos (auntys-sri-lankan-cooking-class.business.site).

Kandy Cooking Class by AGS
In kleinen Gruppen lernt man eine Auswahl an Rezepten (47/148, Ogastawattha, Kandy).

Negombo Cooking Class
Die freundlichen Betreiber lüften in Negombo Küchengeheimnisse Sri Lankas (www.negombocookingclass.com).

Gemeinsam kochen
Lernen Sie in Ella *(siehe S. 144f)* oder fast überall auf Sri Lanka in einem Kurs, wie man Gewürze richtig zerstößt. Dazu gehört oft ein Marktbesuch, wo man ungewöhnliche Obst- und Gemüsesorten kennenlernt, etwa Aschebananen, ähnlich unreifen Bananen, oder eigentümlich gurkenartigen Schlangenkürbis.

→

Obst- und Gemüseangebot auf einem Markt in Wellawaya östlich von Haputale

Curry on!

Vergessen Sie, was Sie über Curry zu wissen glaubten – hier unterscheidet es sich stark vom indischen: *Rice and Curry* bilden ein Bankett aus etwa einem Dutzend Gerichten. Fisch- oder Hühnercurry kommt mit knusprigen *Papadam*-Crackern, feurigem *sambol*, cremigem *dhal* und viel Reis. Dazu reicht man Gemüsebeilagen, bei denen Jackfrucht, Aschebananen und Schlangenkürbis oft in der klassischen *Kiri-hodhi*-Sauce aus Kokosmilch und verschiedenen Gewürzen serviert werden.

→

Rice and Curry – *eine große Tafel aus unzähligen einzelnen Gerichten*

Mehr Schärfe gefällig?

In Sri Lanka isst man Currys scharf. Wünschen Sie noch mehr Pep für Ihr Essen, fügen Sie einen Teelöffel *sambol* (Chilisauce) hinzu. Klassisches *pol sambol* besteht aus Chilipulver, gehackten Zwiebeln, geriebener Kokosnuss *(pol)* und Trockenfischpulver, gern mit Knoblauch und Limette.

←

Eine Schüssel pol sambol, *serviert mit Kartoffelcurry*

Fremde Aromen

Jahrhunderte Kolonialgeschichte hinterließen ihre Spuren. Holländer kreierten *lamprais* (»lump rice«), Reis und Fleisch in einem Bananenblatt gebacken. Muslimische Siedler steuerten *roti* bei, eine Art Fladenbrot, das man zerhackt, um mit weiteren Zutaten *kottu* zuzubereiten. Südindien verdankt man *hoppers*, schüsselförmige dünne Reisteigfladen mit Spiegelei im Boden. Das typische Frühstück wird begleitet vom allgegenwärtigen britischen Import – einer Tasse Tee.

→

Für kottu roti *wird* Roti-*Fladenbrot zerhackt*

Namaste!

Das Gebiet westlich von Matara ist die beliebteste Yoga-Destination. In einer Reihe Boutique-Resorts wie dem Talalla Retreat kann man sich direkt am Strand dehnen und strecken (www.talalla retreat.com). Ernsthafte Yogis buchen einen Zwei-Wochen-Kurs bei Ulpotha, idyllisch gelegen im Kulturellen Dreieck (www.ulpotha.com).

← *Yoga-Übungen in schlichtem Ambiente, umgeben von Natur*

WELLNESS
IN SRI LANKA

Ganzheitliche Gesundheitspflege und spirituelle Achtsamkeit bestimmen seit Jahrhunderten die Lebenseinstellung Sri Lankas. Heute sind die alten Prinzipien ayurvedischer Medizin Balsam für die Besucher. Die Insel bietet auch eine große Auswahl weiterer Wellness-Aktivitäten - von Strand-Yoga bis Bergmeditation.

TOP 4 Spas in Sri Lanka

Santani Resort
Wellness-Oase bei Kandy mit Hydrotherapie und ayurvedischen Behandlungen (www. santani.lk).

Cape Weligama
Das Luxushotel oberhalb der Weligama Bay verwendet Tee und Zimt für seine Behandlungen (www.resplen dentceylon.com).

Amangalla
Heiße und kalte Tauchbecken, Dampfbad und Sauna *(siehe S. 107)*.

Amaranthé Bay
Retreat an der Ostküste. Diverse Behandlungen *(siehe S. 197)*.

Ein Tag im Spa

Sri Lanka mit seiner boomenden Spa-Branche verfügt über vielfältige Locations, ob idyllisches Retreat mit Duftkerzen oder rustikale Lehmziegelhütte in privaten Gärten. Die meisten bieten eine Auswahl ayurvedischer Anwendungen neben anderen asiatischen Spezialitäten wie Thai- oder indonesischen Massagen, Reflexzonen- und Beauty-Behandlungen.

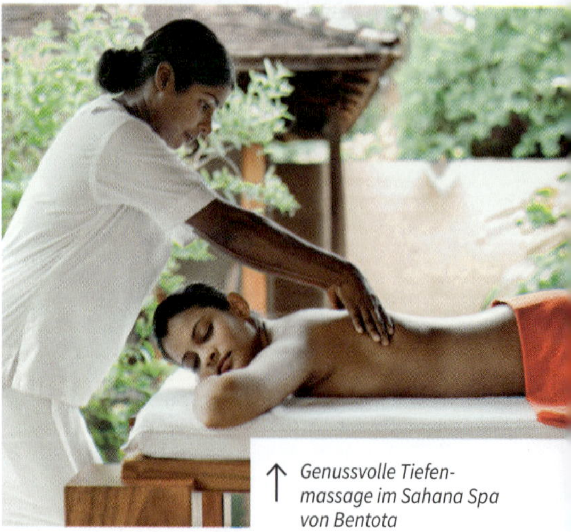

↑ *Genussvolle Tiefenmassage im Sahana Spa von Bentota*

↑ *Entspannendes Kräuterbad und Ayurveda-Retreat* (Detail)

Lassen Sie sich verwöhnen

Ayurveda-Kuren (meist ab einer Woche) zielen darauf ab, den Körper vollständig zu reinigen. Bentota besitzt mehrere Retreats *(siehe S. 96)*. Doch natürlich kann man auch Einzelbehandlungen buchen. Etwa Verspannungen lösende Massagen oder ein erholsames Kräuterbad? Das wohl entspannendste Erlebnis ist ein traditionelles *shirodhara* mit feinem Ölguss über die Stirn – pure Glückseligkeit.

Meditationskurse

Wenig überraschend, ist Meditation eine beliebte Aktivität in Sri Lanka, dessen Hauptreligion – der Buddhismus – aus Buddhas ausgedehnten Reflexionen unter einem indischen Bodhi-Baum hervorging. Eine breite Auswahl an Meditationszentren findet man in der inspirierenden Umgebung des Hill Country *(siehe S. 148)*. Auch einige Yoga-Orte im Süden bieten neben regelmäßigen Kursen am Strand (Infos darüber direkt vor Ort) Meditations-Workshops an, die geistige und körperliche Erneuerung verheißen.

→

Entspannung bei einer Klangbad-Meditation

Lebendige Lagunen
Große Teile der Küsten sind gesäumt von verschlungenen Lagunen, die sich in Form, Größe und Ökologie voneinander unterscheiden. In Negombo *(siehe S. 92)*, Bentota *(siehe S. 96)*, Pottuvil *(siehe S. 202)* und Batticaloa *(siehe S. 198f)* findet man einige der größten mit Mangrovensümpfen, zahlreichen Wasservögeln und Fischern, die dort ihre Netze auswerfen. Erkunden Sie das Leben in der Lagune bei einer Bootstour.

Paddler auf dem Kelani Ganga bei einem Rafting-Trip ↑

WASSERSPORT
IN SRI LANKA

Mit etwa 1440 Kilometer Küstenlänge bietet Sri Lanka eine tolle Auswahl an Aktivitäten im und auf dem Wasser. Schnappen Sie sich ein Board zum Surfen, gehen Sie tauchen oder stürzen Sie sich Hals über Kopf ins Wildwasser-Rafting. Sehr schnell werden Sie vom Anfänger zum Experten.

Drachen überm Strand
Starke, stetige Winde schaffen an Teilen der Westküste ideale Bedingungen zum Kitesurfen. Anlaufstelle ist die Halbinsel Kalpitiya *(siehe S. 90f)* mit Dutzenden von Camps, die Kitesurfen anbieten. Unser Favorit: Ruuk Village an der Kalpitiya-Lagune (www.ruukvillage.com). Etwas nördlich ist das abgelegene Mannar Island *(siehe S. 217)* eine ruhigere Alternative mit ähnlich zuverlässigen Winden, kilometerlangen, unberührten Stränden und dem abgelegenen Vayu Resort an der Inselspitze (www.kitesurfingmannar.com).

→

Kitesurfer auf ruhigem Wasser am goldenen Strand der Halbinsel Kalpitiya

Gelegenheit zum Paddeln

Steuern Sie Kitulgala an *(siehe S. 154)*, Sri Lankas führenden Ort für Wildwasser-Rafting. Sie paddeln einen dschungelgesäumten Abschnitt des Kelani Ganga hinab, Schauplatz des Films *Die Brücke am Kwai* (1957). Stromschnellen der Klassen 2 und 3 sorgen für Vergnügen, sind aber nicht zu anspruchsvoll. Diverse lokale Anbieter stehen zur Wahl, wie Rafting Team 39 (www.raftingteam39.com) oder Xclusive Adventures (www.xclusive adventures.com).

Schon gewusst?

Tauchsaison an der Westküste: November bis April; an der Ostküste: Mai bis Oktober.

Unterwasser-Träume

Fast überall an der Küste bieten Tauchschulen Tauchgänge unterschiedlicher Schwierigkeitsstufen an, etwa zum Wrack des britischen Flugzeugträgers HMS *Hermes*, der im Zweiten Weltkrieg bei Batticaloa versenkt wurde *(siehe S. 199)*. Sri Lanka Diving Tours bieten ganzjährig PADI-Kurse und Ausflüge von ihren Basen in Batticaloa, Negombo und Trincomalee mit Riff- und Wracktauchgängen für verschiedene Zertifizierungsstufen (www.srilanka-divingtours.com).

← *Tauchkurs in den Gewässern bei Hikkaduwa*

Surfer-Hotspots

Da es in den meisten Richtungen Tausende Kilometer kein Land gibt, prallen die Wellen ungebremst an Sri Lankas Küsten. Das abgelegene Dorf Arugam Bay *(siehe S. 202)* bietet wohl die beste Brandung Asiens, doch auch in Hikkaduwa *(siehe S. 100f)*, Midigama *(siehe S. 123)* und Weligama *(siehe S. 124)* gibt es super Wellen. Die Brecher bieten ideale Spots für alle Surfer – von Anfängern bis zu Profis. Die zur Modemarke Billabong gehörende Dylan's Surf Company in Arugam Bay bietet Kurse für alle Ansprüche (www.dylanssurf company.com).

↑ *Surfer am Strand von Narigama bei Hikkaduwa im Südwesten Sri Lankas*

Wale am Horizont

Eine Wanderroute für Wale führt an der Südküste vorbei. Mit viel Glück können Sie einen Blauwal, das größte Lebewesen unserer Erde, Pott-, Buckel- oder Brydewale *(siehe S. 121)* erspähen. Mirissa Water Sports (www.facebook.com/mirissawatersports) zählen zu den führenden Veranstaltern für Walbeobachtung; Blue Water Cruise (Tel. +94 77 497 8306) betreibt Boote von Mirissa und Trincomalee aus.

←

Ein Blauwal geht vor einem Boot nahe der Küste bei Mirissa auf Tauchgang

SRI LANKAS TIERWELT

Für ihre Größe beherbergt die recht kleine Insel unglaublich viele Tierarten. Leopardensuche im Yala National Park, Elefantenversammlung in Minneriya oder Waltouren in Mirissa sind Höhepunkte bei der Wildtierbegegnung, ergänzt durch hervorragende Beobachtungsstellen für Vögel und Meeresschildkröten.

Expertentipp
Welcher Fahrer?

Hunderte Fahrer bieten Touren durch Yala an. Einige sind erfahrene Naturforscher und fungieren gleichzeitig als Führer. Mit wem Sie auch immer fahren, machen Sie sich zuvor ein Bild von dessen Wildtierkenntnissen.

Leoparden in freier Wildbahn

Kaum irgendwo hat man so gute Gelegenheiten, wilden Leoparden zu begegnen. Im Yala West National Park *(siehe S. 116f)* leben etwa 50 der herrlichen Großkatzen, die sich an Jeeps gewöhnt haben. Obwohl man sie außerhalb von Yala eher selten sieht, gibt es Leoparden auch in anderen Parks, etwa im Wilpattu National Park *(siehe S. 91)*.

→

Leopardenpaar im Unterholz des Yala West National Park

Elefantastisch

Sri Lanka besitzt die größte Population wilder Elefanten Asiens. Man begegnet ihnen in fast jedem Park, am besten sind die Chancen in Yala West *(siehe S. 116f)*, Udawalawe *(siehe S. 112f)*, Minneriya oder Kaudulla *(siehe S. 185)*. Wenngleich die Zahl in Gefangenschaft gehaltener Dickhäuter seit der Jahrhundertwende kontinuierlich sinkt, sieht man oft Arbeitselefanten an Straßen und Tempeln entlangtrotten. Meiden Sie Unternehmen, die Elefantenritte oder die Möglichkeit, Elefanten zu füttern oder zu baden, anbieten. Empfehlenswert dagegen: Elephant Transit Home *(siehe S. 113)*.

↑ *Elefantenfamilie im Yala West National Park vom Jeep aus*

Urtiere im Meer

Fünf Arten von Meeresschildkröten leben in den Gewässern Sri Lankas, vor allem Grüne Meeresschildkröten *(siehe S. 99)*. Deren nächtliche Eiablage am Rekawa Beach *(siehe S. 129)* ist ein unvergessliches Erlebnis, wenn sich die Tiere im Mondlicht aus den Wellen schleppen und langsam auf den Strand zubewegen. Brutstätten gibt es auch an der Westküste *(siehe S. 98)*.

← *Grüne Meeresschildkröte am Korallenriff bei Hikkaduwa*

Gefiederte Freunde

Mit über 30 endemischen Arten, wie Ceylonhuhn oder Schmuckkitta *(siehe S. 131)*, ist Sri Lanka ein wahres Vogelparadies. In Lagunen leben Schwärme von Flamingos und Sunda-Marabus, seltenere Arten wie Ceylonbrillenvogel und Ceylonschnäpper dagegen im Regenwald. Stattliche Greifvögel sind der majestätische Seeadler und die exzentrische Schlangenweihe mit getupftem Bauchgefieder. Sinharaja *(siehe S. 156f)*, wo sich seltene endemische Arten verstecken, gilt als Top-Ziel für Vogelfreunde.

→ *Schmuckkitta – farbenprächtig und endemisch auf Sri Lanka*

Nachbarstrände

Die zwölf Kilometer auseinanderliegenden Strände von Uppuveli und Nilaveli scheinen Welten zu trennen *(siehe S. 196f)*. Gerahmt von hohen Palmen, bietet Uppuveli eine lebhafte Traveller-Szene mit Gästehäusern und Restaurants, Nilaveli im Norden blieb weitgehend unberührt. Der weitläufige Strand ist der perfekte Ort für einen Abstecher von ausgetretenen Pfaden.

←

Uppuveli Beach: Fischer beim Einholen ihrer farbenfrohen Netze

SRI LANKAS STRÄNDE

In Sri Lanka findet man Strände für jeden Geschmack und jede Jahreszeit - im Wortsinn, denn wenn es an der Westküste regnet, ist es im Osten klar. Ob ruhiger Ort mit Puderzuckerstränden oder lebhafte Partyzone, die Insel bietet einfach alles.

Surfspots

Arugam Bay, *der* Surfspot Sri Lankas, bietet monumentale Point Breaks, schnelle und langsame Rides sowie gute Surfschulen *(siehe S. 202)*. Von Juli bis September erwacht die Gemeinde mit Brunch am Strand und Yoga-Kursen zum Leben. Auch wenn Surfen nicht Ihr Ding ist, die entspannte Atmosphäre und der weiche Sand sprechen für sich. Wenn die Surfer abreisen, schließen viele Hotels und Lokale, die Bucht hat dann eine ganz eigene Attraktivität.

→

Surfer beim Abstieg von Elephant Rock nahe der Bucht von Arugam

Für Kenner

Die hufeisenförmige Bucht Hiriketiya im Süden bei Dickwella *(siehe S. 125)* ist bei inselkundige Reisenden beliebt: Yoga, Surfen, Meerblick und einige Gästehäuser garantieren einen entspannten Aufenthalt. Quartieren Sie sich etwa im rustikalen kleinen Dots Bay House (www.dotsbayhouse.com) ein. Mit weißem Sand, der die Sonne reflektiert, wirkt der Strand von Kalkudah *(siehe S. 198)* wie eine Fata Morgana. Hierher kommen außer einigen Kühen nur wenige Besucher, das Gewusel vieler anderer Ferienorte kennt man hier nicht.

→ *Der hufeisenförmige Strand von Hiriketiya aus der Luft*

Wassersport und Meeressäuger

Adrenalin-Junkies steuern zum Wassersport gern Bentota *(siehe S. 96f)* an zu Bananenboot-Fahrten, Wasserski oder Windsurf-Schnupperkursen. Wem das zu stressig ist, fährt lieber nach Mirissa, um dort auf Walbeobachtungstour zu gehen *(siehe S. 120f)*. Selbst wenn Sie die sanften Ozeanriesen verpassen, sehen Sie bestimmt eine Gruppe munterer Spinnerdelfine. Die anmutigen Akrobaten verzaubern jeden, wenn sie mit flinken Drehungen in die Luft schnellen.

← *Wasserskifahrer in der Lagune von Bentota*

↑ *Bar am Hikkaduwa Beach: Warten auf den Sonnenuntergang*

Partyzonen

An manche Stränden ist auch nach Sonnenuntergang noch etwas los. Dutzende Bars und Clubs säumen etwa die Bucht von Unawatuna, regelmäßige Strandpartys sind Magneten für Einheimische wie Touristen *(siehe S. 123)*. Auch in Hikkaduwa *(siehe S. 100f)* finden Nachtschwärmer pulsierende Bars direkt am Strand.

SRI LANKAS

ARCHITEKTUR

Über 2000 Jahre Architekturgeschichte erwarten Sri-Lanka-Besucher - von den ältesten Monumenten Anuradhapuras bis zu modernen Gebäuden des Architekten Geoffrey Bawa aus dem 20. Jahrhundert. Und wo sonst treffen wie selbstverständlich britische Kolonialbauten auf buddhistische Stupas?

Erkundung des 200 Meter hohen Gipfelplateaus von Sigiriya ↑

Älteste Bauprojekte

Die historischen Bauten sind monumental: Die Ziegel-Stupas Anuradhapuras *(siehe S. 172–177)* werden an Größe nur von ägyptischen Pyramiden übertroffen, die Felsenfestung Sigiriya *(siehe S. 162f)* zählt zu den kühnsten Bauprojekten der Welt. Auch die Details beeindrucken: etwa die Fresken von Sigiriya *(siehe S. 164f)* oder die Zeugnisse hinduistischer Schnitzkunst an den buddhistischen Bauten Polonnaruwas *(siehe S. 166–171)*.

Bauten Geoffrey Bawas

Die zeitgenössische Architektur wurde geprägt von der Arbeit Geoffrey Bawas *(siehe S. 81)*. Im typischen Stil der tropischen Moderne verband er singhalesische und niederländische Elemente mit klarem Minimalismus. Seine Entwürfe verwischen auch die Grenze zwischen innen und außen, wie bei seinem eigenen Wohnsitz in Colombo *(siehe S. 80)*, der vier Reihenhäuser zu einem verblüffenden Labyrinth sich ständig verändernder Innen- und Außenperspektiven kombiniert. Um die einzigartige Vision des Architekten adäquat zu würdigen, können Sie in dem von Geoffrey Bawa entworfenen Hotel Heritance Kandalama *(siehe S. 183)* übernachten.

←

Das Hotel Heritance Kandalama und eine Skulptur im Jetwing Lighthouse (Detail)

Hotels

Jetwing Lighthouse

Eine Reihe eleganter minimalistischer Bauten von Bawa verteilen sich im Vorgebirge bei Galle.

C7 433A Dadella, Galle jetwinghotels.com

$$$

Jetwing Beach

Cooles, modernes Resort in Negombo, ein Gemeinschaftsprojekt von Jetwing und Bawa, gruppiert um einen palmengesäumten Pool.

C5 Ethukale, Negombo jetwinghotels.com

$$$

Koloniale Städte

Drei Wellen europäischer Kolonialherrschaft prägten die Architektur. Wenig ist aus der portugiesischen Zeit erhalten, doch Erinnerungen an die Holländer und Briten sind allgegenwärtig. Erstere bauten die Festungen der Insel wieder auf – wie in Colombo *(siehe S. 70f)* oder Galle *(siehe S. 108–111)* – und hinterließen unverwechselbare Villen mit Veranden. Während die Straßenzüge in Galle niederländisch geprägt sind, verkörpert Nuwara Eliya eher »Little England« *(siehe S. 151)*. Besuchen Sie dort eines der Fachwerkhotels und genießen Sie auf einer gepflegten Rasenfläche einen Afternoon Tea als Reminiszenz an das britische Ceylon.

→

Neobarockes Old Parliament Building in Colombo, errichtet von den Briten

Buddhistische Kunst und Architektur

Unter den Architekturstilen Sri Lankas ist der des Buddhismus besonders dominant. Tempel, *dagobas* und Statuen demonstrieren die Kunstfertigkeit der Baumeister und Bildhauer sowie eine inseltypisch ausgeprägte Ikonografie. Während der Einfluss des Mahayana-Buddhismus vor allem in der Größe stehender Buddhas und der Einbeziehung von *bodhisattvas* (»Erleuchtungswesen«) zutage tritt, hinterließen hinduistische Tamilenherrscher und Baumeister aus dem Süden Indiens im 13. Jahrhundert eigene Spuren in der Architektur, indem sie buddhistische und hinduistische Elemente miteinander verbanden.

»Dagobas«

Zurückgehend auf altindische Grabhügel, dienen *dagobas* oder Stupas als Schreine für Buddha-Reliquien und symbolisieren den heiligen Berg Meru im Zentrum des Universums. *Dagobas* sind in Sri Lanka meist schlichte Bauten in Glocken-, Lotus- oder Blasenform mit wenig Außendekor. Typischerweise bestehen sie aus einem halbrunden Ziegelhügel *(anda)* auf einer quadratischen Terrasse, gekrönt von einem viereckigen Aufbau *(harmika)*, von dem aus »Schirme« *(chattravali)* die Spitze bilden. Markante Beispiele findet man in Anuradhapura *(siehe S. 172–177)* und Polonnaruwa *(siehe S. 166–171)*.

↑ *Die glockenförmige Thuparama Dagoba in Anuradhapura*

Buddha-Bildnisse

Künstler aus Sri Lanka verstanden es meisterhaft, die Heiterkeit Buddhas in Skulpturen einzufangen, deren Schlichtheit in gewisser Weise jener der *dagobas* gleicht. Erwarten Sie also keine feinen, diffizilen Kunstwerke, Sri Lanka steht für monumentale Bildnisse, wie man sie vielfach heute noch errichtet.

Bildmerkmale

Ushnisha

△ Die *ushnisha* auf Buddhas Hinterkopf steht für überragende Geisteskraft. Bei einigen Statuen krönt sie die Flamme der Weisheit *(siraspata)*.

Mudras

△ Die Handhaltungen der Buddha-Statuen, wie *bhumisparsha* und *dhyana*, haben ihre eigene symbolische Bedeutung *(siehe S. 187)*.

Kolossalstatuen

△ Der vorherrschende Mahayana-Buddhismus verlangte Bildwerke, die menschliche Dimensionen überschreiten, wie riesige Buddha-Statuen.

Buddhistische Tempel

Während *dagobas* einfach und schmucklos sind, weisen Tempel dekorative Details auf wie Wächtersteine oder Friese mit Elefanten und Zwergen. Am Treppenaufgang vieler Schreine oder Heiligtümer findet man halbrunde sogenannte Mondsteine. Eine Eigentümlichkeit Sri Lankas sind *bodhigaras* – Schreine, die dem heiligen Bodhi-Baum geweiht sind. Unter einem solchen Feigenbaum soll Buddha in Indien die Erleuchtung erfahren haben.

Tempelmerkmale

Neben Abbildungen Buddhas im Bilderhaus findet man Statuen von Göttern oder deren Begleitern, Wand- und Deckengemälde mit Ereignissen aus dem Leben Buddhas.

Ein zum Himmel offener, eingezäunter *Bodhigara*-Schrein fasst einen heiligen Bodhi-Baum, gesäumt von Bildnissen sitzender Buddhas. Der Sri Maha Bodhi in Anuradhapura gilt als bedeutendster dieser Bäume.

Mondsteine bestehen aus einer Reihe konzentrischer Halbkreise, deren Symbolik umstritten ist: Sie sollen für die spirituelle Reise zur Erleuchtung stehen. Elefanten, Pferde, Löwen und Stiere verkörpern jeweils Geburt, Alter, Krankheit und Tod, ein äußerer Ring aus Flammen dient der symbolischen Reinigung aller, die ihn überschreiten.

1 *Wandgemälde im Bilderhaus des Kelaniya Raja Maha Vihara in Colombo illustrieren Besuche Buddhas auf der Insel.*

2 *Kleine Buddha-Statuen sind oft Teil von* Bodhigara*-Schreinen, hier in einem Tempel in Kandy.*

3 *Mondstein in Anuradhapura: Gänse mit Lotusknospen im Schnabel symbolisieren Reinheit und Weisheit.*

↑ *Malerische Teeplantage im Hill Country*

Hügel und Wasserfälle

Im Hill Country *(siehe S. 132–157)* lassen weite Landstriche mit Teeplantagen Fotos leicht etwas flach wirken. Vorbeifahrende Züge oder markante Gebäude wirken als Fokuspunkte in der Komposition, noch besser konzentrieren Sie sich auf ein Plantagenschild oder Pflückerinnen in bunten Saris. Stativ und Langzeitbelichtung sorgen für gleichmäßig scharfe Bilder von Wasserfällen wie den Dunhinda *(siehe S. 150)* oder Bambarakanda Falls *(siehe S. 157)*.

SRI LANKA FÜR FOTOFANS

Endlose Teefelder, paradiesische Strände, pulsierende Städte und eine Fülle von Wildtieren machen Sri Lanka zum Traum jedes Fotografen. Hier zeigen wir Ihnen einige der schönsten Motive – ob Ansichten betriebsamer Städte oder ruhige Landschaften.

TOP 4

Tolle Motive in Städten

Zahntempel
Tempelgruppe vor der Kulisse des großartigen Udawattekele Sanctuary *(siehe S. 140f)*.

Jami-ul-Alfar-Moschee
Die »Bonbonstreifen« der Moschee in Colombo *(siehe S. 68)* sind ein Hingucker.

Fort Galle
Tuk-Tuks, die durch das ehrwürdige Haupttor *(siehe S. 110)* sausen – ein witziger Kontrast.

Goldener Buddha
Die vergoldete Statue in Dambulla *(siehe S. 182)* ist mit 30 Meter Höhe einer der größten Buddhas auf der Insel.

Strände, Boote, Fischerszenen

Goldener Sand, wogende Palmen und rauschende Brandungswellen ermöglichen malerische Bilder. Fotogene Strandszenen bietet Negombo, wo farbenfrohe Fischerboote *(oruwas)* direkt in den Sand gezogen werden *(siehe S. 92)*. Auch die Fischer selbst ergeben großartige Motive. (Fragen Sie unbedingt vorher um Erlaubnis!) Stelzenfischer lassen sich oft für Fotos einen Obolus geben *(siehe S. 122)*.

Schon gewusst?

Stelzenfischer leben inzwischen vielfach vom Fotografiertwerden.

Tempelfotos

Die fotografische Ästhetik buddhistischer und hinduistischer Tempel liegt oft eher im Detail – Zierfriese, Statuen – als in der Gesamtansicht. Ein weißer Stupa gegen blauen Himmel ist vor allem frühmorgens oder spätnachmittags fotogen, wenn das Licht alle Details des geäderten Steins hervorhebt. Fototipp: Ruwanwelisiya Dagoba in Anuradhapura *(siehe S. 172)*. Auch Mönche in safranfarbenen Gewändern sind markante Bildmotive (vorher um Erlaubnis bitten!).

→

Junger buddhistischer Mönch am prächtigen Eingang eines Tempels

Stadtszenen

Die Inselorte sind voller Dynamik – Märkte und Straßenhändler, elegante Kolonialstraßen oder Schilder in verschnörkeltem Singhalesisch. Vorbeifahrende Rikschas peppen jedes Foto auf, oder testen Sie Effekte von Bewegungsunschärfe, wenn Ihnen kein Stativ oder keine Wand zum Postieren der Kamera zur Verfügung steht.

←

Vor Kindern vorbeisausendes Fahrrad in den Straßen von Arugam Bay

Wilde Tiere

Als Arche von Wildtieren ist Sri Lanka ein wahres Paradies für Tierfotos. Sie benötigen Glück und Zeit, um Leoparden einzufangen, Elefanten erwischt man leichter. Achten Sie darauf, dass diese mit ihren eindrucksvollen Hautfalten auf dem Film nicht zu stumpfen grauen Flecken werden. Der wohl beste Ort für Elefantenfotos ist deren jährliche Versammlung am künstlichen See Minneriya Wewa *(siehe S. 184)*.

↑ *Stelzenfischer auf Pfählen vor der ruhigen Küste bei Koggala*

→

Wildelefantenherde im Nationalpark beim Durchqueren eines Flusses

Abschlagen im Grünen
Sri Lanka, nicht eben als Golfdestination bekannt, besitzt drei ausgezeichnete Greens, falls Sie den Schläger schwingen möchten. Angenehme Abwechslung vom Hauptstadttrubel bietet seit Kolonialzeiten der waldige Royal Colombo Golf Club (www.rcgcsl.com), ebenso der idyllische Nuwara Eliya Golf Club, dessen Fairways sich, beschattet von hohen Tropenbäumen, malerisch durch das Stadtzentrum ziehen (www.nuwaraeliyagolfclub.com). Am spektakulärsten jedoch ist zweifellos das Victoria Golf and Country Resort *(siehe S. 148)* am Victoria Reservoir, hinter dessen Greens die schroffen Gipfel der Knuckles Range dramatisch aufragen.

→ *Abschlag von einem grünen Fairway im Nuwara Eliya Golf Club*

SRI LANKAS OUTDOOR-AKTIVITÄTEN

Aufgrund seiner landschaftlichen Vielfalt bietet Sri Lanka ein riesiges Spektrum an Outdoor-Aktivitäten. Viele Sportarten wie Kricket - als »National-Spleen« - brachten die Briten mit auf die Insel, daneben gibt es jedoch auch inseltypische Freizeitaktivitäten.

Carrom
Ein traditioneller Zeitvertreib in Sri Lanka ist das Spiel Carrom auf einem quadratischen Holzbrett mit Löchern an jeder Ecke. Ziel ist es, mit einem Schussstein neun eigene Steine in den Löchern zu versenken. Gewonnen hat, wem dies zuerst gelingt. Spontan findet man sich auf den Straßen zu einem Carrom-Spiel zusammen. Informationen zu Profispielen stellt die Carrom Federation of Sri Lanka bereit (Tel. +94 77 730 9234).

→ *Spontane Partie Carrom auf einer Straße in Colombo*

Wanderparadiese

Die hügelige Landschaft macht Sri Lanka zu einem Wanderparadies. Der Loop Trail um den Horton Plains National Park ist eine empfehlenswerte Kurzstrecke *(siehe S. 143)*, sportlich Ambitioniertere buchen eine Tour über Sri Lanka Trekking Nature Holidays (www.trekkingsrilanka.com). Lust auf einen Abstecher? Dann erkunden Sie in der Knuckles Range *(siehe S. 148)* wolkenverhangene Gipfel mit Trekking Expeditor (www.trekkingexpeditor.com) oder dem Sri Lanka Trekking Team (www.srilankatrekking.com).

← *Wandern durch Reisfelder in der Knuckles Range*

TOP 5 Kricket-Größen

Muttiah Muralitharan (* 1972)
Rekordhalter (meiste Wickets im Test- und One-Day-Kricket).

Sanath Jayasuriya (* 1969)
Früherer Nationalkapitän und Schlagmann.

Kumar Sangakkara (* 1977)
Zweitbester Schläger im One-Day-Kricket.

Mahela Jayawardene (* 1977)
Erster Schläger Sri Lankas mit über 10 000 Test-Runs.

Dhananjaya de Silva (* 1991)
Star des modernen Kricket in Sri Lanka.

Helden am Schlagholz

Kricket besitzt in Sri Lanka Religionsstatus. Die Heldentaten der Test und One Day Matches werden in Galle, Kandy und im ehrwürdigen Sinhalese Sports Club in Colombo *(siehe S. 79)* minutiös beobachtet. Der Besuch eines Spiels ist auch für Besucher ein Erlebnis. Red Dot Tours (www.reddotsportstours.com) organisieren Fahrten zu Kricketspielen – oder Sie machen einfach am Strand bei einem spontanen Match mit …

↑ *Kricketpartie vor bunten Fischerbooten am Strand bei Weligama*

1864
Sri Lankas erste Bahnlinie verbindet Colombo und Ambepussa.

Vorbei an einem riesigen Buddha am Stadtrand von Galle und Blick aus dem offenen Zugfenster (Detail) ↑

SRI LANKA
MIT DEM ZUG ENTDECKEN

Busse sind zwar oft schneller und Autos bequemer, doch einen unverfälschteren Eindruck der Insel gewinnt man auf der Schiene. Setzen Sie sich ans Fenster und erfahren Sie von Ihren Mitreisenden mehr über Land und Leute, während draußen die wunderbare Landschaft vorbeizieht.

Züge mit Aussicht

Besonders schöne Blicke in die Hill-Country-Landschaft bieten Panoramawagen. Die Waggons am Ende mancher Züge besitzen Aussichtsfenster und breitere Sitze (oft etwas abgenutzt). Die Plätze muss man allerdings rechtzeitig reservieren – meist sind die Tickets nach Verkaufsstart in Windeseile ausgebucht *(siehe S. 224)*.

→ *Genießen Sie den Blick durch das offene Fenster im Panoramawagen*

Legendäre Strecken

Die Hill-Country-Linie, die für den Teetransport zwischen Plantagen und Colombo gebaut wurde, gilt als legendäre Bahnstrecke. Zwischen Kandy und Badulla passiert sie in sieben Stunden herabstürzende Wasserfälle, nebelumwobene Berggipfel und endlose Teefelder. Typisch sind spielzeugartige Bahnhöfe und dröhnende Signalhörner. Händler ziehen durch die Waggons mit heißen Getränken und frisch frittierten *samosas*. Wenn Ihre Zeit begrenzt ist, beschränken Sie sich auf die vierstündige Fahrt zwischen Hatton und Ella – den landschaftlich attraktivsten Streckenabschnitt. Im Kontrast dazu rattert die Coastal Line von Colombo nach Galle am Meer entlang, vorbei an endlosen Palmen, lebhaften Städten und Dörfern.

Expertentipp
Zugklassen

Erste Klasse klingt zwar großartig, doch Versierte buchen Tickets der zweiten Klasse. In deren Waggons lassen sich nämlich die Fenster öffnen (besser für Fotos!), und man sitzt unter Einheimischen.

Am Gleis entlang

Zugfahrten sind unschlagbar, doch für eine ganz andere Perspektive gehen Sie aufs Gleis. Gut eignet sich der Streckenabschnitt über die Demodara Bridge *(siehe S. 144f)*. Wenn Sie Glück haben, kommt ein Zug, und Sie können den Passagieren zuwinken, während er sich langsam über das hohe Viadukt bewegt.

→

Blauer Zug auf dem Weg über die Demodara Bridge

DAS JAHR IN SRI LANKA

Januar

Duruthu Poya *(Jan)*. Erinnerung an Buddhas ersten Besuch Sri Lankas mit einer spektakulären *perahera* (Prozession) am Raja Maha Vihara in Kelaniya.

△ **Thai Pongol** *(14./15. Jan)*. Hinduistische Tempel feiern die neue Reisernte und ehren Indra, den Regenbringer.

Galle Literary Festival *(Mitte Jan)*. Lesungen und Diskussionen mit bekannten Autoren.

Februar

Navam Poya *(Vollmond im Feb)*. Riesige *perahera* am Gangaramaya-Tempel in Colombo.

△ **Independence Day (National Day)** *(4. Feb)*. An diesem Tag wird die Unabhängigkeit der Insel von den Briten 1948 gefeiert.

Maha Sivarathri *(Feb/März)*. Anhänger des Hindu-Gottes Shiva feiern einen Tag mit Fasten, Nachtwachen und Gebeten.

Mai

△ **Tag der Arbeit** *(1. Mai)*. Gesetzlicher Feiertag mit Kundgebungen.

Vesak Poya *(Vollmond im Mai)*. Wichtigste *poya* der Buddhisten mit *pandols* (Plattformen für Szenen aus dem Leben Buddhas), die im ganzen Land errichtet werden.

Eid ul-Fitr Dreitägiges Fastenbrechen zum Ende des muslimischen Ramadan.

Juni

△ **Poson Poya** *(Vollmond im Juni)*. Pilgerfahrten nach Anuradhapura und Mihintale zelebrieren die Ankunft des Buddhismus.

September

△ **Dussehra** *(Sep/Okt)*. Festival mit lokalen Ausprägungen, bei dem Hindus den legendären Sieg des Gottes Rama über Ravana feiern.

Oktober

△ **Deepavali** *(Ende Okt/Anfang Nov)*. Variante des hinduistischen Lichterfests Diwali zur triumphalen Rückkehr Ramas aus dem Exil.

März

△ **Karfreitag** *(März/Apr).* Christen versammeln sich auf der Insel Duwa vor Negombo zur Aufführung eines österlichen Passionsspiels.

April

△ **Singhalesisches und tamilisches Neujahr** *(13./14. Apr).* Buddhisten und Hindus feiern Neujahr mit Geschenken und dem Erstellen von Horoskopen.

Juli

Esala Perahera *(Juli/Aug).* Bekanntes zwölftägiges Fest in Kandy zum Eintreffen der Zahnreliquie in Sri Lanka mit aufwendigen Prozessionen *(peraheras).*

Kataragama-Fest *(Juli/Aug).* Opulente religiöse Feiern zu Ehren des Gottes Kataragama – mit rituellen Feuerläufen.

△ **Vel** *(Juli/Aug).* Dem Kriegsgott Skanda geweihtes Hindu-Fest, bei dem man bei *peraheras* Streitwagen und Speer *(vel)* des Gottes durch Colombo zieht.

August

△ **Nallur-Fest** *(Juli – Sep).* 25-tägige opulente Feier am Nallur-Kandaswamy-Tempel von Jaffna, gipfelnd in einer spektakulären Prozession mit dem Kriegswagen des Gottes Skanda durch die Stadt.

November

△ **Il Poya** *(Vollmond im Nov).* Gläubige Buddhisten bringen zu Ehren der ersten Missionsjünger des Buddha Blumen zu ihrem Tempel. In Weligama findet eine Prozession mit Trommlern und Tänzern statt.

Dezember

△ **Weihnachten** *(25. Dez).* Christi Geburt ist gesetzlicher Feiertag im ganzen Land. In den Kirchen der Insel gibt es traditionelle Gottesdienste.

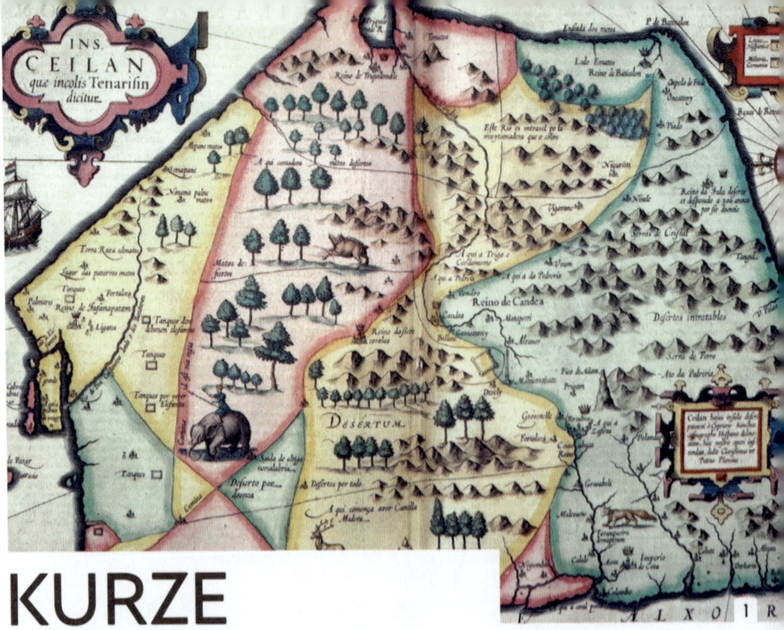

KURZE GESCHICHTE

Die Geschichte der Insel prägten Kriege, Invasionen und Handel. Nach Jahrhunderten Kolonialherrschaft wurde sie 1948 unabhängig, dann jahrzehntelang vom Bürgerkrieg verwüstet. Besucherströme seit dem Waffenstillstand 2002 verankerten Sri Lanka inzwischen fest auf der Tourismuskarte.

Vorgeschichte und Anuradhapura

Vermutlich überquerten erste Siedler der nach der gleichnamigen archäologischen Stätte benannten Balangoda-Kultur die Landbrücke, die Sri Lanka um 125 000 v. Chr. mit dem indischen Kontinent verband. Ihre nächsten noch lebenden Verwandten sind die Vedda (»Waldbewohner«; *siehe S. 205*). Indoarier, Vorfahren der Singhalesen, kamen etwa im 5. Jahrhundert v. Chr. ins heutige Sri Lanka und gründeten im 4. Jahrhundert v. Chr. Anuradhapura *(siehe S. 172–177)*. Wiederholte Invasionen aus Indien erschütterten das große Königreich, 993 im verheerenden Angriff des Chola-Königs Rajaraja gipfelnd.

Schon gewusst?

Die Singhalesen sollen von Prinz Vijaya abstammen, der 543 v. Chr. auf der Insel landete.

Chronik

um 500 v. Chr.
Indoarische Einwanderer aus Nordindien besiedeln die Insel

247 v. Chr.
Mahinda bekehrt König Devanampiya Tissa zum Buddhismus

161–137 v. Chr.
Herrschaft von Dutugemunu nach Vertreibung tamilischer Invasoren aus Anuradhapura

um 377 v. Chr.
Anuradhapura wird als erstes großes singhalesisches Königreich im Norden Sri Lankas gegründet

993
Chola-Invasoren zerstören Anuradhapura und herrschen 75 Jahre über die Insel

2

3

4

Königreich Polonnaruwa

Die Chola vertrieb der singhalesische König Vijayabahu I. (reg. 1055–1110). Da Anuradhapura in Trümmern lag, wurde das leichter zu verteidigende Polonnaruwa *(siehe S. 166–171)* Hauptstadt. Sie erlebte ein Goldenes Zeitalter unter späteren Herrschern, bis Nissankamalla (reg. 1187–1196) ohne Nachfolger verstarb. Tamilische Dynastien – Chola und Pandya – nutzten die folgende Instabilität für Invasion und Plünderungen. 1212 startete Magha (reg. 1215–1255), despotischer Prinz aus Indien, einen verheerenden Angriff und übernahm die Macht.

Drei unabhängige Königreiche

Maghas Sieg markierte das Ende Polonnaruwas. Das Bewässerungssystem verfiel, Krankheiten breitete sich aus, die Bevölkerung zog sich nach Süden ins Hill Country zurück. Dort erbauten singhalesische Herrscher mehrere kurzlebige Hauptstädte, bis sie sich im 14. Jahrhundert in Kotte bei Colombo niederließen. Gleichzeitig errichtete ein anderer Zweig des singhalesischen Adels in Kandy ein rivalisierendes Machtzentrum, in Jaffna entstand ein unabhängiges tamilisches Reich.

1 *Karte Sri Lankas aus dem 17. Jahrhundert* ↑

2 *Der Chola-König Rajaraja mit seinem Lehrer Karuvura*

3 *Statue von König Parakramabahu I. (reg. 1153–86) in Polonnaruwa*

4 *Das Wandbild zeigt den Zug der heiligen Zahnreliquie durch Kandy*

1077

Vijayabahu I. gründet Polonnaruwa als neue Hauptstadt

1153–1186

Parakramabahu I. baut in Polonnaruwa opulente Paläste und Tempel

1215

Magha erringt die Kontrolle, zwingt den singhalesischen Adel zur Flucht

1340

Die singhalesische Diaspora besteht weiter. Rivalisierende Königreiche in Gampola, Dedigama und in Kandy

um 1350

Aufstieg des singhalesischen Königreichs in Kotte beim heutigen Colombo

1

2

3

Portugiesen und Holländer

Handel gewann für die Singhalesen an Bedeutung. 1505 erreichten Portugiesen mit einer Flotte die Insel, die sie Ceilão nannten, und schlossen ein Handelsabkommen mit dem König von Kotte. Ihr Interesse an Sri Lankas Zimtbeständen gipfelte in dem Wunsch, die Insel ganz zu kontrollieren. Es folgten Missionare, um deren Bewohner zum Katholizismus zu bekehren. Kandy schloss einen Vertrag mit den Holländern, der den Europäern Handel als Gegenleistung für militärische Hilfe gegen Portugal versprach. Die Holländer vertrieben 1658 die Portugiesen, hatten es aber nicht eilig, eroberte Gebiete an Kandy zu übergeben, und dominierten die Region 140 Jahre lang.

Machtübernahme der Briten

Die Holländer holten 1796 die British East India Company zum Schutz ihrer Gebiete gegen Frankreich, das die Niederlande erobert hatte. Im Frieden von Amiens 1802 fiel »Ceylon«, wie es nun englisch hieß, offiziell an die Briten. Diese setzten 1815 Sri Wickrama Rajasinghe (reg. 1798–1815), den König von Kandy, ab und einten die Insel unter ihrer Herrschaft.

↑ *Porträt des letzten Königs von Sri Lanka, Sri Wickrama Rajasinghe*

Chronik

1505
Eine portugiesische Flotte erreicht Sri Lanka

1518
Die Portugiesen errichten bei ihrer Rückkehr eine Festung im späteren Colombo

1594
Katholische Mönche beginnen mit der Missionsarbeit

1638
Rajasinghe II. von Kandy verbündet sich mit den Holländern gegen die Portugiesen

1658
Als letztes Portugiesen-Fort fällt Colombo an die Holländer

4

Die Briten führten mit Kokos-, Kautschuk- und Kaffeepflanzungen die Plantagenwirtschaft ein, doch erst Tee sollte das Gesicht der Insel physisch und wirtschaftlich dauerhaft verändern. Tausende Tamilen aus Südindien wurden als Arbeiter auf den Teefeldern angeworben. Sie lebten in Ghettos und schufteten unter brutalsten Bedingungen.

Nationalistische Erweckung

Zu Beginn des 20. Jahrhunderts traf eine nationalistische Welle wie in allen asiatischen Kolonien auch die britische Insel Ceylon. Getragen von buddhistischen und hinduistischen Bewegungen und gefördert durch die englischsprachige Elite, ließ sie die Menschen Autonomie fordern, gipfelnd in den Unruhen von 1915. Die Briten betrachteten sie als antibritische Verschwörung und reagierten harsch, was die Opposition nur stärkte. Der Selbstverwaltung folgte 1919 die Gründung des Ceylon National Congress. 1931 empfahl die von Briten entsandte Donoughmore Commission, die Bevölkerung an der Regierung zu beteiligen, und diese wurde zunehmend in die politischen Prozesse eingebunden.

1 *Portugiesen bauen ein Fort bei Kandy* ↑

2 *Holländer in Colombo*

3 *Haputale-Bahn, errichtet für die Briten*

4 *Straßenszene im frühen 20. Jahrhundert*

1931

Als erste asiatische Kolonie erhält Sri Lanka das allgemeine Wahlrecht.

1796
Die Holländer holen die British East India Company nach Sri Lanka

1815
Die Briten erobern das Königreich Kandy, der letzte König muss ins indische Exil

1840
Rekrutierung südindischer Tamilen als Plantagenarbeiter für Sri Lanka

1919
Bildung des Ceylon National Congress

1942
Japanische Flugzeugangriffe auf Colombo und Trincomalee – einzige Begegnung Sri Lankas mit dem Zweiten Weltkrieg

1

2

Nach der Unabhängigkeit

Nach der Unabhängigkeit 1948 bildete die konservative United National Party (UNP) die Regierung. Nach wirtschaftlichem Niedergang durch sinkende Gummi- und Teepreise verlor diese 1956 die Parlamentswahlen gegen die sozialistisch-nationalistische Sri Lanka Freedom Party (SLFP) unter Solomon West Ridgeway Dias Bandaranaike. Die Ernennung von Singhalesisch zur offiziellen Landessprache im Sinhala Only Act führte zu ethnischen Spannungen mit den Tamilen. 1971 inszenierte die marxistische Bewegung Janatha Vimukthi Peramuna (JVP) einen Aufstand, den das Militär gewaltsam unterdrückte.

LTTE und Bürgerkrieg

Die Erhebung des Buddhismus zur führenden Religion in der Verfassung von 1972 nährte den Ärger der Tamilen. Spannungen eskalierten, Gruppen wie Liberation Tigers of Tamil Eelam forderten einen unabhängigen tamilischen Staat. Die Lage gipfelte 1983 im »Schwarzen Juli«, als die LTTE bei Jaffna eine Armeepatrouille überfiel. Als Vergeltung fegten singhalesische Rotten durch die Städte und töteten Hunderte von Tamilen.

↑ *Plakat der »Tamil Tigers« LTTE (Liberation Tigers of Tamil Eelam)*

Chronik

1948
Sri Lanka wird unabhängig. Übergabe der Macht an die United National Party unter D. S. Senanayake

1959
Ermordung des Präsidenten S. W. R. D. Bandaranaike durch einen buddhistischen Mönch

1972
Ceylon wird die Demokratische Sozialistische Republik Sri Lanka

1983
Hunderte Tote während des »Schwarzen Juli«

1987
Eingreifen der IPKF (Indian Peace Keeping Force) nach Auseinandersetzungen

In den Folgejahren eskalierten die Auseinandersetzungen zwischen LTTE und Armee. Erst die Wahl des UNP-Premierministers Ranil Wickremesinghe führte 2002 zum offiziellen Waffenstillstand. Unterschwellig regierte aber weiter die Gewalt. Die Spannungen wurden überschattet durch den Tsunami von 2004, bei dem rund 40 000 Menschen starben. Unter dem nationalistischen Premierminister Mahinda Rajapaksa (SLFP) drängte die Armee nach Norden und eroberte 2009 die letzten Enklaven der Rebellen. Tausende Zivilisten starben bei dem Konflikt, beide Seiten machten sich diverser Kriegsverbrechen schuldig.

Jüngere Entwicklungen

Trotz Rajapaksas nepotistisch-despotischen Regierungsstils erlebte die Insel einen Wirtschaftsaufschwung. Sein Nachfolger Maithripala Sirisena stand für positive Reformen, doch ökonomische Probleme und Korruption blieben weiterhin bestehen. Am Ostersonntag 2009 bombardierten islamische Terroristen Kirchen und Hotels, es gab 259 Todesopfer – eine Tragödie mit schwerwiegenden Auswirkungen auf den Tourismus, nachdem die Besucherzahlen eben erst wieder gestiegen waren.

1 *S. W. R. D. Bandaranaike* ↑

2 *Tamil-Tiger-Aktivist bei einem Übungskurs für Dorfbewohner*

3 *Kundgebung in Kadawatha im Wahlkampf von 2019*

Schon gewusst?

S. W. R. D. Bandaranaike folgte seine Witwe Sirimavo im Amt als erste Premierministerin weltweit.

2002

Waffenstillstand, vermittelt durch Premier Ranil Wickremesinghe

2004

Der Tsunami vom 26. Dezember verwüstet weite Küstenstriche; Tausende Tote

2005

Wahl des Hardliners Mahinda Rajapaksa, Zusammenbruch des Waffenstillstands

2009

Niederlage der LTTE bei Mullaitivu gegen die sri-lankische Armee. Tausende Anklagen wegen Kriegsverbrechen

2019

Gotabaya Rajapaksa gewinnt im November die Präsidentschaftswahlen

Sri Lankas Religionen

Religiöse Bindungen spielen im Alltagsleben von Sri Lanka eine herausragende Rolle. Die meisten Inselbewohner sind Buddhisten (71 Prozent der Bevölkerung), doch auch andere Weltreligionen, wie Hinduismus (13 Prozent), Islam (neun Prozent) und Christentum (sieben Prozent), sind hier vertreten. Unter den Vedda *(siehe S. 205)*, den Ureinwohnern Sri Lankas, sind zudem animistische Praktiken verbreitet, oft buddhistisch oder hinduistisch verbrämt. Interessant ist auch die Tatsache, dass viele religiöse Stätten auf der Insel oft von mehreren verschiedenen Gruppen verehrt werden, wie etwa Kataragama, das für Buddhisten, Hindus und Muslime gleichermaßen heilig ist *(siehe S. 118)*.

Hauptreligionen

Buddhismus

△ Das singhalesische Glaubenssystem des Buddhismus, eingeführt im 3. Jahrhundert v. Chr. von Mahinda, Sohn des indischen Königs Asoka, prägt Architektur und Literatur Sri Lankas. Heute ist der Theravada-Buddhismus stärker verbreitet. Die Schule ist älter als die des Mahayana-Buddhismus und bewahrt die orthodoxen Lehren Buddhas, basierend auf dem Pali-Kanon, einer der ältesten buddhistischen Schriftsammlungen. Alle buddhistischen Tempel der Insel haben eine ähnliche Struktur *(siehe S. 42f)*.

Hinduismus

△ Der Hinduismus, dominant unter den Tamilen, gelangte durch tamilische Könige von Südindien auf die Insel. Heute konzentrieren sich seine Gemeinden in den nördlichen und östlichen Provinzen. Sein Glaubenssystem basiert auf den Lehren von *samsara* (endloser Kreislauf von Tod und Wiedergeburt), *karma* (Gesetz von Ursache und Wirkung) und *dharma* (Rechtschaffenheit). Wichtigste Götter des Pantheons sind Brahma, Schöpfer der Welt, Vishnu, Bewahrer der Welt, und Shiva, Gott der Zerstörung und Erneuerung.

Buddhistische Devotionalien

Das Entzünden von Kokosöllampen als Opfer ist ein wichtiges buddhistisches Ritual, gefolgt von einem Wunsch oder Gebet an Buddha, den »Erleuchteten«, der Dunkelheit und Unwissenheit vertreibt. Auch andere Opfergaben können die Gläubigen an Ständen in Tempelnähe käuflich erwerben. Das breite Angebot reicht hier von Lotusblüten bis hin zu Objekten aus Kunststoff.

Schon gewusst?

Bei einer hinduistischen *Puja*-Zeremonie geopferte Früchte und Blumen heißen *prasada*.

Christentum

△ Christen hatten sich bereits in den ersten Jahrhunderten nach Christi an der Küste niedergelassen, doch erst mit der Ankunft der Portugiesen (16. Jh.) gewann der römische Katholizismus an Bedeutung. Holländer und Briten verbreiteten auch protestantische und andere christliche Konfessionen. Seit Ende der Kolonialzeit nimmt die Zahl der Christen ab; katholische Gemeinden findet man vor allem an der Westküste.

Islam

△ Den Islam brachten arabische Händler im 7. Jahrhundert nach Sri Lanka. Konzentriert an den Küsten, umfasst die muslimische Gemeinde knapp zehn Prozent der Bevölkerung. Für Muslime gelten die Fünf Säulen des Islam: *schahada* (Glaubensbekenntnis), *salat* (fünfmaliges Beten), *zakat* (Almosengeben), *saum* (Fasten im Ramadan) sowie *hadsch*, die Pilgerfahrt nach Mekka. In einigen Moscheen haben ausschließlich Muslime Zutritt. Doch auch von außen sind sie eindrucksvoll, wie die Jami-ul-Alfar-Moschee in Colombo *(siehe S. 68)*.

SRI LANKA
ERLEBEN

Badende an einem Strand bei Colombo

THAJ TRADERS 236
HERO ZIPPERS
NEW CITY FASHION
ABE 2034

Die beeindruckende Jami-ul-Alfar-Moschee in Pettah (siehe S. 68)

Colombo

Sri Lankas dynamische Hauptstadt ist dank ihres natürlichen Hafens schon lange ein Handelszentrum. Bereits im 7. Jahrhundert errichteten arabische Händler hier einen Außenposten, und Kolamba – wie sie von den Singhalesen genannt wird – wurde zu einem Tor zwischen Asien und dem Westen. Obwohl die Stadt ein florierendes Handelszentrum war, erlangte sie erst mit der Ankunft der Portugiesen im 16. Jahrhundert überregionale Bekanntheit. Diese europäischen Invasoren bauten das Fort, das zur Keimzelle des modernen Colombo werden sollte, und zerstörten die nahe gelegenen Städte Kelaniya und Kotte. Danach wurde Colombo die wichtigste Stadt der Insel.

Die Portugiesen verloren 1656 die Kontrolle über das Gebiet an die Holländer, die Colombo dann fast 150 Jahre lang verwalteten. Die Holländer bauten das Fort wieder auf, gewannen Land vom Meer zurück, indem sie ein Kanalsystem anlegten, das bis heute erhalten geblieben ist, und schufen begrünte Vorstädte. 1796 wurde die Stadt von den Briten erobert und 1815 zur Hauptstadt von Ceylon erklärt. In den 1860er Jahren galt sie als einer der wichtigsten Häfen Asiens, mit Straßen- und Bahnverbindungen zum Rest der Insel.

Die Stadt blühte im 19. Jahrhundert weiter auf und hat ihren dominanten Status nach der Unabhängigkeit beibehalten. Allerdings war Colombo auch mit etlichen Auseinandersetzungen konfrontiert. Während des Bürgerkriegs wurde die Stadt von Selbstmordattentaten der LTTE heimgesucht. Die Kapitale des Landes brauchte einige Zeit, um sich vom Krieg zu erholen, aber groß angelegte Bauprojekte haben sie in eine durch und durch moderne Stadt verwandelt, in der Singhalesen, Tamilen, Muslime, Einheimische und Auswanderer Seite an Seite leben.

4

5

C

Colombo

Highlights

1. Colombo National Museum
2. Pettah
3. Fort
4. Gangaramaya-Tempel

Sehenswürdigkeiten

5. Lotus Tower
6. Kotahena
7. Galle Face Green
8. Slave Island
9. National Museum of Natural History und National Art Gallery
10. Beira Lake
11. Seema Malaka
12. Cinnamon Gardens
13. Vihara Mahadevi Park
14. No. 11, 33rd Lane
15. Green Path Art Market
16. Galle Road
17. Mount Lavinia
18. Kelaniya Raja Maha Vihara

Restaurants

1. Café Francais
2. Monsoon

Cafés

3. Barefoot Café
4. Paradise Road The Gallery Café
5. The Verandah

Hotels

6. Maniumpathy
7. Tintagel
8. Lake Lodge
9. Uga Residence

Shopping

10. Paradise Road
11. Barefoot
12. Laksala

D
E
F
0 Meter
800
N
KOTAHENA
St Anthony's Church
Kotahena
Colombo Harbour
Wolvendaal Church
Maritime Museum
Sambodhi Chaitya
Fort
Pettah
Old Town Hall
Central
HULFTSDORP
Colombo Fort
Bastian Mawatha
Secretariat
Presidential Secretariat
National Railway Museum
Beira Lake
Maradana
MARADANA
Lotus Tower
Slave Island
Galle Face Green
South Beira Lake
Seema Malaka
Gangaramaya-Tempel
Vihara Mahadevi Park
Green Path Art Market
National Museum of Natural History und National Art Gallery
Colombo National Museum
Lakkadiven-see
Kollupitiya
KOLLUPITIYA
Galle Road
Cinnamon Gardens
University of Colombo
No. 11, 33rd Lane
BAMBALAPITIYA
COLOMBO
1
2
3
4
5

1

Colombo National Museum

F4 854 Sir Marcus Fernando Mawatha, Col 7 +94 11 269 4767
tägl. 9–17 Feiertage museum.gov.lk

Dieses schöne Museum beherbergt eine Fülle interessanter Sammlungen, die das Leben in Sri Lanka von der prähistorischen Zeit bis zur Kolonialzeit erforschen. Es ist eine großartige Einführung in die Tempel und alten Städte der Insel, also gönnen Sie sich ein paar Stunden, um alles in sich aufzunehmen.

Das Museum befindet sich in einem Gebäude aus der Kolonialzeit von 1877 und wurde von Sir William Henry Gregory, dem britischen Gouverneur von Ceylon, gegründet. Es nimmt zwei Etagen des neoklassizistischen Gebäudes ein. Die Artefakte im Erdgeschoss sind chronologisch geordnet, während die Sammlung im ersten Stock Themen folgt. Die interessantesten Galerien im Erdgeschoss sind 2 bis 5, die Exponate aus der Anuradhapura-Periode bis hin zur Kandy-Ära zeigen. Highlight hier ist der gold-rote Thron von Kandy in Raum 5. Er ist ein Geschenk des holländischen Gouverneurs von 1693 und wurde von Generationen von Königen benutzt, einschließlich Sri Wickrama Rajasinghe (dem letzten König von Kandy), bis er 1815 von den Briten gefangen genommen und ins Exil geschickt wurde. Im Obergeschoss befinden sich Gemälde, ausgefallene Masken, Münzen, Schmuck und Marionetten.

Artefakte in einer der Säulengalerien des Museums ↑

↑ *Das großartige Gebäude, in dem das Museum untergebracht ist*

Highlight

Highlights

Polonnaruwa-Bronzen

In Raum 3 sind tanzende Shivas und wollüstige Taras. Dies sind nur einige der exzellenten Bronzestatuen (12. Jh.), die in der alten Hauptstadt Polonnaruwa gefunden wurden. Die Artefakte zeigen den Einfluss des Hinduismus auf die sri-lankische Kultur.

Thron von Kandy

▷ Neben dem vergoldeten Thron sind die Krone und das Zeremonialschwert des Königs zu sehen. Der Thron wurde nach England gebracht und zwischen 1815 und 1934 auf Schloss Windsor aufbewahrt.

Urinalsteine

Auf einer der Veranden des Museums befinden sich Dutzende von kunstvoll geschnitzten Steinplatten. Auf diesen Steinen erleichterten sich buddhistische Mönche in der Anuradhapura-Ära und demonstrierten damit ihre Verachtung für weltliche Güter.

Kolam-Masken

Die riesige Sammlung farbenfroher Kolam-Masken zeigt hochmütige Könige, Dämonen und schielende Bauern. Die Ausstellung befindet sich in Raum 14.

Toluvila Buddha

◁ Die Granitstatue (5. Jh.), die einen sitzenden, in Meditation versunkenen Buddha darstellt, ist charakteristisch für die Kunst Sri Lankas und gilt als Meisterwerk. Sie wurde 1900 in Anuradhapura entdeckt und hat große Ähnlichkeit mit dem Samadhi Buddha *(siehe S. 176)*.

2

Pettah

E2 Fort 100, 101

In Colombos chaotischem und farbenfrohem Marktviertel gibt es Hunderte von Läden und Märkten zum Stöbern. Der Name »Pettah« kommt von dem tamilischen Wort *pettai*, was Dorf bedeutet, und im Vergleich zum Rest von Colombo hat dieses Gebiet einen besonders starken muslimischen und tamilischen Einfluss. Allerdings sind hier auch verschiedene Ethnien und Religionen anzutreffen, und Sie finden Kirchen neben Hindu-Tempeln und Moscheen.

1

Dutch Period Museum

Prince Street, Col 11
+94 112 448 466
Di–Sa 9–17 Feiertage

Hier wohnte im 17. Jahrhundert der holländische Gouverneur August Carl von Ranzow. Ab 1846 diente das Haus mit den Säulengängen als britisches Militärkrankenhaus, ab 1932 als Postamt. Nach einer Renovierung wurde es 1982 als Museum eröffnet, das sich mit der holländischen Kolonialzeit in Sri Lanka beschäftigt.

Die Sammlung an sich ist nur mäßig interessant, mit Münzen, militärischen Erinnerungsstücken, Briefen und Dokumenten sowie Möbeln aus der niederländischen Kolonialzeit, aber das Herrenhaus selbst ist auf jeden Fall einen Besuch wert. Hier können Sie nachempfinden, wie Kolonialisten im 18. Jahrhundert lebten.

2

Jami-ul-Alfar-Moschee

228 2nd Cross Street, Col 11 +94 11 245 1975
tägl. 5–20

Die Nordseite der Main Street wird von der farbenfrohen Jami-ul-Alfar (im Volksmund »Rote Moschee«) dominiert. Die 1909 erbaute Moschee mit ihrem auffälligen Äußeren aus roten und weißen Streifen ist selbst in dem umliegenden Gedränge von Gebäuden und Menschen nicht zu übersehen. Sie wurde von einem einheimischen Architekten entworfen, ist von indosarazenischen Bauten inspiriert und weist ein kompliziertes Durcheinander von indischen, gotischen und neoklassischen Elementen auf.

3

Wolvendaal Church

Wolfendahl Lane, Col 13
Di–So 9–17

Die älteste protestantische Kirche in Colombo ist eines der interessantesten niederländischen Relikte in Sri Lanka. Die 1749 erbaute Wol-

Fotomotiv
Pittoreskes Pettah

Das Viertel ist ein Traum für Fotografen, besonders rund um das Alte Rathaus und die Jami-ul-Alfar-Moschee. Stehen Sie früh auf, um die heißeste Zeit des Tages zu vermeiden.

←
Das unverwechselbare Äußere der Jami-ul-Alfar-Moschee

vendaal Church mit ihrer rot-weißen neoklassizistischen Fassade ist leicht zu erkennen. Das Innere ist ebenso elegant mit einer schönen Holzkanzel und gemusterten Orgelpfeifen. Achten Sie auf die niederländischen Namen auf den Grabsteinen, die den Boden pflastern.

④
Altes Rathaus

⌂ Kayman's Gate, Col 1

Das Alte Rathaus steht im Viertel Kayman's Gate und wurde 1873 im maurischen Stil errichtet. Das zweistöckige Gebäude war 65 Jahre lang der Sitz des Stadtrats von Colombo. Danach diente es lange Zeit als Markthalle und wurde immer baufälliger. Heute können sich Besucher im zweiten Stock eine mit Wachsfiguren nachgestellte Ratssitzung aus der Kolonialzeit ansehen.

Die Westseite des Gebäudes säumen viele Obst- und Gemüsestände – ideal für ein Foto oder einen Snack.

⑤
New Kathiresan und Old Kathiresan Kovil

⌂ Sea Street

Die *kovils* New Kathiresan und Old Kathiresan kann man kaum übersehen. Ihre *gopurams* (Tortürme) sind mit feingliedrigen Statuen von Hindu-Göttern reich geschmückt. Die beiden Tempel sind Shivas Sohn Murugan oder Skanda gewidmet, dem Hindu-Gott des Krieges. Die Tempel sind tagsüber ruhig, werden aber in der Dämmerung bei der *puja* (Tempelzeremonie) und beim jährlichen Aadi-Vel-Festi lebendig, wenn hier die farbenfrohe Wagenprozession beginnt.

TOP 5 Straßen in Pettah

Main Street
Verschiedene Bekleidungsläden mit einer verlockenden Auswahl an bunten Saris säumen die Hauptstraße.

Front Street
Hier gibt es eine große Auswahl an Lederwaren.

2nd Cross Street
Bekannt für einheimische Textilien.

Gabo's Lane
In dieser Straße werden ayurvedische Zutaten angeboten.

Sea Street
Bekannt für seine Goldschmuckgeschäfte.

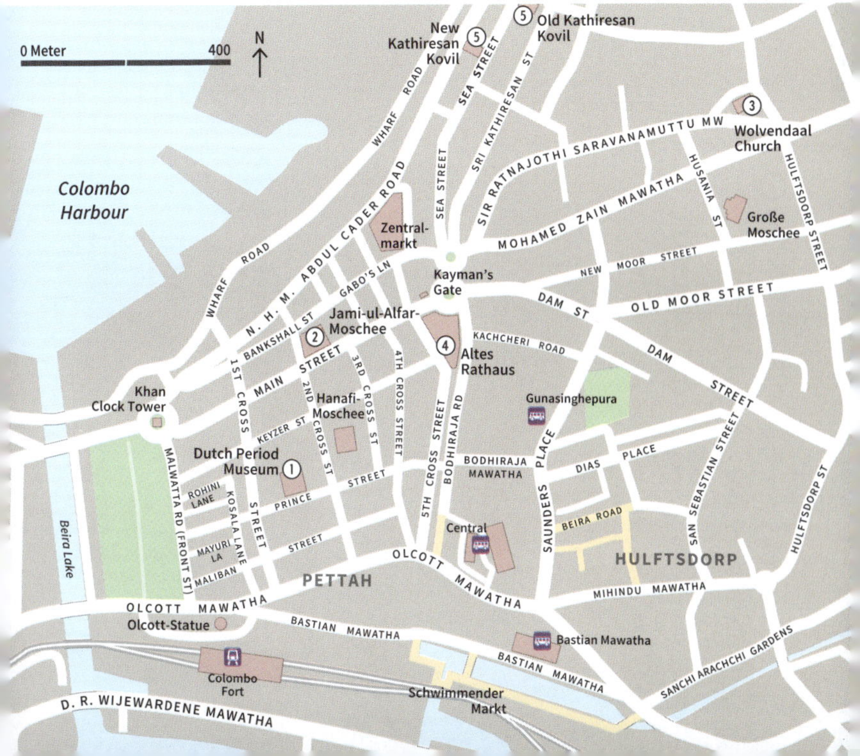

3

Fort

D2 Secretariat

Fort im Herzen der Stadt ist einer der besten Orte zum Übernachten, Essen, Trinken und Erkunden. Ein großer Teil des Viertels hat den kolonialen Charakter bewahrt, vor allem entlang der Janadhipathi Mawatha mit ihren Gebäuden aus der britischen Ära. Den südlichen Rand des Viertels säumen modernere Gebäude, darunter das World Trade Center.

①

Colombo Fort Clock Tower

Ecke Chatham Street und Janadhipathi Mawatha, Col 1

Im Zentrum des Viertels steht der Uhrturm, einst das höchste Gebäude der Stadt. Er wurde 1857 im Auftrag von Lady Ward, der Frau des britischen Gouverneurs Henry Ward, erbaut. Der Turm trägt einen Zeitmesser von Dent & Co – den Machern von Londons Big Ben – und wird von einem Leuchtturm gekrönt, der als maritimes Wahrzeichen diente, bis 1952 ein neuer Leuchtturm im Westen errichtet wurde.

②

Grand Oriental Hotel

2 York Street, Col 1
+94 11 232 0320 tägl.
grandoriental.com

Das Hotel gegenüber dem Hafen ist ein Wahrzeichen. Das Gebäude wurde 1837 als Kaserne errichtet und 1875 in ein Hotel umgebaut. Angeblich soll Anton Tschechow hier die Kurzgeschichte *Gusev* geschrieben haben. Heute sieht man keine Filmstars oder Könige mehr, die koloniale Eleganz ist verschwunden. Doch die Fassade ist noch immer beeindruckend, und den Hafenblick vom Restaurant sollte man keinesfalls verpassen.

Wiederbelebung

Das Viertel wurde während des Bürgerkriegs hart getroffen, als es wiederholt von LTTE-Selbstmordattentätern angegriffen wurde und viele der Gebäude nahezu verfallen waren. Seitdem hat sich die kriegszerstörte Hülle in eines der lebendigsten Viertel Colombos verwandelt. Die Sanierung gipfelte in der Wiedereröffnung der Janadhipathi Mawatha 2015, die der Öffentlichkeit den Zugang zu einer Straße ermöglichte, die eine Generation lang tabu war.

③

St Peter's Church

26 Church Street, Col 1
tägl. 7–17

Im 17. Jahrhundert residierte in dem Gebäude der niederländische Gouverneur. Für die Briten diente St Peter's ab 1804 als Garnisonskirche, am 22. Mai 1821 wurde sie offiziell geweiht.

④

Sambodhi Chaitya

Chaitya Road, Col 1
tägl.

Die moderne *dagoba* wurde 1956 im Gedenken an Buddhas 2500. Todestag erbaut.

⑤

Maritime Museum

Chaitya Road, Col 1
tägl. 10–18
museum.gov.lk

Alte Schiffskanonen flankieren den Eingang zum Museum in einem alten Gefängnis der Holländer. Die Ausstellung dokumentiert die Geschichte von Seefahrt und Seehandel in Sri Lanka. Sie beginnt im 5. Jahrhundert mit Prinz Vijaya, der mit seinem Gefolge aus Südindien auf der Insel gelandet sein soll.

←

Der Colombo Fort Clock Tower in der Mitte des Viertels

⑥

Old Dutch Hospital

Bank of Ceylon Mawatha
tägl.

Die Gebäude des Old Dutch Hospital, in denen sich einst Offiziere und Mitarbeiter der Niederländischen Ostindien-Kompanie erholten, beherbergen heute einen Einkaufs- und Essenskomplex. Probieren Sie lokale Köstlichkeiten und genießen Sie den liebevoll restaurierten Komplex aus dem 17. Jahrhundert.

Highlight

Restaurants

Botanik
Das Dachrestaurant ist bekannt für seine hervorragende, asiatisch beeinflusste Küche und die großartige Aussicht.
7 Hospital St
botanik.lk
$$$

Ministry of Crab
Hier gibt es Sri Lankas liebstes Krustentier, das mit sri-lankischen und anderen asiatischen Aromen serviert wird.
Old Dutch Hospital
ministryofcrab.com
$$$

Pagoda Tea Room
Klassisches Café aus der Kolonialzeit, das durch das Musikvideo *Hungry Like the Wolf* von Duran Duran berühmt geworden ist.
105 Chatham Street
$

⑦

Janadhipathi Mawatha

Die Janadhipathi Mawatha, die sich vom Uhrturm nach Norden erstreckt, bietet eine Momentaufnahme des kolonialen Erbes. Die östliche Seite wird vom Presidential House dominiert, das heute von sri-lankischen Staatsoberhäuptern genutzt wird. Davor steht eine Statue des Gouverneurs Edward Barnes, von der aus alle Straßenentfernungen auf der Insel gemessen werden. Gegenüber liegt das General Post Office von 1895.

4

Gangaramaya-Tempel

E4 Sri Jinaratna Road, Col 2 tägl. 5–22
Navam Perahera (Feb) gangaramaya.com

Der im späten 19. Jahrhundert gegründete Tempel ist Colombos interessanteste buddhistische Tempelanlage. Er wurde während der buddhistischen Wiedergeburt Sri Lankas erbaut und besteht aus einer ungewöhnlichen Mischung aus minimalistischen und modernen indischen Architekturstilen. Er ist auch Schauplatz der Navam Perahera.

Der zentrale Innenhof

Die Tempelanlage besteht aus einer Reihe von Gebäuden, die einen Innenhof umgeben. Darin stehen eine *dagoba* und, etwas erhöht, ein Bodhi-Baum. Im Bilderhaus des Tempels sitzt eine große, in Orange gehüllte Buddha-Figur, die von Elefantenzähnen flankiert wird. Im hölzernen Pavillon gegenüber hütet die Bibliothek zahllose Handschriften auf *Ola*-Blättern. Zum Obergeschoss kommt man über die Terrasse mit dem Bodhi-Baum. Vom Balkon hat man einen schönen Überblick über die gesamte Tempelanlage.

↑ *Die weiße* dagoba *im grünen zentralen Innenhof*

Jenseits des Innenhofs

Hinter dem zentralen Innenhof steht eine Gruppe modernerer Gebäude. Hier findet sich eine eklektische Mischung aus religiösen Statuen und anderen Artefakten aus Indien, Südostasien und China, die von Hindu-Göttern bis zu *bodhisattvas* aus Porzellan reichen. Achten Sie auf die seltsame Sammlung zierlicher thailändischer Buddhas im hinteren Teil des Tempels, die wie Waren in einem buddhistischen Supermarkt aufgestapelt sind.

Am Eingang beherbergt das große Kolonialgebäude das beeindruckende Museum des Tempels. Die Sammlung zeigt viele seltsame und wunderbare Objekte, die dem Tempel im Lauf der Jahre gespendet wurden, darunter eine beeindruckende Sammlung von Oldtimern und ein ausgestopfter Elefant.

↑ *Der farbenfrohe Buddha im Haupttempel des Schreins*

Navam Perahera

Seit 1979 veranstaltet der Tempel die Navam Perahera. Viele Besucher aus dem ganzen Land und sogar dem Ausland kommen zur Prozession, die mit Elefanten, Tänzern, Akrobaten, Trommlern und viel Getöse von der Perahera Mawatha zum Tempel zieht. Auffällig sind auch die *bhikkus*, die frisch geweihten Mönche, die sich in ihren orangefarbenen Roben würdevoll ihren Weg durch die Zuschauer bahnen.

Schon gewusst?

Der Tempel beherbergt den kleinsten Buddha der Welt, man sieht ihn durch ein Vergrößerungsglas.

Der Schrein unter dem ausladenden Bodhi-Baum im Innenhof des Tempels ↑

SEHENSWÜRDIGKEITEN

5

Lotus Tower

E3 Lotus Tower Road
lotustower.lk

Hoch über dem Beira Lake und von der ganzen Stadt aus sichtbar, ist der Lotus Tower Colombos größtes Wahrzeichen, das einer riesigen Rakete ähnelt, die von einer lila Blütenknospe gekrönt wird. Mit einer Höhe von 350 Metern ist er das höchste Gebäude Südasiens.

Als eines von mehreren Megaprojekten, die unter Präsident Mahinda Rajapaksa mit chinesischen Krediten finanziert wurden, kostete der Turm 20 Milliarden LKR, die Arbeiten begannen im Jahr 2012. Der Lotus Tower, der nun offenbar fertiggestellt ist (zumindest von außen), sollte ursprünglich 2017 Besucher empfangen, aber die Eröffnung wurde wiederholt verschoben, ohne neuen Eröffnungstermin. Neben Konferenz- und Erholungseinrichtungen gehört eine Aussichtsplattform zu den versprochenen Attraktionen. Eine LED-Beleuchtung soll die Blütenblätter an der Spitze in wechselnden Farben erstrahlen lassen.

6

Kotahena

F1

Nördlich von Pettah liegt Kotahena, das am stärksten christlich geprägte Viertel Colombos – ein Relikt aus der Kolonialzeit, als die katholische Gemeinde der Stadt dieses Gebiet zugesprochen bekam.

Hier gibt es viele katholische Kirchen zu entdecken. Die **St Anthony's Church** wurde im 19. Jahrhundert an der Stelle einer kleinen, aus dem 18. Jahrhundert stammenden Kapelle erbaut. Die heutige Kirche ist dem heiligen Antonius von Padua gewidmet, dem Schutzpatron für verlorene und gestohlene Gegenstände. Der Heilige wird oft mit dem Jesuskind in den Armen dargestellt. Die am meisten verehrte Statue des Heiligen ist auf dem Seitenaltar zu sehen. Die Statue kam 1822 aus Goa hierher, und es wird angenommen, dass sie wundertätige Eigenschaften hat. Die Kirche ist dienstags immer gut besucht, wenn Menschen aus dem ganzen Land, Katholi-

Christen in Colombo

Christen lebten einst auf der ganzen Insel, heute wohnt die Mehrheit der Christen entlang der Westküste, besonders in der Gegend um Colombo. Kotahena ist das spirituelle Zentrum des Katholizismus auf der Insel, denn die Santa Lucia Cathedral ist die Mutterkirche und der Kathedralsitz der römisch-katholischen Erzdiözese Colombo, der kirchlichen Provinz, die ganz Sri Lanka sowie die Malediven umfasst. Christen aus der ganzen Erzdiözese pilgern nach Kotahena, um in der Kathedrale sowie in den vielen anderen Kirchen des Stadtviertels von Colombo zu beten.

← *Der Lotus Tower über dem Beira Lake*

Die eindrucksvolle neoklassizistische Fassade der Santa Lucia Cathedral, größte katholische Kirche auf Sri Lanka

ken und Nicht-Katholiken, kommen, um zu Antonius zu beten, der 1263 an einem Dienstag beerdigt wurde. Am Festtag des heiligen Antonius (13. Juni) ist die Kirche bis auf den letzten Platz gefüllt.

Leider war St Anthony's eines der am schlimmsten getroffenen Ziele der Selbstmordattentate im April 2019.

Wie St Anthony's war auch die **Santa Lucia Cathedral** einst eine einfache Kapelle, jetzt ist sie die größte katholische Kirche auf der Insel und ähnelt dem Petersdom in Rom. Die neoklassizistische Fassade wird von einer silbernen Kuppel mit einer großen Uhr gekrönt, die alle 48 Stunden von Hand aufgezogen wird.

Das Innere ist relativ schlicht. Achten Sie auf die riesige Statue der heiligen Lucia auf dem Altar, die ihre Augen in der Hand hält. Der Legende nach wollte ein Adliger sie wegen der Schönheit ihrer Augen heiraten. Da sie nur Gott dienen wollte, riss sie sie heraus.

St Anthony's Church
St Anthony's Mawatha, Col 13 tägl. 6–18

Santa Lucia Cathedral
St Lucia's Street, Col 13 tägl. 6–19 mittags St.-Lucia-Tag (13. Dez)

Hotels

Maniumpathy
Ein Vorgeschmack auf das alte Ceylon: Die Villa aus der Kolonialzeit hat nur acht prächtige Zimmer.

B1 129 Kynsey Road, Col 7 maniumpathy.com

$$$

Tintagel
Colombos exklusivstes Hotel befindet sich im ehemaligen Haus des sri-lankischen Premierministers S. W. R. D. Bandaranaike. Das Tintagel kombiniert kolonialen Stil und zeitgenössische Coolness mit einem Spa, Dampfbad und einer Bibliothek.

A1 65 Rosmead Place, Col 7 paradiseroad hotels.com

$$$

Lake Lodge
Stilvolles Boutique-Gästehaus, das von dem sri-lankischen Designer Taru entworfen wurde. Wie der Name schon sagt, liegt es zentral (aber sehr ruhig) in der Nähe des Lake.

E4 Alwis Terrace, Col 3 taruvillas.com

$$$

Uga Residence
Schönes Boutique-Hotel mit elf Zimmern, das im Elternhaus des Präsidenten J. R. Jayawardene untergebracht ist.

E4 20 Park Street, Col 2 ugaescapes.com

$$$

7

Galle Face Green

D3 100, 101

Das Galle Face Green ist eine weitläufige, grasbewachsene Promenade, die sich entlang des Strands zwischen Fort und Kollupitiya erstreckt. Sie wurde 1859 von Sir Henry Ward angelegt, von 1855 bis 1860 Gouverneur von British Ceylon.

In der Kolonialzeit fanden hier Pferderennen, Kricket- und Golfspiele statt. Galle Face Green ist nach wie vor eine der beliebtesten Freiflächen der Stadt, besonders in der Abenddämmerung, wenn viele Menschen Drachen steigen lassen, an der Promenade entlangschlendern und sich an Kiosken mit Snacks stärken.

Am südlichen Ende befindet sich das Galle Face Hotel von 1864. Der Kolonialbau hat ein wahres Who's who an Gästen beherbergt, von Noël Coward bis Mahatma Gandhi; ihre Fotos sind in der Traveller's Bar zu sehen. Es ist immer noch eines der schönsten Hotels der Stadt.

Im krassen Gegensatz zum stattlichen Galle Face Hotel wird die landeinwärts gelegene Seite des Grüns langsam von großen, modernen Hotels eingenommen. Eines davon, das Shangri-La Hotel, wurde bei den Bombenanschlägen im April 2019 erheblich beschädigt.

Eine weitere Entwicklung, die das Gesicht des Galle Face Green verändert, ist die Colombo International Financial City, die auf dem Ozean abgerungenen Land gebaut wird.

Schon gewusst?

Die Holländer setzten Krokodile ein, um Ausbrüche von der Sklaveninsel zu vereiteln.

8

Slave Island

E3

Östlich des Parks liegt Slave Island. Das Gebiet ist an drei Seiten vom Beira Lake umgeben. Der Name des Areals soll auf die niederländische Kolonialzeit zurückgehen, in der Sklaven von Afrikas Ostküste zum Bau der Festung von Colombo hierher verschleppt wurden. Als die Zahl der Sklaven immer mehr anwuchs, kam es im 18. Jahrhundert zu einem Aufstand, der blutig niedergeschlagen wurde. Danach wurden die Sklaven nachts in dem Gebiet interniert. Die Sklaverei wurde in Sri Lanka erst 1845 durch die Briten abgeschafft.

Nirgendwo zeigt sich der Wandel der Hauptstadt besser als hier. Früher eine etwas schäbige Gegend, wird sie jetzt mit einer Reihe futuristischer Hochhaussiedlungen umgestaltet, die eher in Dubai als in Sri Lanka zu er-

Colombo International Financial City

Vom Galle Face Green sieht man im Norden einen riesigen Landstrich, der urbar gemacht wurde. Hier entsteht die Colombo International Financial City, eine Hightech-Ministadt, die das Gesicht der Hauptstadt in den nächsten 20 Jahren verändern soll. Die Entwicklung wird eine Reihe von Büros, Hotels und Einkaufszentren beinhalten. Ein Großteil der Kosten wird von China übernommen.

warten wären. Mehrere dieser Hochhäuser befinden sich entlang der Sir James Peiris Mawatha gegenüber dem Beira Lake, darunter das Colombo City Centre, das ein gehobenes Hotel, ein Einkaufszentrum und Restaurants beherbergt, sowie das Altair-Gebäude, auch als »Schiefer Turm von Colombo« bekannt.

Im Zuge der schleichenden Gentrifizierung hat sich auch die künstlerische Enklave Park Street Mews in der Nähe des Gangaramaya-Tempels *(siehe S. 72f)* entwickelt, in der sich einige der besten Restaurants der Stadt befinden.

Abseits der Hauptstraßen hat sich ein Teil des früheren Charakters von Slave Island erhalten. Das Herz des alten Viertels befindet sich in der Malay Street, die immer noch von kleinen Läden und Cafés gesäumt ist, während die umliegenden Straßen mit Kirchen, Moscheen und Tempeln übersät sind, die von der Multikulturalität dieses Teils der Stadt zeugen.

In Slave Island steht mit dem **Sri Siva Subramaniya Kovil** einer der schönsten Hindu-Tempel Colombos. Er ist Skanda oder Murugan gewidmet und wurde für die indischen Truppen gebaut, die hier während der britischen Ära stationiert waren. Insbesondere beeindruckt der große *gopuram* mit zahllosen fein gearbeiteten bunten Statuen von Hindu-Göttern. Im Inneren umgeben Schreine verschiedener Gottheiten eine zentrale Steinkammer. Man kann den Tempel nur während der *pujas* besuchen.

Sri Siva Subramaniya Kovil
Kew Street, Col 2
tägl. 8–9, 17–18

← *Auf dem Galle Face Green lassen Menschen sonntags Drachen steigen*

↑ *Der Sri Siva Subramaniya Kovil ist einer von Colombos eindrucksvollsten Hindu-Tempeln*

9

National Museum of Natural History und National Art Gallery

F4 Ananda Coomeraswamy Mawatha, Col 7 National Museum of Natural History: +94 11 269 5366; National Art Gallery: +94 11 269 3965 tägl. 9–17 Feiertage museum.gov.lk

Das ein wenig angestaubte Museum befindet sich im selben Block wie das Colombo National Museum *(siehe S. 66f)*. Wer sich für die Flora und Fauna der Insel interessiert, entdeckt dort u. a. eine zweiköpfige Ziege.

Nebenan zeigt die National Art Gallery in einem großen Saal Bilder von Künstlern aus Sri Lanka. Erwähnenswert sind vor allem die Gemälde von George Keyt (1901–1993).

Restaurants

Café Francais
Ausgezeichnetes Restaurant mit französischer Küche der Brüdern Pourcel.
F4 48 Park Street, Col 2 cafefrancaisbypourcel.com
$$$

Monsoon
Lebhaftes Restaurant, das eine authentische Auswahl an südostasiatischer Küche serviert.
F4 50/2 Park Street Mews, Col 2 monsooncolombo.com
$$$

10
Beira Lake
E3

Der See, der sich um Slave Island *(siehe S. 76f)* schlängelt, wurde von den Portugiesen zum Schutz ihres Forts angelegt. Heute ist er ein Ort der Entspannung und Erholung. Der südwestliche Teil rund um den Seema-Malaka-Tempel ist besonders schön und zieht eine Vielzahl von Wasservögeln an. Dahinter liegt das Colombo City Centre mit Einkaufszentrum, Food Court und Kino. Halten Sie Ausschau nach dem Apartmentkomplex Altair.

11
Seema Malaka
E4 Beira Lake, Col 2
tägl. 6–23

Im südlichen Teil des Sees steht der Meditationstempel Seema Malaka, der auch zur feierlichen Aufnahme der Mönche des Gangaramaya-Tempels *(siehe S. 72f)* benutzt wird. Seema Malaka wurde von einem Muslim gespendet, der von seiner Gemeinde verstoßen wurde und daraufhin diesen buddhistischen Tempel finanzierte.

Das Gebäude besteht aus einem Trio von Plattformen, die durch einen kurzen Fußweg mit dem Ufer verbunden sind. Entworfen vom großen sri-lankischen Architekten Geoffrey Bawa *(siehe S. 81)*, wurde der ungewöhnliche Grundriss des Tempels von alten Waldklöstern wie etwa Ritigala *(siehe S. 186)* inspiriert, mit offenen Plattformen für die Meditation, die mit einem kleinen Unterstand verbunden sind (wenn auch in einem viel größeren Maßstab). Der zentrale überdachte Pavillon mit seinem kompliziert konstruierten Holzrahmen, der mit blauen Ziegeln gedeckt ist, ist besonders schön.

12
Cinnamon Gardens
F5

Benannt nach den Gewürzplantagen, die hier einst standen, ist Cinnamon Gardens nach wie vor das ruhigste und exklusivste Viertel Colombos. Dutzende von Botschaften und ein paar gehobene Hotels säumen die breiten, baumbestandenen Straßen. Hier liegen auch einige der elitärsten Privatschulen der Insel.

Der nördliche Teil des Vororts wird vom Vihara Mahadevi Park und dem Nationalmuseum *(siehe S. 66f)* dominiert. Östlich des Museums befindet sich das auffallend moderne Nelum Pokuna Theatre. Sein extravaganter Grundriss wurde von dem lotusförmigen Nelum-Pokuna-Teich in Polonnaruwa *(siehe S. 166–171)* inspiriert.

Südlich des Museums wurden der alte koloniale **Colombo Racecourse** und das Gelände 2011 restauriert und umgestaltet und dienen nun als führender Rugby-Treffpunkt der Insel. Ein kleines, aber modernes Einkaufszentrum ist an das Spielfeld an-

Benannt nach den Gewürzplantagen, die hier einst standen, ist Cinnamon Gardens nach wie vor das ruhigste und exklusivste Viertel Colombos.

Der Seema-Malaka-Tempel inmitten des Beira Lake

geschlossen. Im Osten befindet sich die imposante Independence Commemoration Hall, eine überdimensionale steinerne Nachbildung der alten hölzernen Audienzhalle des Zahntempels in Kandy *(siehe S. 140f)*.

Einen kurzen Spaziergang weiter südlich befinden sich die strahlend weißen Gebäude der Independence Arcade, die im Jahr 1882 erbaut wurden, um das Krankenhaus der Stadt zu beherbergen. Sie wurden nun zu einem gehobenen Einkaufs- und Restaurantkomplex umfunktioniert. Es ist der perfekte Ort für ein Mittagessen.

Im Osten befindet sich der **Sinhalese Sports Club**. Dieser traditionelle Kricketplatz mit seiner antiquierten Anzeigetafel dient als einer von Colombos zwei Austragungsorten für Testspiele. Kaufen Sie sich ein Ticket, um die spannungsgeladene Atmosphäre während eines Kricketspiels zu erleben.

Colombo Racecourse
Reid Avenue, Col 7

Sinhalese Sports Club
35 Maitland Place, Col 7 ssc.lk

13

Vihara Mahadevi Park

F4 Ananda Coomeraswamy Mawatha (Green Path), Col 7

Der große Park im Zentrum Colombos wurde nach der Mutter von König Dutugemunu (reg. 161–137 v. Chr.) benannt. Er ist ein schattiges Refugium mit tropischen Bäumen, Orchideen und exotischen Pflanzen sowie vielen Vogelarten. Bisweilen sieht man einen Elefanten mit seinem *mahout* (Führer).

An den Gittern entlang des Green Path im Süden des Parks stellen Künstler unter der Woche ihre Werke aus, Kunststudenten sonntags *(siehe S. 80)*.

Den Nordosten des Parks überragt die weiße Kuppel der Town Hall aus dem Jahr 1927, die an das Weiße Haus in Washington erinnert.

Weiter im Norden liegt De Soysa (Lipton Circus), eine der Hauptkreuzungen Colombos. Dort befindet sich die imposante Devatagaha-Moschee.

Shopping

Paradise Road

Modernes Kunsthandwerk und Haushaltswaren aus Sri Lanka, viele davon mit dem charakteristischen singhalesischen Alphabet-Design.

F4 213 Dharmapala Mawatha, Col 7 paradiseroad.lk

Barefoot

Sri Lankas beliebtester Laden ist berühmt für seine farbenfrohen Baumwolltextilien (Kleidung, Taschen, Kuscheltiere). Besuchen Sie auch das Café *(siehe S. 83)*.

E5 704 Galle Rd, Col 3 barefootceylon.com

Laksala

Die Flaggschiff-Filiale des landesweiten Kunsthandwerksmarkts der Regierung führt so ziemlich jede Art von Kunsthandwerk, das auf der Insel hergestellt wird, von bemalten Masken bis zu Batik.

F5 215 Bauddhaloka Mawatha, Col 7 laksala.gov

Der sitzende goldene Buddha im Vihara Mahadevi Park, einer Oase der Ruhe

Die schöne Rezeption in No. 11, 33rd Lane und ein schattiger Patio (Detail)

14 No. 11, 33rd Lane

E5 Abseits der Bagatelle Road, Col 3 +94 11 433 7335 nur Führungen: 10, 14, 15:30 (vorab buchen) geoffreybawa.com

1958 kaufte Geoffrey Bawa den dritten einer Reihe von vier Bungalows in der 33rd Lane und baute ihn um. Er überredete den Besitzer, ihm nach und nach auch die restlichen Bungalows zu verkaufen. So entstand über 40 Jahre hinweg seine wunderschöne Stadtresidenz, die man heute zum Teil besichtigen kann.

Hier entdeckte Bawa auch seine Begeisterung für alte Dinge, die er aus Häusern in Sri Lanka und Südindien rettete. In der Anlage stehen Mahlsteine aus Anuradhapura *(siehe S. 172–177)* und Polonnaruwa *(siehe S. 166–171)* neben zeitgenössischen Batiken von Ena de Silva, die zu Bawas ersten Partnern zählte. Einige Türen bemalte der australische Maler Donald Friend. Obwohl es auf einer kleinen Parzelle steht, wirkt das Haus doch riesig. Lichtschächte und kleine Innenhöfe lassen natürliches Licht herein, die weißen Böden und Treppen tragen zum heiteren Flair bei.

Besucher betreten das Haus durch den ursprünglich ersten Bungalow, der heute zu einem vierstöckigen Bau im Stil der Moderne angewachsen ist. In der Garage stehen noch Bawas Mercedes und sein Rolls-Royce aus dem 1950er Jahren. Im Erdgeschoss kann man in sein Schlafzimmer blicken, in dem sich Bücher stapeln. Der erste Stock ist vor allem wegen der Türintarsien des berühmten Architekten Ismeth Rahim interessant. Von dort führt eine Treppe zur Dachterrasse.

Expertentipp
Bawa besuchen

Gibt es einen besseren Weg, Bawas Vision zu erleben, als einen Aufenthalt in No. 11, 33rd Lane zu buchen? Eine Zwei-Zimmer-Suite in der ersten Etage ist eine opulente Basis. Buchen Sie online unter www.geoffreybawa.com.

15 Green Path Art Market

F4 Ananda Coomeraswamy Mawatha (Green Path), Col 7

Der weitläufige, von Bäumen gesäumte Green Path, der den Vihara Mahadevi Park im Norden und das National Museum of Natural History im Süden flankiert, ist die Heimat von Colombos beliebtestem Open-Air-Kunstmarkt *(kala pola)*. Am Wochenende ist besonders viel los, wenn Hunderte bunte Bilder von Kunststudenten und professionellen Malern an den Geländern entlang der Straße aufgehängt werden. Bei schlechtem Wetter stellen die Künstler ihre Werke in den überdachten Schaukästen aus. Alle Werke stehen zum Verkauf, meist zu sehr günstigen Preisen.

Geoffrey Bawa

Geoffrey Bawa gilt als einer der bedeutendsten asiatischen Architekten des 20. Jahrhunderts und entwickelte den Stil des Tropical Modernist. Er schuf Bauwerke, die Modernität und Tradition miteinander verbinden und sich mit Fragen der Belüftung, Integration und des Klimas auseinandersetzen.

Geoffrey Bawa (1919 – 2003), Sohn einer wohlhabenden Burgher-Familie, sollte wie sein Vater Anwalt werden. Nachdem er das Anwesen in Lunuganga *(siehe S. 95)* gekauft hatte, entschloss er sich jedoch, Architekt zu werden. 1956 schrieb sich Bawa an der Architectural Association School of Architecture in London ein. Im folgenden Jahr eröffnete er mit anderen Künstlern und Architekten ein Büro in Colombo. Mit seinem ersten Mitarbeiter, dem dänischen Architekten Ulrik Plesner, baute Bawa Häuser im Tropical-Modernist-Stil. In seiner 40-jährigen Karriere arbeitete er an über 200 Projekten.

↑ *Porträt von Geoffrey Bawa, der an einem Entwurf arbeitet*

Bawa-Gebäude in Colombo

In Colombo stehen einige Beispiele von Bawas unverkennbarem Stil, darunter No. 11, 33rd Lane, Seema Malaka und das neue Parlament von Sri Lanka, das zwischen 1979 und 1982 nach einem Entwurf von Bawa gebaut wurde und um einen künstlichen See herum angelegt ist.

↑ *Der Seema-Malaka-Tempel im Beira Lake in Colombo*

Andere Gebäude von Bawa

Bawas Erbe an großartigen architektonischen Entwürfen ist nicht auf Colombo beschränkt. Besuchen Sie Lunuganga oder buchen Sie ein Zimmer im Hotel Heritance Kandalama *(siehe S. 183)*. Das im Dschungel versteckte Hotel scheint mit seiner Umgebung zu verschmelzen. Sie können auch im Jetwing Lighthouse übernachten – einer von Bawas letzten Entwürfen.

Die Fassade eines der Gebäude, aus denen das neue Parlament von Sri Lanka besteht ↑

↑ *Der Hof des Cafés des beliebten Ladens Barefoot an der Galle Road*

16

Galle Road

E4 · 100, 101

Als Hauptausfallstraße verbindet die Galle Road im südlichen Colombo die Vororte an der Küste mit dem Zentrum. Von Colombo Fort bis Wellawatta teilt sich die acht Kilometer lange Strecke in zwei Einbahnstraßen auf. Je weiter im Süden, desto weniger wohlhabend werden die Viertel. Wer jedoch Sri Lanka abseits üblicher Touristenrouten kennenlernen möchte, entdeckt in Stadtteilen wie Wellawatta Interessantes.

Direkt südlich des Galle Face Green *(siehe S. 76)* verläuft die Straße durch das Viertel Kollupitiya. Hier befinden sich viele Hotels, die Tourism Development Authority, einige Botschaften sowie Temple Trees, die schwer bewachte Residenz des Premierministers. Im Zentrum säumen gut besuchte Cafés und Läden die Straße, etwa das schicke Barefoot. Lassen Sie sich aber nicht von Trickbetrügern zu Edelsteinausstellungen oder Elefantenshows einladen oder von lästigen Tuk-Tuk-Fahrern überreden!

Weiter im Süden teilt die Galle Road den quirligen Vorort Bambalapitiya. Hier drängen sich Läden neben der Majestic City Mall und anderen großen Einkaufszentren. Auch locken viele Restaurants.

Noch ein paar Kilometer weiter erreicht man Wellawatta. In dem Stadtteil leben viele Tamilen, weshalb er auch Little Jaffna heißt. Neben einigen *kovils* gefallen hier die vielen kleinen Familienbetriebe, die Saris und andere Produkte anbieten.

17

Mount Lavinia

A2 · 12 km südl. des Zentrums · 100, 101

Der Badevorort von Colombo wurde angeblich nach der Geliebten von Sir Thomas Maitland benannt, der portugiesisch-singhalesischen Tänzerin Lovina. Maitland war von 1805 bis 1811 Generalgouverneur von Ceylon und baute sich 1806 im heutigen Mount Lavinia eine Residenz. Dem Klatsch zufolge führte von dort ein Tunnel zu Lovinas Haus, damit sich die Liebenden heimlich treffen konnten. Das Gebäude wurde von den nachfolgenden Gouverneuren ausgebaut und Ende des 19. Jahrhunderts in das **Mount Lavinia Hotel** umgewandelt. Das imposante Hotel ragt auf einer kleinen Landzunge über dem Strand auf. Es konnte seinen alten Charme trotz Modernisierungen bewahren.

Das Bilderhaus von Kelaniya Raja Maha Vihara (Detail) *und sein gelb-oranges Inneres* ↓

Schöne Aussicht
Mount Lavinia

Besuchen Sie eines der Restaurants am Strand von Mount Lavinia, um bei einem Drink oder Abendessen die Aussicht zu genießen. Von hier sehen Sie die Lichter und Türme des Zentrums von Colombo.

Mount Lavinia ist eine erholsame Alternative zum etwas hektischen Colombo. Das Meer ist zwar nur bedingt zum Schwimmen geeignet, doch der Strand ist hübsch, wenn auch an Wochenenden und Feiertagen dicht bevölkert. Von den dortigen Bars und Restaurants kann man den Fischern zusehen, wie sie ihre Netze für die Ausfahrt vorbereiten. Man sollte jedoch vorsichtig sein, wenn man nachts im Dunkeln zum Hotel zurückgeht.

Die Flut kann hier unerwartet hoch werden. Vermeiden Sie es daher, nachts am Strand entlang zurückzugehen, wenn die Sicht beeinträchtigt ist.

Mount Lavinia Hotel
100 Hotel Road tägl. mountlaviniahotel.com

18

Kelaniya Raja Maha Vihara

B1 12 km nordöstl. des Zentrums 235 tägl. 7 und 19 (bis 22:30 an *Poya*-Tagen) Duruthu Perahera (Jan)

Der buddhistische Kelaniya Raja Maha Vihara ist nach dem Zahntempel in Kandy *(siehe S. 140f)* der bedeutendste Tempel Sri Lankas. Indische Eroberer und die Portugiesen zerstörten die Vorgängerbauten des heutigen Schreins, der wohl Ende des 18. Jahrhunderts errichtet wurde.

An dem Ort, an dem heute die schlichte *dagoba* steht, soll Buddha bei einem seiner drei Besuche in Sri Lanka gepredigt haben. Diese Überlieferung gerät jedoch angesichts des prachtvollen Bilderhauses in den Hintergrund. Den gelb-orangefarbenen Steinbau schmücken reich verzierte Säulen, schöne Türklopfer und am Eingang Elefantenfresken. Der Innenraum ist mit Wandmalereien bedeckt. Die schönsten stammen von dem bekannten Maler Solias Mendis, der hier Anfang des 20. Jahrhunderts Buddhas Besuche in Sri Lanka in Bildern festhielt.

Neben dem obligatorischen Bodhi-Baum besitzt der Tempel einen beeindruckenden Glockenturm, zwei große Statuen und ein kleines Museum. Raja Maha Vihara ist auch der zentrale Ort der jährlichen Prozession Duruthu Perahera im Januar.

Cafés

Barefoot Café

Colombos chilligster Ort für einen Drink, versteckt im Hof hinter dem berühmten Laden *(siehe S. 79)*.

E5 704 Galle Road, Col 3 barefootceylon.com

Paradise Road The Gallery Café

Stylishes Bar-Restaurant, das in einem von Geoffrey Bawa entworfenen Gebäude untergebracht ist, einst das Büro des Architekten.

E5 2 Alfred House Road, Col 3 paradiseroad.lk

The Verandah

Kolonialer Stil trifft in dieser schönen Bar auf den Blick auf den Indischen Ozean. Ideal für einen romantischen Cocktail oder einen Sundowner.

A1 Galle Face Hotel, 2 Galle Rd, Col 3 gallefacehotel.com

Spaziergang in Colombo Fort

Länge 3 km **Bahnhof** Secretariat
Dauer 30 Minuten

Wo die Portugiesen im 16. Jahrhundert ihre Festung errichteten, liegt heute der Stadtteil Fort mit Colombos Shopping-Viertel. Die Festung ist schon lange verschwunden, Gebäude aus der Kolonialzeit sind hier dennoch überall zu sehen. Da hier auch der Präsident residiert, ist das Gebiet eine Hochsicherheitszone mit Kontrollstellen und Absperrungen. Doch man findet sich in den Straßen leicht zurecht, ein Spaziergang durch Fort ist ein guter Auftakt, um die Stadt kennenzulernen.

Das **Economic History Museum** befindet sich im makellos restaurierten Centre Point Building. Das Gebäude wurde 1911 erbaut und hat eines der beeindruckendsten kolonialen Interieurs im Fort.

Mitten im Zentrum von Fort steht der **Colombo Fort Clock Tower** – ein Uhrturm mit Leuchtturm. Er ist eines von Colombos berühmtesten kolonialen Wahrzeichen.

↑ *Der Colombo Fort Clock Tower dient heute als Verkehrskreisel*

Colombos schönste koloniale Straße, **Janadhipathi Mawatha**, ist von stattlichen Gebäuden gesäumt.

Die ockerfarbenen Gebäude des **Old Dutch Hospital** beherbergen heute eine feine Auswahl an Restaurants und Geschäften.

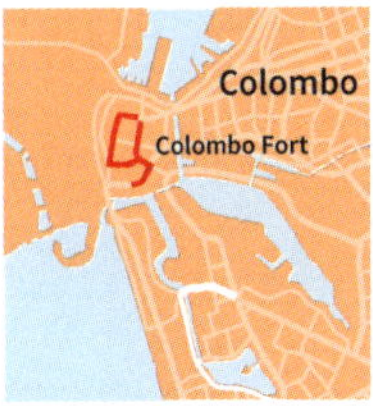

Zur Orientierung
Siehe Karte S. 64f

↑ *Fassade des kolonialen Kaufhauses Cargills*

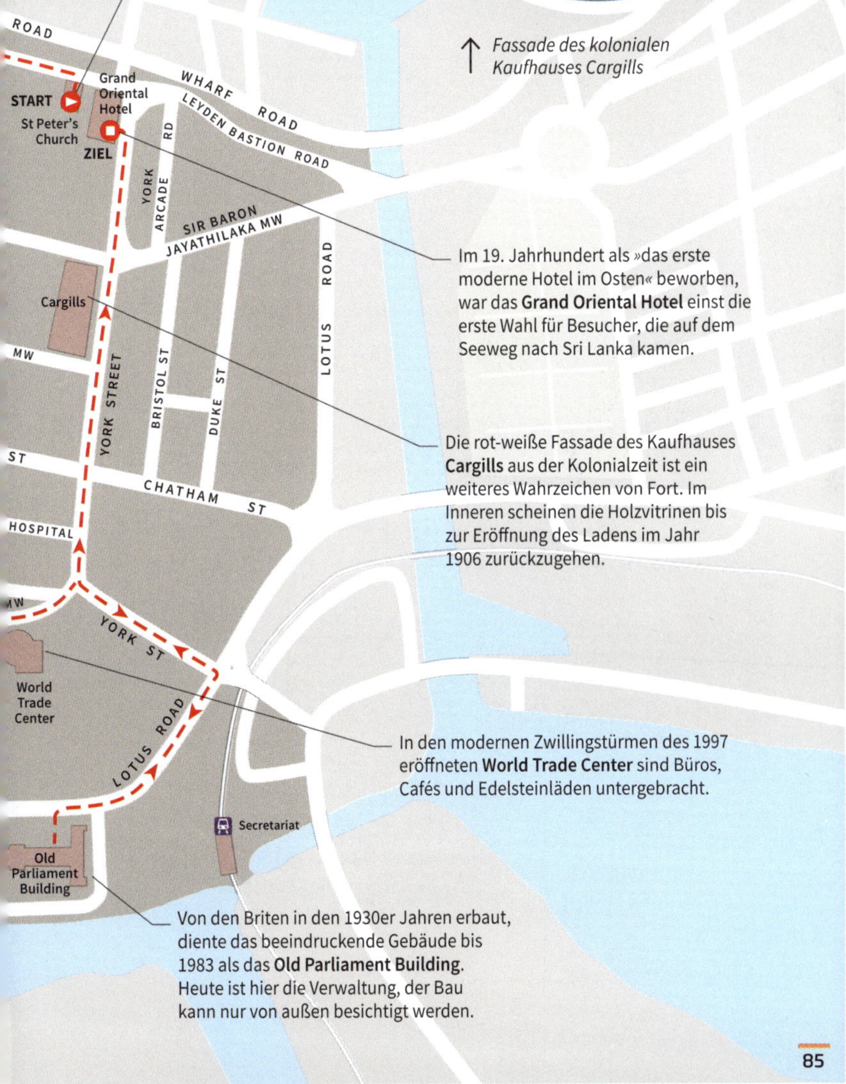

Die graublaue neoklassizistische **St Peter's Church** ist ein friedlicher Ort, an dem man dem Trubel von Colombo entfliehen kann.

Im 19. Jahrhundert als »das erste moderne Hotel im Osten« beworben, war das **Grand Oriental Hotel** einst die erste Wahl für Besucher, die auf dem Seeweg nach Sri Lanka kamen.

Die rot-weiße Fassade des Kaufhauses **Cargills** aus der Kolonialzeit ist ein weiteres Wahrzeichen von Fort. Im Inneren scheinen die Holzvitrinen bis zur Eröffnung des Ladens im Jahr 1906 zurückzugehen.

In den modernen Zwillingstürmen des 1997 eröffneten **World Trade Center** sind Büros, Cafés und Edelsteinläden untergebracht.

Von den Briten in den 1930er Jahren erbaut, diente das beeindruckende Gebäude bis 1983 als das **Old Parliament Building**. Heute ist hier die Verwaltung, der Bau kann nur von außen besichtigt werden.

Ein traditionelles Fischerboot (oruwa) am Strand von … 2)

Westküste

Seit Jahrhunderten ist diese Region das Fenster Sri Lankas zur Welt. Arabische Händler besuchten diese Küste seit jeher und brachten irgendwann im 7. Jahrhundert den Islam auf die Insel. In Beruwala bauten sie die Kechimalai-Moschee – Sri Lankas erste Moschee. Später ließen sich auch europäische Kolonialisten an der Westküste nieder, da diese strategisch günstig an den wichtigsten Handelsrouten lag. Negombo war eine der ersten Städte, die von den Portugiesen eingenommen wurde, die die Karavas, tamilischen und singhalesischen Fischer, zum Katholizismus bekehrten. Diese europäischen Missionare veränderten das Gesicht der Küste für immer und hinterließen etliche Kirchen sowie unzählige Familien mit portugiesischen Nachnamen. Auch die Holländer siedelten sich hier an. Nachdem sie den Bewohnern von Kandy geholfen hatten, die Portugiesen aus Sri Lanka zu vertreiben, erhielten sie Negombo als Bezahlung. Die Holländer nutzten die maritimen Vorteile der Siedlung und plünderten den wertvollen Zimt, der im umliegenden Dschungel wuchs.

Auch heute noch bietet die Westküste Besuchern einen ersten Eindruck vom Land, denn hier befindet sich der wichtigste internationale Flughafen und der größte Hafen Sri Lankas. Deshalb ist diese Region auch der am besten entwickelte, bevölkerungsreichste und kosmopolitischste Teil der Insel, und die Küstenlinie von Negombo bis Hikkaduwa ist von großen Resort-Hotels gesäumt.

Anawilundawa
Deduru Oya
Kobeigane
Paddeniya
Hettipola
Chilaw
1 Sri-Munneswaram-Tempel
Chilaw Lagoon
Siehe Kartenausschnitt
Madampe
Mahawewa
Kuliyapitiya
Kurunegala
NORDWEST-PROVINZ
Narammala
Marawila
Yakvila
Waikkal
Pannala
Giriulla
Dankotuwa
Maha Oya
Kochchikade
Meerigama
Kegall
Negombo
Duwa
4
Warakapola
Bandaranaike International Airport
Aluthapola
Negombo Lagoon
Henarathgoda Botanical Garden
5
Nittambuwa
Pamunugama
Ja-Ela
Gampaha
Ruwanwella
Muthurajawela Wetlands
6
Eldeniya
Kirindiwela
Hendala
Colombo
Avissawella
Kelani Ganga
Colombo
Seiten 62–85
Hanwella
Mount Lavinia
Makumbura
Kandy und Hill Countr
Seiten 132–15
Ratmalana International Airport
Moratuwa
WESTPROVINZ
Ingiriya
Kiriella
Lakkadiven-see
Panadura
Horana
Wadduwa
Bulathsinhala
Kalu Ganga
Kalutara
7
Katukurunda Airport
Matugama
Baduraliya
Beruwala 9
Brief Garden 10
Aluthgama 12
13 Bentota
Lunuganga 11
Pelawaththa
Induruwa und Kosgoda 16
Bentota Ganga
Balapitiya 8
Karandeniya
Süden
Seiten 102–131
18 Ambalangoda
Madampe Lagoon
Hikkaduwa
17
Seenigama-Tempel 15
14 Gangarama Maha Vihara
Coral Sanctuary
SÜDPROVIN
West-küste
0 Kilometer 20
N

Westküste

Sehenswürdigkeiten

1. Sri-Munneswaram-Tempel
2. Halbinsel Kalpitiya
3. Wilpattu National Park
4. Negombo
5. Henarathgoda Botanical Garden
6. Muthurajawela Wetlands
7. Kalutara
8. Balapitiya
9. Beruwala
10. Brief Garden
11. Lunuganga
12. Aluthgama
13. Bentota
14. Gangarama Maha Vihara
15. Seenigama-Tempel
16. Induruwa und Kosgoda
17. Hikkaduwa
18. Ambalangoda

SEHENSWÜRDIGKEITEN

1 Sri-Munneswaram-Tempel

C4 57 km südl. von Puttalam tägl. 5:30 – 20, Abend-*puja* 17 Aug/Sep munneswaram.com

Der Munnesvaram ist einer der wenigen Shiva-Tempel in Sri Lanka und deshalb ein wichtiges Pilgerziel. Im Allerheiligsten hütet der Hauptschrein ein *lingam*. Darüber hinaus werden in der Tempelanlage weitere Hindu-Götter verehrt, auch ein buddhistischer Schrein gehört dazu.

Der Tempel wurde 1578 von Portugiesen zerstört und 1753 wiedererrichtet. Im 19. und 20. Jahrhundert wurde er mehrmals umgebaut, sodass einige Teile recht neu aussehen.

In August und September findet im Munneswaram ein fast vier Wochen langes Tempelfest statt. Dann kommen unzählige Pilger, um ihre Opfergaben darzubringen. Paraden mit Festwagen ziehen um die Tempelanlage und durch den Ort Chilaw, der etwa vier Kilometer westlich des Tempels liegt.

2 Halbinsel Kalpitiya

B4 150 km nördl. von Colombo Festtag der St Anne's Church, Talawila (Aug)

Die vom Wind gepeitschte Halbinsel Kalpitiya und ihre vorgelagerten Inseln liegen zwischen der Puttalam-Lagune und dem Indischen Ozean. Das einst weit abgelegene Gebiet im Distrikt Puttalam wurde mittlerweile touristisch erschlossen. Dennoch findet man in diesem Urlaubsort noch idyllische weiße Sandstrände, die weitgehend unberührt sind.

Die Halbinsel ist ein beliebtes Ziel für Kitesurfer. Zu manchen Jahreszeiten kann man in den Gewässern Wale, zahlreiche Spinner- und andere Delfine beobachten *(siehe S. 121)*. An der Küste erstrecken sich Mangrovenwälder und Salzpfannen, hier leben zahlreiche Wasser- und Stelzvögel. Vogelfreunde sollten sich eine Bootsfahrt auf der Puttalam-Lagune nicht entgehen lassen. Sie lohnt vor allem frühmorgens, wenn die Chancen am höchsten sind, auch die scheuen Buckeldelfine zu Gesicht zu bekommen.

Viele Boutique-Hotels an der Küste organisieren für ihre Gäste Ausflüge zum Angeln, Schnorcheln und Windsurfen. An der Westseite der Halbinsel liegen am Alankuda Beach einige Urlaubsorte.

Etwa zehn Kilometer nördlich von Alankuda steht in Talawila die St Anne's Church (19. Jh.). Zu ihrem Festtag im August kommen jedes Jahr Tausende Pilger.

Nochmals 20 Kilometer weiter nördlich bauten die Niederländer in dem Örtchen Kalpitiya eine alte Befestigungsanlage der Portugiesen zu einem Fort aus. Damit kontrollierten sie den Handel von König Rajasinghe mit Indien. Das Fort wird heute von der Marine genutzt. Ein weiteres Relikt aus der Kolonialzeit ist die schlichte St Peter's Kirk. Dort stammen einige Gräber noch aus der niederländischen Ära.

Die Entwicklungspläne der Regierung für diese schöne und vielfältige Landschaft sind umstritten. Land soll illegal enteignet worden sein, auch die ortsansässigen Fischer haben Bedenken. Zudem könnte das große Korallenriff vor Kalpitiya

Sagen um den Sri-Munneswaram-Tempel

Der Munneswaram zählt zu Sri Lankas ältesten Hindu-Tempeln. Das Hindu-Epos *Ramayana* berichtet, dass Prinz Rama den Tempel nach seinem Sieg über Ravana gründete. Nach der Schlacht machte sich Rama in seinem fliegenden Kampfwagen *puspaka* auf den Rückweg nach Indien, doch überfielen ihn unterwegs wegen des vergossenen Bluts tiefe Schuldgefühle. Als Rama einen Tempel am Boden sah, stieg er zum Beten hinab. Dort erschienen ihm Shiva und dessen Gattin Parvati und befahlen ihm, drei *lingams* aufzustellen: bei Konesvaram in Trincomalee, bei Thiruketheswaram in Mannar und bei Munnesvaram.

Palmenbestandener Strand auf der schönen Halbinsel Kalpitiya

Expertentipp
Spot für Kitesurfer

An der Nordküste der Halbinsel Kalpitiya gibt es Dutzende von Kitesurfing-Camps. Sie können einen Kurs im Ruuk Village (www.ruukvillage.com) belegen.

weiter in Mitleidenschaft gezogen werden – schon heute leidet es unter der Fischerei, der Umweltverschmutzung und den vielen Besuchern. Wenn die Pläne zur touristischen Entwicklung des artenreichen Gebiets jedoch vorsichtig umgesetzt werden, könnte dies helfen, den seit Generationen hier lebenden Menschen einen sicheren Lebensunterhalt zu verschaffen.

3

Wilpattu National Park

C3 86 km nordöstl. von Alankuda tägl. 6–18

Mit einer Fläche von etwa 1320 Quadratkilometern ist der Wilpattu der größte Nationalpark Sri Lankas. Während des Bürgerkriegs wurde der Park durch Schäden und Wilderei stark in Mitleidenschaft gezogen, hat aber viel von seinem alten Glanz wiedererlangt. Zu seinen Landschaften gehören Dschungel, Grasebenen, ein Küstenabschnitt und eine Reihe von *villu* genannten Naturseen. Hier gibt es viele große Säugetierarten, und im Vergleich zu Nationalparks wie Yala West *(siehe S. 116f)* oder Udawalawe *(siehe S. 112f)* sind hier weniger Besucher.

Leoparden sind die Hauptattraktion des Parks. Die Chance, einen zu sehen, ist in Wilpattu wahrscheinlich größer als irgendwo sonst außerhalb von Yala. Manchmal bekommt man auch die scheuen Faultiere zu Gesicht. Elefanten sieht man hier oft, zusammen mit anderen häufigen Inselarten, von Muntjaks und Wasserbüffeln an Land bis hin zu Krokodilen und Bindenwaranen, die in den Seen lauern. Auch Vogelbeobachter kommen auf ihre Kosten, denn es gibt Arten wie die Schlangenweihe, den Wellenbrust-Fischuhu und den Indienspecht.

Sie können am Eingang einen Jeep mit Fahrer mieten, aber auch Ihr Hotel oder Gästehaus kann dies für Sie arrangieren.

Ein Leopard im Wilpattu National Park

Hotels

Bar Reef Resort

Eines von Sri Lankas besten Öko-Retreats an einem schönen Strandabschnitt auf der Halbinsel Kalpitiya mit Infinity-Pool.

B4 Alankuda Beach, Halbinsel Kalpitiya
barreefresort.com

$$$

Dickman Resort

Schickes Negombo-Hideaway in modernem asiatischem Stil mit bildschönem Pool im Innenhof.

C5 Porutota Road, Negombo
dickmanresort.com

$$$

The Icebear

Das charaktervolle Gästehaus in Schweizer Besitz befindet sich in bester Lage am Strand von Negombo. Die Zimmer liegen inmitten eines üppigen Gartens.

C5 Lewis Place, Negombo
icebearhotel.com

$$$

In Negombo wird frisch gefangener Fisch zum Trocknen ausgelegt

4

Negombo

C5 · 142 000 · 36 km nördl. von Colombo

Nördlich von Colombo liegt die Stadt Negombo, die dank ihrer Nähe zum Flughafen von vielen Touristen besucht wird, was sie zu einem praktischen ersten (oder letzten) Halt auf einer Tour über die Insel macht.

Als eines der ersten Gebiete, das von den Portugiesen besetzt wurde, ist Negombo das Kernland des sri-lankischen Christentums mit farbenfrohen Schreinen, die die Straßen säumen, und Dutzenden von großen Kirchen. Eines dieser Gotteshäuser, St Sebastian's, war der Schauplatz eines Bombenanschlags 2019, bei dem am Ostersonntag über 100 Menschen getötet wurden. Ostern war hier schon immer ein großes Fest, und auf Duwa, einer kleinen Insel in der Lagune von Negombo, wird jedes Jahr ein Passionsspiel aufgeführt.

Die Stadt ist zweigeteilt in den Strand und die Altstadt. Der Strandbereich ist der Ort, an dem sich fast alle Besucher aufhalten. Hier gibt es eine große Auswahl an Hotels, Restaurants und Bars sowie einen breiten (wenn auch nicht besonders sauberen) Strand. Etwa zwei Kilometer südlich befindet sich die Altstadt mit einigen alten kolonialen Sehenswürdigkeiten, einschließlich des Tors des alten holländischen Forts von 1672 (heute das örtliche Gefängnis). In der Nähe kann man Hunderte von bunten Booten sehen, die am Rand der Negombo-Lagune vertäut sind. Dahinter erhebt sich die imposante **St Mary's Church**, das Hauptgotteshaus der Stadt.

St Mary's Church
Grand Street · +94 31 222 2128 · tägl. 5:30 – 12, 15 – 20

5

Henarathgoda Botanical Garden

C5 · 29 km südöstl. von Negombo · +94 33 222 2316 · tägl. 7:30 – 17

Diese historischen Gärten wurden 1876 unter britischer Herrschaft angelegt. Hier soll der erste Gummibaum gepflanzt worden sein, der extra aus Brasilien importiert wurde. Heute beherbergen die Gärten eine umfangreiche Auswahl an Palmen, Orchideen und Bäumen, die in Sri Lanka endemisch sind. Obwohl sie nicht so beeindruckend sind wie die Botanischen Gärten von Peradeniya *(siehe S. 148f)*, sind sie dennoch einen Besuch wert.

Expertentipp
Am Steuer eines Tuk-Tuk

Haben Sie Lust, einmal ein Tuk-Tuk zu fahren? In Negombo können Sie eines der dreirädrigen Gefährte mieten, etwa bei Alma Tours (217 Lewis Place; +94 77 762 1625).

6

Muthurajawela Wetlands

C5 · 15 km südl. von Negombo · tägl. 7 – 18 · Bootsausflüge vorher tel. buchen unter +94 11 483 0150

Das Feuchtgebiet erstreckt sich über 60 Quadratkilometer zwischen Meer und Inland. Es umfasst die Lagune von Negombo, Mangrovenwälder und Salzwassermarschen. Von Negombo lohnt

der halbtägige Ausflug unbedingt, denn die Feuchtgebiete beherbergen eine ungeheuer große Vielfalt an Küstenökosystemen.

Hier leben Leistenkrokodile, Makaken, Bindenwarane sowie mit dem Tigerpython eine der größten Schlangen der Welt. Eisvögel, Silberreiher, Reiher, Enten und Strandläufer sind ganzjährig zu beobachten, zwischen September und April kommen viele Zugvögel hinzu. Auch zahllose Schmetterlings- und Libellenarten finden hier Lebensraum.

Das Besucherzentrum am Eingang informiert über das Feuchtgebiet. Dort kann man auch eine Bootsfahrt mit Führern buchen. Am besten kommt man frühmorgens oder spät am Nachmittag. Dann meidet man die größte Hitze und sieht die meisten Tiere.

Schon gewusst?

Gangatilaka Vihara ist einer der wenigen hohlen buddhistischen Stupas der Welt.

7

Kalutara

C6 40 000 42 km südl. von Colombo

Das stimmungsvolle Kalutara wurde nach dem Fluss Kalu Ganga benannt, an dessen Mündung es liegt. Der alte Gewürzhandelsstützpunkt ist heute vor allem ein malerischer Urlaubsort.

Südlich der Brücke über den Kalu Ganga steht der 1960 erbaute **Gangatilaka Vihara**. In der Anlage ragt eine große weiße *dagoba* empor. In ihrem riesigen Innenraum steht eine weitere kleine *dagoba*, die vier goldene Buddha-Statuen umgeben. An der Wand zeigt ein umlaufendes Band aus Bildern Szenen aus den *Jataka*-Erzählungen, einer Sammlung lehrreicher Geschichten über Buddha. Darunter ermöglicht eine Fensterreihe schöne Ausblicke. Gegenüber stehen ein Bodhi-Baum und weitere Tempelgebäude.

Etwa drei Kilometer östlich steht eines der ungewöhnlichsten Gebäude Sri Lankas. **Richmond Castle** stammt aus dem Jahr 1900, als der wohlhabende Gewürzhändler Don Arthur de Silva Siriwardena beschloss, sich einen Landsitz zu bauen. Basierend auf den Plänen eines ähnlichen »Schlosses«, das Freunden gehörte, bietet das anmutige Herrenhaus im italienischen Stil einen Einblick in den Lebensstil der Reichen und Mächtigen Ceylons aus der Kolonialzeit. Für den Bau wurden Teakholz aus Burma importiert, Fliesen aus Italien und Badezimmerarmaturen aus England. Heute dient er als Bildungszentrum für benachteiligte Kinder aus der Umgebung.

Gangatilaka Vihara
tägl.

Richmond Castle
Palatota-Kethhena Rd
tägl. 9–16

Restaurants

Lords
Lebhaftes Restaurant mit Bar in Negombo, das hauptsächlich asiatische Speisen serviert. Die vegetarischen und veganen Optionen sind besonders gut.
C5 80 Porutota Rd, Negombo
W lordsrestaurant.net
$$$

Rohan's Place
In dem Gästehaus-Restaurant wird man in die Küche der Insel eingeführt mit den besten hausgemachten Currys.
C5 59A Palangathure West, Negombo
W rohansplacenegombo.com
$$$

Goldene Buddha-Statuen rund um den Stupa im Gangatilaka Vihara

8

Balapitiya

C7 25 000 8 km südl. von Kosgoda

Das kleine Dorf Balapitiya ist Ausgangspunkt für Bootsfahrten auf dem Fluss Madu Ganga. Die Flusssafaris bieten Gelegenheit, unzählige Vögel, aber auch Amphibien und Reptilien zu beobachten.

Die Strecke führt an 64 Inseln vorbei, die teils bewohnt sind. Auf einer Insel steht ein großer buddhistischer Tempel mit Wandgemälden und Skulpturen. Auf einer anderen wird Besuchern gezeigt, wie aus Zimtbaumrinde Zimtöl gewonnen wird. Höhepunkt der Fahrt ist für viele sicher die Passage durch den dichten Mangrovenwald, die *mangrove caves*. Die Bootsfahrten auf dem Fluss können recht teuer sein.

Schon gewusst?

Aus Sri Lanka kommen 70 Prozent der globalen Zimtproduktion.

9

Beruwala

C6 33 000 15 km südl. von Kalutara

Der Küstenort Beruwala ist ein beliebtes Ziel für alle, die sich bei Sonne, Strand und Meer erholen möchten. Hinter dem breiten Sandstrand reihen sich Hotels und Gästehäuser. Am Fischereihafen kann man nach einer erholsamen Nacht in seiner Unterkunft morgens die Stimmung genießen und den Fischern beim Entladen und Verkauf ihres Fangs zusehen – wenn man früh aufsteht. Das Preisgeschachere beginnt bereits um 7 Uhr.

In Beruwala landeten im 7. Jahrhundert die ersten arabischen Händler auf Sri Lanka und gründeten eine Siedlung. Die **Kechimalai-Moschee** westlich des Hafens soll genau am Ort der Landung stehen.

Kechimalai-Moschee
tägl.

Schöne Aussicht

Zum Leuchtturm

Das anmutige Barberyn Lighthouse aus dem Jahr 1889 dominiert jeden Blick vom Strand von Beruwala. Für die beste Aussicht nehmen Sie ein Boot zur Barberyn-Insel, um den Turm aus der Nähe zu sehen.

10

Brief Garden

C6 8 km südöstl. von Aluthgama +94 77 350 9290 tägl. 8–17

Der paradiesische Brief Garden gehörte früher Bevis Bawa (1909–1992), dem älteren Bruder von Geoffrey Bawa *(siehe S. 81)*. Bawas Vater kaufte das zwei Hektar große Anwesen in den 1920er Jahren. Bevis Bawa begann 1929 mit der Gartengestaltung rund um das Haus. Aus der damaligen Kautschukplantage zauberte er in langer akribischer Arbeit ein wahres Idyll.

Auf schattigen Pfaden und Treppen kann man in dem herrlichen Landschaftsgar-

↑ *Die elegante Kechimalai-Moschee ist eine der ältesten der Insel*

Ein Wasserspiel im schönen Brief Garden von Bevis Bawa

ten der Hitze des Tages entfliehen, die Aussicht von einem Hügel genießen, einen Mondstein aus Zement und einen Japanischen Garten entdecken. Das Zentrum des Gartens bildet der niedrige Bungalow. In dessen Innerem finden sich viele Werke von Bevis Bawa, der als Schriftsteller, Maler und Bildhauer arbeitete. Zu sehen sind auch Arbeiten seiner Freunde, darunter das schöne Wandgemälde von Donald Friend am oberen Ende der Treppe, der hier sechs Jahre lebte. Zudem kann man Fotografien von Bawa und von seinen berühmten Gästen sehen, darunter Laurence Olivier, Vivien Leigh und Agatha Christie.

Nach der Führung durch das Anwesen kann man unter Bäumen noch gepflegt eine Tasse Tee trinken.

11

Lunuganga

C7 6 km südöstl. von Bentota nur Führungen: tägl. 9:30, 14
lunuganga.com

Lunuganga ist das Landhaus von Geoffrey Bawa *(siehe S. 81)* und einer der schönsten Orte an der Westküste. Bawa kaufte das Anwesen 1947. Zu dieser Zeit war das Haus ein unscheinbarer Bungalow inmitten einer Kautschukplantage. Der Architekt verbrachte 50 Jahre damit, das Anwesen in seine Vorstellung von einer »zivilisierten Wildnis« zu verwandeln. Genau genommen war es in erster Linie Bawas Vision von Lunuganga, die ihn veranlasste, Architekt zu werden. Bawa lud oft Freunde ein und feilte hier auch an seinen Ideen und Projekten. Zum Anwesen gehören mehrere Gebäude. Typisch für Bawas eleganten Baustil sind etwa das Hen House und das Cinnamon Hill House.

Die Gartenanlage wirkt so natürlich, dass man völlig vergisst, mit welchem Aufwand das Land verändert wurde: Erde wurde bewegt, Sträucher wurden gepflanzt und Bäume zu ihrem jetzigen Aussehen geformt, indem man ihre Äste beschwerte. Die alte Kautschukplantage hat sich in eine völlig andere Landschaft verwandelt, in der sich immer wieder großartige Ausblicke eröffnen. Besonders schön ist der Blick auf den Cinnamon Hill mit einer *dagoba* und Plastiken aus dem Katakuliya-Tempel.

Am besten, man bucht ein Mittagessen oder bleibt gleich über Nacht hier.

Einer der luftigen Räume in Lunuganga, dem früheren Heim von Geoffrey Bawa

Hotels

Saman Villas

Das romantische Luxushotel liegt auf einer kleinen Landzunge mit Blick auf den Strand von Bentota.

C7 Aturwella, Bentota
samanvilla.com

$$$

Club Villa

Die von Bawa entworfene Villa ist von ruhigen Gärten umgeben und hat eine unschlagbare Strandlage in Bentota.

C7 138/15 Galle Road, Bentota
clubvillabentota.com

$$$

Lunuganga

Übernachten Sie in Bawas ehemaligem Landsitz und lassen Sie die Vision des Architekten auf sich wirken.

C7 Dedduwa, Bentota
geoffreybawa.com

$$$

Stufen führen zum Kande-Vihara-Tempel mit seinem weißen Buddha ↑

⑫ Aluthgama

C6 15 000 9 km südl. von Beruwala

Der kleine Küstenort Aluthgama im Norden Bentota-Lagune bietet einige fotogene Märkte. An der Hauptstraße reihen sich viele Läden, an ihrer Westseite liegt der lebhafte Fischmarkt. Dort stapelt sich jede Menge Meeresgetier auf den Verkaufstischen. Südlich der Straße ist der Obst- und Gemüsemarkt für die Zutaten zuständig. Vor allem montags ist er voller Händler und Besucher.

Etwa ein Kilometer landeinwärts thront auf einem Hügel der **Kande-Vihara-Tempel**. Er birgt eine riesige weiße Buddha-Statue in der *bhumisparsha mudra (siehe S. 187).*

Kande-Vihara-Tempel
22 Marikkar St, Dharga Town +94 34 227 4453

⑬ Bentota

C7 37 000 9 km südl. von Aluthgama

Bentota am südlichen Ufer der gleichnamigen Lagune ist Sri Lankas nobelstes Strandziel. Eine Reihe von stilvollen Resorts, Boutique-Hotels und idyllischen Villen säumen den breiten weißen Sandstrand, der von Palmenhainen gesäumt wird. Diese ruhige Umgebung erklärt vielleicht, warum Bentota die ayurvedische Hauptstadt Sri Lankas ist. Die Wellness-Retreats bieten den Gästen neben Meditation und Yoga auch eine ganze Reihe von Verwöhnprogrammen.

Ayurveda

Ayurveda, Sri Lankas traditionelle Form der Medizin, ist ein ganzheitliches Konzept. Als »Wissenschaft vom Leben« geht sie davon aus, dass der Körper von drei *doshas* (Körpersäften) beherrscht wird: *vata* (Luft), *pitta* (Galle oder Feuer) und *kapha* (Schleim oder Erde). In medizinischer Hinsicht beziehen sie sich auf das Nerven-, Verdauungs- und Immunsystem. Ayurvedische Behandlungen zielen darauf ab, die *doshas* auszugleichen. Beliebte Behandlungen sind Kräuter- und Dampfbäder, Massagen und das klassische *shirodhara*, bei dem die Stirn des Patienten mit warmem Öl begossen wird.

TOP 5 Ayurveda bei Bentota

Amba Ayurveda
704 Welagedara, Balapitiya
+94 77 286 2200
In dem Retreat gibt es mehrere Pakete.

Shunyata Villa
ayurveda-shunyata-villa.com
Praktizieren Sie hier Yoga neben Ihren Behandlungen.

Barberyn Reef
barberynresorts.com
Entspannen mit Blick auf das Meer.

Maha Gedara
heritancehotels.com
In dem Resort warten Yoga, Musik und interessante Vorträge.

Sign of Life
sign-of-life-resort.com
Erschwingliche Option.

Wem das alles zu beschaulich ist, der sollte in die Bentota-Lagune fahren – Sri Lankas bester Ort für Wassersport. Windsurfen ist hier besonders gut, ebenso wie Jet-Ski, Wakeboarding und andere Adrenalin-Aktivitäten. Tierfreunde sollten sich auf eine Flussfahrt in der Lagune begeben. Wenn Sie in die Mangrovenwälder eintauchen, sehen Sie einige bunte Wasservögel und gelegentlich auch Warane.

Im Landesinneren beherbergt das Dorf Bentota zwei interessante Tempel – Kande Viharaya und Galapata Raja. Das Dorf ist auch ein wichtiges lokales Zentrum für die Herstellung von Kokosfasern (Seile aus Kokosnussfasern). Achten Sie bei Ihrem Spaziergang durch das Dorf auf die Türme aus Kokosnussschalen, die sich entlang der Straßen auftürmen.

Wassersport in Bentota

Das ruhige Meer in der breiten Bentota-Lagune ist das ganze Jahr über das perfekte Revier für Wassersportler. Bentota gilt als heimliche Hauptstadt des Wassersports in Sri Lanka. Windsurfer, Kitesurfer und Wasserskifahrer kommen gern hierher. Für Vergnügungssüchtige werden Bananenboot-Fahrten auf dem Fluss angeboten. Auch Hochseeangler finden bei einem Tagesausflug auf dem Meer ihr Glück, wenn sie sich auf die Jagd nach Marlinen, Barrakudas oder Thunfischen machen. Taucher und Schnorchler sollten zwischen November und April kommen, bevor der Monsun einsetzt. Ausrüstung, Kurse und Pauschalangebote bieten die Hotels, Gästehäuser und Wassersportzentren in Bentota an.

Wasserskifahren

Eines der beliebtesten Vergnügen in der Lagune, hier kommen Anfänger und Erfahrene auf ihre Kosten.

Bananenboote

Kinder sind von Fahrten mit dem Bananenboot begeistert. Wenn die in engen Kurven schnell durch das Wasser zischen, hört man ihr Kreischen in der Lagune.

Hochseeangeln

Spezielle Boote fahren für vier Stunden aufs Meer hinaus. Die gefangenen Snapper und Zackenbarsche nehmen die Angler fürs Abendessen mit.

Windsurfen

Aufgrund der starken Winde sind die Bedingungen für diesen Sport ideal. Anfänger können in der Lagune üben, erfahrene Surfer über den Ozean jagen.

Tauchen

Taucher finden entlang der Küste eine ganze Reihe von Tauchschulen, die für Anfänger Unterricht anbieten und zu den schönsten Stellen im Meer fahren.

↑ *Das ruhige Wasser in der Lagune ist ideal für Wasserski*

↑ *Ein Taucher inmitten eines Fischschwarms nahe einer Koralle*

Schon gewusst?

Der Bodhi-Baum im Gangarama Maha Vihara soll von Buddhas Baum abstammen.

14

Gangarama Maha Vihara

C7 500 m östl. von Hikkaduwa

Dieser Tempel ist wegen seiner informativen Wandmalereien, die das Leben des Buddha darstellen, einen Besuch wert. Es gibt einen Bodhi-Baum und verschiedene Schreine in der Anlage, die oft voller Besucher ist.

15

Seenigama-Tempel

C7 2 km nördl. von Hikkaduwa

Auf einer Insel vor der Küste steht der Seenigama-Tempel. Er ist Devol Deviyo geweiht, einem Gott, den diejenigen anflehen, die sich für vermeintliches Unrecht rächen wollen. Zur *puja* liegt der Geruch von Chilis in der Luft, die beim Racheritual zerdrückt werden. Der Tempel hat den Tsunami von 2004 ohne Schäden überstanden, was die Macht des Gottes für alle Gläubigen eindeutig bewies. Auch die hier tätigen Fischer beten dort um Schutz und für einen guten Fang.

16

Induruwa und Kosgoda

C7 Induruwa: 6 km südl. von Bentota 57 000; Kosgoda: 11 km südl. von Bentota 3000

Induruwa und dessen Nachbarort Kosgoda sind Sri Lankas Hauptziele des Meeresschildkröten-Tourismus. Mehrere der gefährdeten Arten legen ihre Eier an den Stränden der beiden Orte ab. Der Sandstrand bei Kosgoda ist der wichtigste Brutort an der Westküste, und deshalb befinden sich an der Küste in der Nähe des Orts auch viele Schildkröten-Brutstationen, in denen Besucher zusehen können, wie die Schildkröten-Eier ausgebrütet werden und die Jungtiere schlüpfen.

Wenn Sie einen der Nistplätze besuchen, halten Sie Abstand und achten Sie darauf, das natürliche Verhalten der Schildkröten nicht zu stören.

TOP 3 Schildkröten-Brutstationen

Kosgoda Sea Turtle Conservation and Research Center
htrcc.info
Sri Lankas älteste Brutstation.

Koggala Sea Turtle Farm and Hatchery
Modarawella Wattha, Koggala
+94 77 783 6115
Brutstation mit gutem ethischem Ruf.

Mahamodara Sea Turtle Hatchery
417 D/1 Colombo Road, Mahamodara
+94 75 540 2553
Seriöse Organisation, geführt von einem auskunftsfreudigen Mutter-Tochter-Team.

Der Seenigama-Tempel liegt auf einer kleinen Insel ↑

↑ *Schildkröten kurz nach dem Schlüpfen im Ozean*

Schildkröten – Schutz und Brutstationen

Fünf der sieben Meeresschildkrötenarten – Grüne Meeresschildkröte, Lederschildkröte, Oliv-Bastardschildkröte, Echte und Unechte Karettschildkröte – nisten an den Stränden Sri Lankas, vor allem an der Südwestküste. Seien Sie vorsichtig, wenn Sie sich diesen Nistplätzen nähern.

Das Turtle Conservation Project (TCP) wurde 1993 ins Leben gerufen, um die schwindende Schildkrötenpopulation in Sri Lanka zu schützen. Obwohl das TCP keine Außenstellen mehr auf der Insel hat, wird seine Mission, nachhaltigen Schutz durch Bildung, Forschung und Beteiligung der Bevölkerung zu gewährleisten, immer noch von angesehenen Brutstationen verfolgt. Diese Organisationen sammeln frisch gelegte Eier ein oder kaufen sie von Eiersammlern, vergraben sie in geschützten Gebieten und setzen die Jungtiere ins offene Meer aus. Meiden Sie Aufzuchtstationen, die junge Schildkröten nach dem Schlüpfen tagelang in Becken festhalten, wodurch sie wertvolle Schwimmzeit verlieren.

↑ *Ein geschützter Nistplatz mit Etiketten, die anzeigen, wann die Eier gelegt wurden*

Bedrohungen

Die größte Bedrohung für die Schildkröten in Sri Lanka sind Nesträuber, die die Eier zum Verkauf aus den Nestern holen. Auch die zunehmende Erschließung der Küste und die Verschmutzung der Strände gefährden die Nistgebiete. Zudem lenkt die helle Beleuchtung an der Küste die Jungen vom Weg ins Meer ab. Trotz schwerer Strafen für das Wildern von Schildkröten werden diese noch immer wegen ihres Fleischs und ihres Panzers getötet. Viele Schildkröten enden auch als Beifang in den Schleppnetzen oder an den Angeln der Fischer.

↑ *Hikkaduwas Narigama Beach und tropische Fische im Coral Sanctuary* (Detail)

17 Hikkaduwa

C7 1300 12 km südl. von Ambalangoda

Die Stadt am Meer ist ein abschreckendes Beispiel. In den 1970ern war Hikkaduwa einer der ersten Orte auf der Insel, der vom Massentourismus erfasst wurde, mit einer Reihe von Hotels, die entlang des einst unberührten Strands entstanden. Die Touristen wanderten dann auf der Suche nach weniger entwickelten Reisezielen gen Süden und ließen »Hikka« verwaist zurück.

In den Jahren seit 2010 hat sich der Ort wieder neu erfunden. Einige der Resorts wurden renoviert oder abgerissen, und die Stadt gilt bei jungen Reisenden als Party-Hauptstadt der Westküste. Hier geht es immer noch ein bisschen chaotisch zu, dafür kann man toll surfen und tauchen. Ein paar Batik-Werkstätten stellen kunstvoll gemusterte Stoffe her. Die größte Besucherattraktion von Hikka ist das Korallenschutzgebiet am nördlichen Ende des Strands, das 2002 zum Nationalpark (Hikkaduwa National Marine Park) erklärt wurde.

Leider wurde das Korallenriff Opfer der Naturgewalten – und seiner Beliebtheit. 1998 trat die Korallenbleiche auf, noch stärker wurde das Gebiet 2004 durch den Tsunami beschädigt. Darüber hinaus leidet es unter der Wasserverschmutzung, dem Dynamitfischen, dem Korallenabbau zur Kalkgewinnung und unter Menschen, die über das Riff laufen. Heute ist der größte Teil der Korallen abgestorben, nur an wenigen Stellen scheinen sie sich wieder zu erholen.

Das Riff lässt sich bequem in Glasbodenbooten betrachten, die Fahrten werden überall in Hikkaduwa angeboten. Doch jedes Mal, wenn ein Boot gegen das Riff stößt, wird dieses weiter beschädigt. Besser erkundet man es deshalb beim Schnorcheln. Dann kann man die bunten tropischen Fische hautnah beobachten. Achten muss man dabei jedoch auf die vielen Boote im Wasser.

Nördlich von Hikkaduwa zeigt das **Tsunami Museum** Fotografien von der Katastrophe 2004 und Exponate

Tauchen in Hikkaduwa

Mit vielen guten Revieren gehört Hikkaduwa unter Tauchern zu den beliebtesten Zielen in Sri Lanka. An einigen Stellen, z. B. vor Coral Gardens, kann man durch Höhlen und Täler tauchen. Tropenfische sieht man im Überfluss, doch das Highlight sind die roten und orangefarbenen Edelkorallen. Auch einige Wracks locken in die Tiefe, u. a. *The Earl of Shaftesbury*, ein Segler aus dem 19. Jahrhundert, und die SS *Conch*, ein 1903 gesunkener Öltanker. Die besten Tauchbedingungen herrschen zwischen November und Mai, vor Ort kann man unter vielen Tauchbasen wählen.

Auf dem Weg nach Hikkaduwa lohnt ein Halt in Ambalangoda, denn dort werden traditionelle Masken hergestellt.

zum anschließenden Wiederaufbau. Es gibt eine Reihe von Tsunami-Museen in der Gegend, aber dies ist das »echte«. Achten Sie auf das rot-weiße Schild an der Straße nach Galle.

Tsunami Museum
Telwatta Junction
+94 77 945 4490
tägl. 9–17

18 Ambalangoda

C7 20 000 24 km südl. von Bentota

Auf dem Weg nach Hikkaduwa lohnt ein Halt in Ambalangoda, denn dort werden traditionelle Masken hergestellt. Die handgeschnitzten und -bemalten Masken haben ihren Ursprung in den Aufführungen der Tieflandtänze aus dem Süden, vor allem im kunstvollen Tanzdrama Kolam und im Sanni Yakko, einer Form des Teufelstanzes.

In den zwei Räumen des **Ariyapala & Sons Mask Museum** im Ortszentrum ist eine exzellente Maskensammlung zu bewundern. Die Kunstwerke verkauft ein Laden, in der Werkstatt nebenan kann man zusehen, wie sie hergestellt werden.

Im Ort verkaufen noch andere Läden die bei Besuchern als Souvenirs beliebten Masken. Es ist jedoch sinnvoll, sich vor dem Kauf darüber zu informieren, worauf man achten sollte.

Die Tänze, für die die Masken gedacht sind, werden nicht oft aufgeführt. Einige Vorstellungen gibt es in der Bandu Wijesooriya School of Dancing (Termine im Ariyapala Museum).

Umgebung: Etwa acht Kilometer von Ambalangoda landeinwärts bewahrt der Galagoda-Sailatharamaya-Tempel in Karandeniya eine der längsten liegenden Buddha-Statuen Sri Lankas. Die riesige Figur hebt sich von neueren Statuen in der Anlage durch ihre leicht verblichene rot-orangefarbene Bemalung ab.

Weiter im Süden finden sich bei Meetiyagoda zahlreiche Mondsteinminen. Bei einem Blick in die Schächte sehen Sie, wie die Edelsteine abgebaut werden. An der Oberfläche werden die Steine dann geschnitten und poliert.

Ariyapala & Sons Mask Museum
426 Main St
tägl. 8:30–17:30
masks ariyapalasl.com

TOP 3 Batik-Workshops

Dudley Silva
Sri Lankas führender Batik-Künstler (53 Elpitiya Road, Ambalangoda; +94 91 225 9411).

Genuine Batiks (Jungle Workshop)
Batik nur mit natürlichen Farbstoffen (Wewala, Hikkaduwa).

Laksiri Batiks
Traditioneller Designer (Baddegama Rd, Hikkaduwa; +94 77 358 7255).

Bars

Funky de Bar
Das winzige Lokal direkt am Meer ist einer der beliebtesten Orte in Hikka, um etwas zu trinken und vielleicht auch zu tanzen.
C7 538/1 Galle Road, Wewala, Hikkaduwa
+94 77 752 1003

Mambo's
Eine lokale Institution mit einer entsprechend chilligen Atmosphäre und Tanzabenden am Wochenende.
C7 434/3 Galle Road, Narigama, Hikkaduwa
mambos.lk

Surf Control Rooftop Lounge
Freuen Sie sich auf tolle Musik und Getränke – die Cocktails sind besonders lecker – in der entspannten Rooftop-Lounge in Hikkaduwa. Es gibt auch eine kleine Speisekarte.
C7 450 Galle Road, Wewala, Hikkaduwa
+94 76 980 6636

→ *Traditionelle Maske im Ariyapala & Sons Mask Museum*

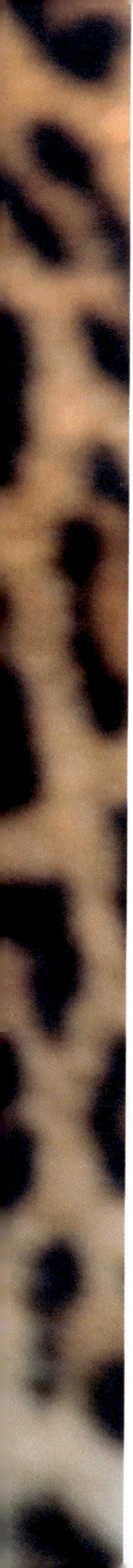

Ein Leopard im Yala West National Park (siehe S. 116f)

Süden

Historisch gesehen wurde der Süden immer aus den Machtkämpfen herausgehalten, vor allem dank seiner Entfernung zu den großen nördlichen Hauptstädten Anuradhapura, Polonnaruwa und Kandy. Verschont von den wiederkehrenden indischen Invasionen und hinduistischen Einflüssen, die den Norden periodisch erschütterten, entwickelte sich der Süden Sri Lankas zu einer Hochburg des traditionellen singhalesischen Buddhismus. Das Gebiet wurde Teil des alten Königreichs Ruhunu mit Mahagama (das heutige Tissamaharama) als Hauptstadt. Passenderweise wurde in Ruhunu der singhalesische Held König Dutugemunu (reg. 137–161 v. Chr.) erzogen, der von hier aus seine Eroberung der Insel startete und die indischen Eindringlinge vertrieb, die die Kontrolle über den Norden übernommen hatten. Dieses ferne Stück halbmythischer Geschichte berührt noch heute die singhalesischen Nationalisten.

Trotz der kurzzeitigen Bedeutung der Häfen von Galle und Matara unter den Holländern bewahrte Ruhunu seine Separation vom Rest der Insel. Als Colombo im späten 19. Jahrhundert den südlichen Häfen den Rang ablief, wurde der Süden immer ländlicher. Die Jahre seit der Unabhängigkeit haben wenig dazu beigetragen, den Süden aus seinem jahrhundertelangen Dornröschenschlaf zu wecken, trotz der desaströsen Versuche des ehemaligen Präsidenten Mahinda Rajapaksa, die wirtschaftlichen Geschicke seiner Heimatstadt Hambantota wiederzubeleben. Den Bürgerkrieg hat die Region weitgehend unbeschadet überstanden, der Tsunami im Jahr 2004 hat jedoch einen Großteil der Küste verwüstet. Von dieser Zerstörung ist wenig übrig geblieben, und die Strände, Nationalparks und historischen Städte des Südens sind heute fest in der Hand des Tourismus.

Pelawaththa
Thiruwanaketiya
A4
Balangoda
B421
Pelmadulla
B38
Kandy und
Hill Country
Seiten 132–157
A18
Agalawatta
Kalawana
Madampe
B421
A18
Sooriyakanda
Pelawaththa
SABARAGAMUWA
E01
A17
B115
Panamure
Pitigala
Deniyaya
Urubokka
Etpitiya
Kotapola
Morawaka
B485
Middeniya
Westküste
Seiten 86–101
Gin Ganga
Kirama
Udugama
Pitabeddara
B129
A17
Nilwala Ganga
Makandura
Walasmulla
B387
Nakiyadeniya
A2
Kottawa Rainforest
und Arboretum
6
Akuressa
B415
14
Mulgirigala
Hiyare
Rainforest
Kirinda
Beliatta
Imaduwa
Koggala
Galle
1
A24
Wewurukannala
Vihara
21
9
Unawatuna
Koggala
Lake
Weligama
E01
10
Tangalla
7
A2
11
Matara
A2
17
Martin
Wickramasinghe
Museum
8
Midigama
12
13
Hoo-
maniya
Blowhole
5
16
15
Dickwella
Mirissa
Polhena
Dondra
Süden
0 Kilometer
20
N

Süden

Highlights

1. Galle
2. Udawalawe National Park
3. Yala West (Ruhuna) National Park

Sehenswürdigkeiten

4. Kataragama
5. Mirissa
6. Kottawa Rainforest und Arboretum
7. Martin Wickramasinghe Museum
8. Midigama
9. Unawatuna
10. Wewurukannala Vihara
11. Weligama
12. Matara
13. Dickwella
14. Mulgirigala
15. Dondra
16. Polhena
17. Hoo-maniya Blowhole
18. Tissamaharama
19. Hambantota
20. Rekawa Beach
21. Tangalla
22. Kalametiya Bird Sanctuary
23. Bundala National Park

↑ *Straße in Galles altem niederländischem Viertel mit Restaurants*

1

Galle

C7 · 93 000 · 125 km südl. von Colombo
12 Rampart Street · Literaturfest (Feb)
galleheritage.gov.lk

Galle, die wichtigste Stadt an der Südküste, hat ein altes holländisches Viertel, das von einem Fort umgeben ist, und eine ausgedehnte Neustadt, die außerhalb der Fortmauern liegt. In beiden Vierteln finden Sie historische Gebäude, hippe Galerien, eine lebhafte Cafészene und elegante Restaurants.

①

Dutch Reformed Church

Church Street
tägl. 9–17

Der Bau der Kirche wurde im 18. Jahrhundert vom Stadtkommandanten Casparus de Jong anlässlich der Geburt seiner Tochter initiiert. Die Kirche mit dem hohen Deckengewölbe hat eine von einem Baldachin bekrönte Kanzel. Am beeindruckendsten sind die verzierten Grabsteine, die in den Boden und an den Wänden eingelassen sind. Sie stammen von aufgelassenen Friedhöfen der Niederländer und erinnern daran, wie hart das Leben für die frühen Kolonisten war.

②

National Maritime Archaeology Museum

Church Street · Di–Sa 9–17 · museum.gov.lk

Das große Museum präsentiert in einem alten niederländischen Lagerhaus maritime Artefakte. Am Eingang erzählt ein Film die Geschichte vom Untergang der HMS *Hermes* *(siehe S. 199)* an der Ostküste Sri Lankas und von anderen Wracks. In den Sälen sind Objekte ausgestellt, die aus den Wracks geborgen wurden, u. a. Karten, Geschirr, Bierkrüge, Pfeifen, Kanonen und der Bartmannskrug aus dem Wrack des Ostindienfahrers *Avondster* in der Bucht von Galle.

③

Galle National Museum

Church Street · Di–Sa 9–17 · museum.gov.lk

Gleich neben dem Amangalla Hotel zeigt das Galle National Museum in einem Gebäude aus dem 17. Jahrhundert traditionelle Tanzmasken, alte Holzschnitzereien, Zierrat sowie Gegenstände aus Sri Lankas portugiesischer und holländischer Epoche. Interessant sind vor allem die Waffen, die Möbel und das Porzellan der Niederländischen Ostindien-Kompanie sowie alte Hand-

Old Cricket Ground

Der Galle Cricket Ground, offiziell Galle International Cricket Stadium, ist mit seinen Pavillons und Tribünen vor der Kulisse des Forts und des Ozeans einer der kultigsten Austragungsorte des Sports. Es ist auch einer der besten Plätze für das sri-lankische Team mit sechs Siegen in den ersten elf Testspielen, die hier stattfanden.

werkszweige wie die Spitzenherstellung. Leider ist das Museum etwas dunkel und schäbig, da es seit Jahren nicht mehr renoviert wurde.

④
Historical Mansion Museum

31–39 Leyn Baan Street
+94 91 223 4114 Mo–Do, Sa 9–18, Fr 9–12, 14–18

In diesem renovierten holländischen Haus ist die private Antiquitäten- und Nippessammlung von Abdul Gaffar aus Galle ausgestellt. In seinen Räumen, die sich um einen kleinen Innenhof gruppieren, sind viele interessante Objekte versammelt. Ein Schrank enthält alte Telefone und Fotoapparate, die Gaffar in den letzten Jahrzehnten zusammengetragen hat. Zudem kann man im Hof des Gebäudes Spitzenklöpplerinnen, Edelsteinschleifern und Juwelieren bei ihrer Arbeit über die Schulter schauen. Die dort produzierten Waren – perfekte Souvenirs – werden vor Ort verkauft.

⑤
All Saints Church

Church St
tägl. 8–17
allsaintsgalle.org

Über den umliegenden Gebäuden im Herzen der Festung von Galle erhebt sich die All Saints Church – ein seltenes Denkmal aus der britischen Ära in einem Netz von Straßen, die von holländischen Gebäuden mit roten Ziegeldächern gesäumt sind.

Die Kirche wurde im Jahr 1868 von dem Regierungsarchitekten J.G. Smithers entworfen, der auch für das weitaus elegantere Nationalmuseum in Colombo verantwortlich war. Der gedrungene Entwurf der Kirche und die Architektur im Stil des Gothic Revival bilden einen starken Kontrast zu den Nachbargebäuden.

Der düstere Innenraum des Gotteshauses mit schweren, aus burmesischem Teakholz geschnitzten und mit dem Davidstern verzierten Kirchenbänken ist beeindruckend feierlich.

Highlight

Hotel

Amangalla
Das exklusive Hotel ist in der niederländischen Gouverneursresidenz von 1684 untergebracht. Die Bar und das Restaurant stehen allen offen und bieten die Möglichkeit, die schön restaurierten Innenräume zu genießen.

Church Street
aman.com

$$$

Restaurants

The Old Railway Café
Das gemütliche Café mit Blick auf den Bahnhof serviert Bistrogerichte, Kuchen und Smoothies.

42 Havelock Place
theoldrailway shop.com

$$$

Chambers
Wenn Sie zu viel Reis und Curry gegessen haben, bestellen Sie hier Tagines, Mezze und Kebabs.

40 Church Street
+94 91 224 4320

$$$

Bombay Brasserie
Ein weiterer Bruch mit der kulinarischen Norm, mit einem von Mumbai-Street-Food inspirierten Menü, das *parathas*, *pav bhaji* und verschiedene Currys bietet.

14 Leyn Baan Cross Street
+94 76 242 8464

$$$

Spaziergang in Galle Fort

Länge 1 km **Bahnhof** Galle
Dauer 55 Minuten

Mit schöner kolonialer Architektur und gut erhaltenen Befestigungsanlagen ist das Galle Fort ein stimmungsvoller Ort zum Herumwandern. Das Fort im Herzen der Stadt umfasst das alte holländische Viertel und ist weit entfernt von der geschäftigen Stadt außerhalb seiner Mauern. Der Hafen von Galle hatte schon seit Jahrhunderten Händler, Seeleute und Entdecker an seine Ufer gelockt, bevor die Portugiesen 1589 ein Fort auf der Landzunge errichteten. Als die Holländer 1640 den Hafen eroberten, bauten sie die Festungsanlagen aus, die bis heute erhalten sind, und das Fort wurde zum Zentrum der sri-lankischen Industrie.

↑ *Die blendend weiße Fassade der Dutch Reformed Church*

Eines der Wahrzeichen von Galle Fort ist der 1882 erbaute **Uhrturm**. An seinem Standort ragte zuvor ein holländischer Glockenturm auf.

Die **Dutch Reformed Church** im Kolonialstil wurde 1755 errichtet. Zuvor befand sich an diesem Ort ein portugiesisches Kloster.

Postamt

Die **All Saints Church** wurde im 19. Jahrhundert für die britische Gemeinde erbaut und ist bis heute anglikanisch.

Im **Clan House** befanden sich einst die Büros von Lloyd's of London. Außen sieht man noch die gut erhaltene Tafel, auf der die Schiffe notiert wurden.

Schon gewusst?

Die Festungsmauern hielten dem Tsunami stand, während die modernen Häuser einstürzten.

↑ *Beeindruckende Maske im Galle National Museum*

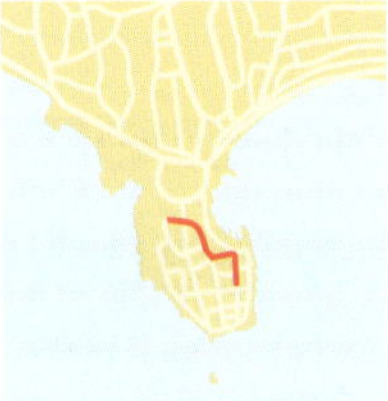

Zur Orientierung
Siehe Karte S. 104f

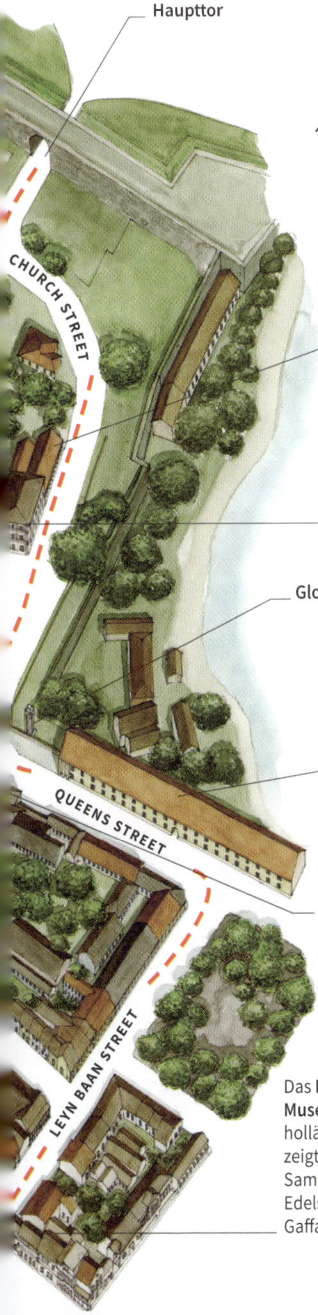

Haupttor

Das **Galle National Museum** präsentiert archäologische und ethnologische Exponate aus dem Süden Sri Lankas. Zu den Objekten gehören Masken und Holzschnitzereien.

Das 1684 erbaute Haus des holländischen Gouverneurs wurde in das New Oriental Hotel umgewandelt, in dem viele Schiffspassagiere, die im 19. Jahrhundert in Galle ankamen, abstiegen. 2005 wurde es in **Amangalla** umbenannt.

Glockenturm

Das **National Maritime Archaeology Museum** wurde 2009 in einem alten holländischen Speicher eröffnet. Früher wurden dort Schiffsvorräte und wertvolle Waren wie Zimt, Textilien und Kaurischnecken gelagert.

Holländisches Gouverneurshaus

Das **Historical Mansion Museum** in einem alten holländischen Haus zeigt Antiquitäten. Die Sammlung gehört dem Edelsteinhändler Abdul Gaffar.

↑ *Die Veranda des Historical Mansion Museum mit historischen Möbelstücken*

Spaziergang an den Wällen

Länge 3 km **Bahnhof** Galle
Schwierigkeit einfach **Dauer** 45 Minuten

Mit dem Bau des Forts schützten die Portugiesen hauptsächlich die Landseite. Als später die Niederländer die Festung ausbauten, befestigten sie auch die Seeseiten der Landzunge. Auf den westlichen Wällen bekommt man einen guten Eindruck, wie die Festung damals ausgesehen hat. Die gesamten Verteidigungsanlagen sind etwa drei Kilometer lang, die äußeren und inneren Mauern über einen Meter dick. Am besten erkundet man sie bei einem Spaziergang entlang der Wälle. Gehen Sie am besten morgens oder abends, um die grelle Mittagssonne zu vermeiden. Die Triton Bastion ist ein schöner Ort in der Abenddämmerung.

Das **Haupttor** wurde von den Briten im 19. Jahrhundert angebaut.

In der **Shri-Sudharmalaya-Tempelanlage** steht eine strahlend weiße *dagoba* (1886), auf der anderen Seite der Straße ein Bodhi-Baum.

Rund um die **Triton Bastion** wird oft Kricket gespielt. Sobald es dunkel wird, füllt sich das Areal mit Menschen.

↑ *Der weiße Leuchtturm, der die Point Utrecht Bastion krönt*

Galle
Fort Galle
Zur Orientierung
Siehe Karte S. 104f
Die **Nördlichen Bastionen** sind die am stärksten befestigten Bereiche des Forts. Die Niederländer bauten die bestehende portugiesische Anlage aus und errichteten die massiven Bollwerke Sun, Moon und Star.
Die **Zwart Bastion** ist vermutlich das älteste Bollwerk. Sie umfasst noch Abschnitte der ursprünglichen portugiesischen Festung.
Das **Old Gate** war früher der Zugang zum Fort. Auf der Festungsseite prangt noch das Wappen der Niederländischen Ostindien-Kompanie, an der Hafenseite ersetzten die Briten das holländische durch eigenes Dekor.
Die **Akersloot Bastion** an der äußersten Ecke des Court Square ist nach dem Geburtsort des holländischen Befehlshabers Wilhelm Coster benannt, der Galle 1640 von den Portugiesen eroberte.
In der **Hospital Street** standen das portugiesische und das holländische Spital.
Die **Meeran-Jumma-Moschee** vom Anfang des 20. Jahrhunderts sieht aus wie eine Kirche.
Die **Point Utrecht Bastion** wird von einem Leuchtturm von 1938 gekrönt. Dahinter liegen die Ruinen eines niederländischen Pulvermagazins.
Der **Flag Rock** bildet die Südspitze des Forts. Von hier springen die wagemutigen Klippenspringer von Galle in die Fluten.
CUSTOM ROAD
Nördliche Bastionen
BALADAKSHA MAWATHA
Zwart Bastion
CHURCH STREET
MIDDLE STREET
Old Gate
QUEENS STREET
Magister Square
CHURCH CROSS ST
Akersloot Bastion
FRONT CROSS STREET
LEYN BAAN STREET
LIGHTHOUSE STREET
LEYN BAAN CROSS ST
HOSPITAL STREET
PEDLAR STREET
NEW LANE I
NEW LANE II
SMALL CROSS ST
Meeran-Jumma-Moschee
Point Utrecht Bastion
RAMPART STREET
Flag Rock

2

Udawalawe National Park

E6 80 km nordöstl. von Tangalla +94 47 347 5892 nur organisierte Touren oder mit Privatwagen: tägl. 6–18 (letzte Tickets: 17) udawalawenationalpark.com

Der Udawalawe ist einer der beliebtesten Nationalparks Sri Lankas und einer der besten Orte auf der Insel, um Wildtiere zu beobachten. Wasservögel gleiten über den Stausee, Büffel suhlen sich im Wasser, und Herden von Elefanten durchstreifen das Naturparadies.

Der rund 300 Quadratkilometer große Park wurde 1972 zum Schutz des Einzugsgebiets des Udawalawe Reservoir eingerichtet. Das Gebiet umfasst Buschland, von Wäldern durchsetztes Grasland und eine aufgegebene Teakplantage. Hier leben u. a. Sambars (Pferdehirsche) und Lippenbären, die man aber selten sieht. Die bekanntesten Bewohner sind rund 600 Elefanten, die man hier in ihrem natürlichen Lebensraum gut beobachten kann. Zur Vogelbeobachtung lohnt ein Parkbesuch vor allem wegen seiner Vielfalt an Wasser- und Greifvögeln.

Expertentipp
Parkleben

Mieten Sie einen Geländewagen vor dem Parktor, um Udawalawe zu erkunden. Die beste Zeit, um Elefanten zu sichten, ist früh am Morgen oder am späten Nachmittag. Von November bis April sieht man die meisten Vögel.

Highlight

Elephant Transit Home

Fünf Kilometer westlich vom Parkeingang zieht das von der Born Free Foundation unterstützte Elephant Transit Home Elefantenwaisen auf. Wenn sie vier oder fünf Jahre alt sind, werden sie wieder ausgewildert. Die Elefanten sieht man hier nur aus der Ferne. Von einer Aussichtsplattform kann man beobachten, wie sie in einem Gehege täglich um 9, 12, 15 und 18 Uhr gefüttert werden. Man sollte rechtzeitig vor der Fütterung da sein, um nichts zu verpassen.

←

Eine Elefantenherde grast im Udawalawe National Park

1

2

3

1 *Das Elephant Transit Home kümmert sich um etwa 40 Waisenkinder.*

2 *Der Stausee bewässert landwirtschaftliche Flächen und betreibt ein Wasserkraftwerk.*

3 *Man braucht ein Fahrzeug für die Erkundung des Parks.*

Elefanten in Sri Lanka

In Sri Lankas Geschichte, Kultur und Religionen spielt der Elefant eine wichtige Rolle. Für Buddhisten und Hindus besitzt er große spirituelle Bedeutung, weshalb Elefantendarstellungen viele Tempel zieren. Die meisten Tempel halten einen Elefanten auf ihrem Gelände, der bei religiösen Festen seinen festen Platz hat. Unter den Tempelelefanten wird der Maligawa Tusker, der in Kandy bei der Prozession zur Esala Perahera die heilige Zahnreliquie Buddhas trägt, hochverehrt. Durch die großräumige Abholzung der Wälder in den letzten Jahren ging die Zahl wild lebender Elefanten stark zurück, viele wurden in Schutzgebiete umgesiedelt. Am besten kann man die Dickhäuter in den Nationalparks Udawalawe, Yala West (Ruhuna) und Minneriya beobachten.

Sri-Lanka-Elefant

Der Sri-Lanka-Elefant ist eine Unterart des Asiatischen Elefanten. Im Vergleich zum Afrikanischen hat der Asiatische Elefant kleinere Ohren, einen Buckelrücken und nur einen »Finger« an der Rüsselspitze. Nur wenige männliche Elefanten haben sichtbare Stoßzähne. Wilde Elefanten leben in Gruppen von etwa 15 Tieren, sie fressen jeden Tag rund 150 Kilogramm Grünfutter.

Elefanten im Lauf der Zeit

Zu Zeiten der singhalesischen Könige durfte kein Elefant ohne die Erlaubnis des Herrschers getötet werden. Die Briten sahen in den Elefanten lediglich eine Plage für die Landwirtschaft und lobten für jeden getöteten Elefanten eine Prämie aus.

↑ *Ein mit Elefanten verzierter Mondstein in der antiken Stadt Polonnaruwa*

Die **Ohren** nehmen tiefe Töne im Bereich zwischen 14 und 16 Hertz wahr. Deshalb können sich Elefanten über große Entfernungen verständigen.

Weibliche Elefanten sind in der Regel kleiner und leichter als die Männchen.

Heilige Elefanten

Buddhisten und Hindus verbinden mit Elefanten Stärke und Mut. Im Tempel einen Elefanten zu halten, bringt nach weitverbreiteter Vorstellung Glück und Wohlstand. Im ganzen Land werden die Tiere prächtig herausgeputzt bei den alljährlichen Prozessionen mitgeführt. Der Maligawa Tusker – der Elefant, der während dieses Fests die heilige Zahnreliquie trägt – ist der am meisten verehrte Dickhäuter des Landes. 2019 wurde die Welt jedoch von Bildern eines abgemagerten Elefanten schockiert, der an diesem Fest teilnahm. Seien Sie vorsichtig bei allen Fällen von Tierausbeutung.

Arbeitselefanten

Zur Zeit der singhalesischen Königreiche dienten Elefanten als Lasttiere bei Kriegen und Bauarbeiten. In der Kolonialzeit zogen sie die schwere Artillerie, schleppten Kähne und halfen, das Land für die Teeplantagen zu roden. Noch heute werden sie in der Forstwirtschaft und vor allem im Tourismus eingesetzt. Vermeiden Sie alle Attraktionen, die den Rücken der Tiere verletzen, und alles, bei dem Besucher mit den Elefanten interagieren, einschließlich Füttern und Waschen. Am besten ist es, sich Elefanten in Nationalparks anzusehen.

Mensch und Elefant im Konflikt

Durch Bevölkerungswachstum, Ausweitung der Landwirtschaft und Ausbau der Infrastruktur wird der Bewegungsraum für wilde Elefanten verringert. Daraus entstehen Konflikte, die in Sri Lanka inzwischen zu einem ernsten Problem geworden sind. Jedes Jahr werden rund 150 Elefanten getötet, die auf Nahrungssuche in besiedelte Gebiete vordringen. Sie beschädigen Gebäude, zertrampeln Felder und töten manchmal sogar Menschen. Um dies zu vermeiden, wurden Nationalparks und Elefantenkorridore ausgewiesen, verhaltensauffällige Elefanten umgesiedelt und Elektrozäune errichtet.

Der **Sri-Lanka-Elefant** hat von allen Unterarten des Asiatischen Elefanten die dunkelste Haut.

Der **Rüssel** wird nicht nur zum Trinken benutzt. Elefanten ergreifen mit seiner fingerartigen Spitze auch Gegenstände.

↑ *Ein »Elefantentreffen« in den Nationalparks Minneriya und Kaudulla*

3

Yala West (Ruhuna) National Park

E7 20 km nordöstl. von Tissamaharama tägl. 6–18 Sep/Okt (vorab tel. informieren) am Parkeingang; +94 47 348 9297 yalasrilanka.lk

Der ausgedehnte Yala National Park liegt im südöstlichen Teil Sri Lankas und ist in fünf Gebiete oder »Blocks« unterteilt, von denen nur Block I und II für Besucher geöffnet sind. Mit einer Fläche von 141 Quadratkilometern ist Block I oder Yala West (Ruhuna) der meistbesuchte Teil des Nationalparks, vor allem weil er am leichtesten zu erreichen ist und dort viele Leoparden leben.

In der weiten, von kleinen Felsen durchsetzten Landschaft wechseln sich Buschwälder und Grasland ab, es gibt dichten Dschungel und an der Küste Lagunen. Zu den vielen Tierarten im Park gehören Elefanten, Axishirsche, Zibetkatzen, Krokodile – und natürlich Leoparden. Rund 35 dieser Großkatzen leben in Yala West – es gibt wohl keinen besseren Ort auf der Welt, um diese Tiere zu beobachten und zu fotografieren. In Yala West leben zudem ganzjährig zahlreiche Vogelarten, hinzu kommen im Winter viele Zugvögel. Yala weist auch eine Reihe von kulturellen Sehenswürdigkeiten auf, darunter die bekannten historischen Stätten Situlpahuwa und Magul Maha Vihara.

Im Park unterwegs

Den Park darf man nur in einem Wagen mit Vierradantrieb erkunden, Wanderungen sind verboten. Jeeps kann man bei einem der vielen Tourenanbieter in Tissa *(siehe S. 128)* mieten. Allen Wagen wird ein Führer zugewiesen, der die Besucher im Park begleitet. Die meisten Besucher bleiben einen halben Tag im Park, Tagessafaris sind ebenso möglich, wenn auch ziemlich anstrengend. Die ideale Zeit für den Besuch ist der frühe Morgen oder späte Nachmittag. Die Besucher werden gebeten, keinen Lärm zu machen, um die Tiere nicht zu verschrecken. Leoparden sieht man am besten in der Trockenzeit (Mai–Sep).

↑ *Besucher beobachten einen Leoparden, der eine Straße im Yala West National Park überquert*

Hotels

Cinnamon Wild Yala
Attraktives Safari-Resort, das ganz in der Nähe des Parks liegt. Von der Aussichtsplattform sieht man oft Elefanten.

Palatupana
cinnamonhotels.com

$$$

Leopard Trails
Eines von mehreren Zeltsafari-Camps am Rand des Parks. Leopard Trails bietet ein luxuriöses Erlebnis.

Wilpattu Sanctuary Road, Pahala Maragahawewa
leopardtrails.com

$$$

Chaaya Wild
Wählen Sie zwischen den Strand- oder Dschungel-Bungalows.

Kirinda Palatupana
chaayawild.com

$$$

Üppiges Grasland im Yala West National Park vor einem Elefantenfelsen ↑

←
Der farbenfrohe Eingang zum Maha Devale, dessen Wand mit Pfauen dekoriert ist

SEHENSWÜRDIGKEITEN

4
Kataragama

E6 20 000 19 km nordöstl. von Tissamaharama Kataragama-Fest (Juli/Aug)

Kataragama ist für Buddhisten, Hindus und Muslime eine der heiligsten Pilgerstätten der Insel. Der Ort ist nach Sri Lankas Schutzgott Kataragama benannt.

Der heilige Bezirk liegt im Norden der Stadt jenseits des Flusses Menik Ganga. Beim Betreten kommen Besucher an einer Reihe von Schreinen vorbei, bevor sie den **Maha Devale**, den Hauptkomplex, erreichen. Im Inneren befinden sich drei Schreine, von denen einer dem Gott Kataragama gewidmet ist, dargestellt durch sein Symbol, einen *vel* (Speer). Achten Sie an der Hofwand auf die Abbildungen des Pfaus, der Kataragama als *vahana* (Fahrzeug) diente.

Wenn die Bittsteller zur Abend-*puja* mit Opfergaben zum Schrein kommen, erwacht der heilige Bezirk zum Leben. Die Pilger schlagen auch Kokosnüsse gegen die Steine vor dem Schrein – es wird als Pech angesehen, wenn die Nuss nicht zerbricht. Das Läuten der Glocken, der Klang der umherziehenden Musiker und die Menschenmassen sorgen für ein surreales Erlebnis.

Neben dem Maha Devale zeigt das **Kataragama Museum** Sakralobjekte und Kopien der Felsskulpturen von Buduruwagala *(siehe S. 155)*. Hinter dem Maha Devale führt eine Straße zur *dagoba* **Kiri Vihara** (1. Jh. v. Chr.). Hier soll Buddha während seines dritten Besuchs von Sri Lanka gewesen sein, in der *dagoba* bilden einige seiner Haare eine Reliquie.

Kataragama - der Gott

Kataragama, der Gott aller Götter und Göttinnen Sri Lankas, ist auch der verwirrendste. Für die Singhalesen ist er einer der vier Beschützer der Insel und des buddhistischen Glaubens. Die hinduistischen Tamilen betrachten ihn als eine Form von Skanda, dem Sohn Shivas. Als solcher ist Kataragama das perfekte Beispiel für die klassische sri-lankische Verschmelzung von buddhistischem und hinduistischem Glauben.

Hotels

Mandara Rosen
Stilvolle Option am Rand von Kataragama.
E6 57 Detagamuwa, Kataragama
mandarahotels.com
$$$

Gem River Edge
Öko-Gästehaus in Kataragama.
E6 Sella Road, Kataragama
gemriveredge.com
$$$

Grand Tamarind Lake
Kataragamas schickstes Hotel mit Blick auf den See.
E6 Rajamaha Vihara Mawatha, Kataragama
tamarindlake.lk
$$$

Maha Devale
Dewala Road +94 47 223 5122 bei *pujas*: Mo–Fr 4:30, 10:30, 18:30, Sa, So 10:30, 18:30

Kataragama Museum
Peeta Veediya tägl. 8:30–16:30

Kiri Vihara
Kiri Vihera Mawatha Mo–Fr 4:30–11, Sa, So 4:30–24

Kataragama-Fest

Das Kataragama-Fest findet jedes Jahr im Juli oder August während des Esala-Vollmonds statt und dauert neun Tage und neun Nächte, wobei die Intensität und Inbrunst der Festlichkeiten von Tag zu Tag zunehmen. Tausende Hindus und Buddhisten besuchen den Ort, um den Göttern ihre Verehrung zu zeigen, um Gelübde abzulegen und um Vergebung für ihre Sünden zu bitten. Das Fest ist dafür bekannt, dass viele Pilger mit verschiedenen Formen der Kasteiung und Selbstverletzung Buße tun.

Kasteiung und Verstümmelung

Während des Fests sieht man viele Formen der Frömmigkeit. Kokosnüsse mit brennendem Kampfer werden im Inneren des Tempels zerbrochen, um Demut zu symbolisieren. Einige Anhänger wälzen sich auf heißem Sand, um Vergebung für ihre Sünden zu erbitten. Andere gehen noch weiter und durchbohren ihre Haut mit Haken und anderen Gegenständen. Ein weiteres Spektakel ist, wenn ein Gläubiger mit Haken durchbohrt und dann kopfüber an einem Pfahl aufgehängt wird.

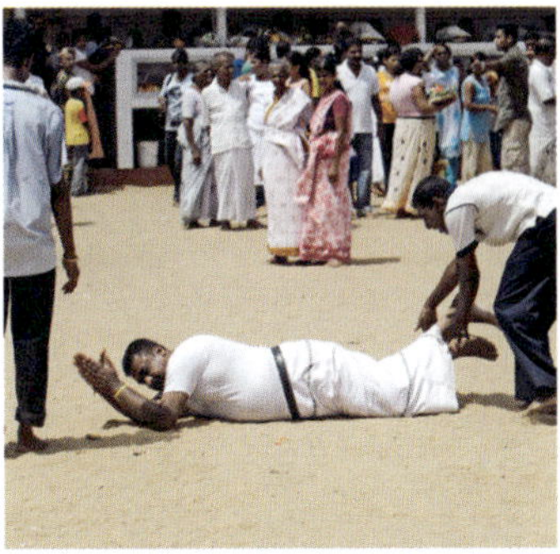

↑ *Ein Gläubiger wälzt sich auf heißem Sand, nur eine der körperlichen Kasteiungen während des Fests*

Das Ende des Fests

Einige Tage vor Ende des Festes gibt es eine Feuerlauf-Zeremonie, bei der die Gläubigen barfuß über brennende Glut laufen. In der letzten Nacht der *perahera* wird die heilige Reliquie *(yantra)* vom Maha Devale auf einem Elefanten zu einem Valli geweihten *kovil* gebracht. Die Wasserschneide-Zeremonie am Menik Ganga kündigt das Ende des Fests an. Sobald der Priester das Wasser »geschnitten« hat, eilen Pilger an dieser Stelle in den Fluss, um ihre Sünden abzuwaschen.

↑ *Die Zeremonie des Wasserschneidens und eine brennende Kokosnuss, die Demut symbolisiert* (Detail)

5

Mirissa

D7 4900 7 km südöstl. von Weligama

Das Dorf ist eines der beliebtesten Reiseziele im Süden: Der Strand ist einer der schönsten mit einem feinen Sandstreifen, der eine kleine Bucht umgibt, die von Palmen bestanden ist. Besonders schön ist es nachts, wenn Restauranttische auf dem kerzenbeleuchteten Sand gedeckt sind. Große Hotels sind hier nicht zu finden, was den Charme des Orts noch verstärkt.

Viele Besucher kommen auch nach Mirissa, weil der Ort die »Hauptstadt« Sri Lankas für Walbeobachtungen ist. In der Saison (Dez–Apr) starten täglich Dutzende von Ausflugsbooten. Sie fahren frühmorgens ab und verbringen etwa vier Stunden auf dem Meer. Leider führen die vielen Besucher oft zu einer Überfüllung, und die Boote drängeln sich lautstark, wenn ein Wal gesichtet wird. Hüten Sie sich vor Billigtouren, die von Strandverkäufern angeboten werden, die oft überfüllte und möglicherweise sogar unsichere Boote benutzen.

Im Angebot sind auch einige Surf- und Schnorcheltouren sowie Sonnenauf- und -untergangsfahrten. Von Giragala oder Parrot Rock (am östlichen Ende des Strands) haben Sie einen tollen Blick auf die im Meer versinkende Sonne. Weitere Ausblicke bietet der buddhistische Kandavahari-Tempel im Süden des Strands, der über Stufen von der Hauptstraße aus zu erreichen ist und einen weiten Blick auf das Meer bietet.

Der Strand ist einer der schönsten mit einem feinen Sandstreifen, der eine kleine Bucht umgibt, die von Palmen bestanden ist.

Restaurants

O Mirissa Café & Bistro
Mirissas bester Italiener serviert superfrische Meeresfrüchte und Holzofenpizza.
D7 271 Udupilla Junction, Mirissa
+94 77 444 1452
$$$

Shady Lane Mirissa
Naturkost-Café mit vielen vegetarischen und veganen Gerichten sowie dem besten Frühstück von Mirissa.
D7 Diyagalana Road, Mirissa
+94 77 082 5420
$$$

No. 1 Dewmini Roti Shop
Eine Institution in Mirissa mit *rotis* in vielen Geschmacksrichtungen.
D7 Udupilla Road, Mirissa
+94 71 516 2604
$$$

↓ *Der palmenbestandene Sandstrand bei Mirissa*

Bunte Boote in Mirissas Hafen, dem Startpunkt für Wal- und Delfinfahrten

Wal- und Delfinbeobachtung

Seit einigen Jahren werden Bootsausflüge zur Beobachtung von Walen und Delfinen in Sri Lanka immer beliebter. An der Insel führt eine der großen Wanderrouten der Wale vorbei, sodass man den Großteil des Jahres die imposanten Meeressäuger fast garantiert zu Gesicht bekommt. Am besten fährt man nach Mirissa, dem Zentrum der Walbeobachtung, oder zum Dondra Head an der Südküste. Die Zeit der Walwanderung dauert dort von Dezember bis April. Wer Blau- oder Pottwale sowie Delfine sichten möchte, kommt am besten im Dezember oder im April.

Ein Blauwal beim Abtauchen

Wale

Blauwale kann man vor Mirissa und Trincomalee *(siehe S. 194f)* beobachten. Sie gehören zur Familie der Bartenwale, gelten als die größten Säugetiere, die jemals gelebt haben, und können bis zu 30 Meter lang werden. Sie passieren Mirissa zwischen Dezember und April und können von Februar bis August vor Trincomalee gesehen werden, wenn sie ihre Wanderung von der Südküste um die Insel fortsetzen. Somit bietet Sri Lanka jedes Jahr etwa zehn Monate lang die Möglichkeit, Blauwale entlang der Küste zu beobachten. Halten Sie auch Ausschau nach Pottwalen, besonders um Kalpitiya *(siehe S. 90f)*, wo sie zwischen November und März gesichtet werden.

Eine kleine Gruppe von Streifendelfinen springt durch die Wellen

Delfine

Streifendelfine, Fleckendelfine und Große Tümmler können alle in den Gewässern vor der Insel gesehen werden, während Risso-Delfine weniger häufig gesichtet werden. Sie sind eine große Touristenattraktion, werden aber zunehmend durch Wilderei bedroht. Spinnerdelfine sieht man regelmäßig bei Whale-Watching-Ausflügen. Sie gehören zu den am häufigsten gesichteten Meeressäugern in Sri Lanka und begeistern ihr Publikum, wenn sie in die Luft springen.

Stelzenfischer

Stelzen- oder Pfahlfischer sind ein bekanntes Motiv aus Sri Lanka, obwohl erst seit Ende des Zweiten Weltkriegs so geangelt wird. An Einkerbungen klettern sie die Pfähle hinauf zu Querstangen, auf denen sie beim Angeln sitzen. Die meisten sieht man an der Küste zwischen Midigama und Koggala, vor allem in der Umgebung von Ahangama. Meist fischen sie in den frühen Morgenstunden oder in der Abenddämmerung. Sieht man sie tagsüber, »angeln« sie sich in erster Linie Touristen: Die müssen dann nämlich einen Obolus entrichten, um die Fischer in ihrer typischen Anglerpose fotografieren zu dürfen.

6

Kottawa Rainforest und Arboretum

C7 17 km nordöstl. von Galle tägl. 7–17

Der Kottawa Rainforest mit Arboretum bei Galle ist ein lohnendes Ziel für einen Tagesausflug. Durch das abgeschiedene Gebiet bietet ein rund ein Kilometer langer Wanderpfad unter hochgewachsenen Flügelfruchtbäumen die Möglichkeit, einen tropischen Regenwald zu erleben. Man entdeckt Epiphyten, Reptilien, Riesenhörnchen und Weißbartlanguren. Da hier vor allem in der Monsunzeit Blutegel in rauen Massen vorkommen, empfehlen sich entsprechende Schuhe und Kleidung.

Wenn Sie es nicht nach Sinharaja *(siehe S. 156f)* schaffen, ist die nächstbeste Option ein Besuch des **Kanneliya Forest Reserve** nordöstlich von Kottawa, das ein ähnlich reiches Ökosystem aufweist. Es ist Teil des Kanneliya-Dediyagala-Nakiyadeniya Forest Reserve, des zweitgrößten Gebiets mit primärem Regenwald auf der Insel und ein wichtiges Einzugsgebiet für zwei der größten Flüsse des Südens, Gin und Nilwala. Das Reservat beherbergt eine Vielzahl an endemischer Flora und Fauna, darunter seltene Eidechsen und 16 endemische Vögel (obwohl es schwierig sein kann, sie in der dichten Vegetation zu entdecken). Es gibt auch ein paar kleine Wasserfälle und einen großen Pool, in dem man baden kann. Man kann das Reservat nur mit einem Führer besuchen.

Das Reservat beherbergt eine Vielzahl an endemischer Flora und Fauna, darunter Eidechsen und 16 endemische Vögel (obwohl es schwierig sein kann, sie zu entdecken).

Kanneliya Forest Reserve
Udugama-Hiniduma Road, Koralegama
tägl. 8–17

36
verschiedene Schlangenarten leben im Kanneliya Forest Reserve.

7

Martin Wickramasinghe Museum

D7 12 km östl. von Unawatuna tägl. 9–17 martinwickramasinghe.info

In dem kleinen Ort Koggala vermittelt das Martin Wickramasinghe Museum einen Eindruck vom Alltag auf der Insel Anfang des 20. Jahrhunderts.

Die Gründer des Museums ließen sich vom Leben Martin Wickramasinghes (1890–1976) inspirieren, ihm ist das Museum gewidmet. Der bekannte Romancier, Essayist und Literaturkritiker verfasste seine Texte auf Singhalesisch – im Gegensatz zu vielen seiner Zeitgenossen, die auf Englisch schrieben. Zu seinem Œuvre gehören Romane und Sachbücher, darunter *Gamperaliya* (1944), *Madol Doova* (1947), *Yuganthaya* (1949) und *Kaliyugaya* (1957).

Das Museum verteilt sich auf zwei Häuser, die in einem großen Garten stehen: das Folk Museum und das Geburtshaus des Autors. Im Folk Museum sind Gegen-

→ *Die geschützte Bucht bei Unawatuna*

stände aus dem Dorfleben ausgestellt, Werkzeuge, Kochutensilien, traditionelle Spiele, eine exzellente Sammlung von Masken und Puppen sowie die Nachbildung einer Dorfküche. Hinter dem Museum stehen noch einige alte Fahrzeuge.

Das Haus, in dem Martin Wickramasinghe geboren wurde und seine Kindheit verbrachte, steht im hinteren Teil des Gartens. Es ist ein typisches Beispiel für die Wohnhäuser zur damaligen Zeit. In den Räumen stehen noch seine alten Möbel, etwa der Schreibtisch, zudem sieht man private Fotografien, Preise und Bücher.

8

Midigama

D7 22 000 18 km südöstl. von Unawatuna

Midigama ist ruhiger als Hikkaduwa *(siehe S. 100f)*, aber ebenso ein Surferparadies. Das Meer bietet fast ganzjährig gute Bedingungen zum Surfen, ist aber nicht für Anfänger geeignet. Zu den beliebtesten Surfspots gehören Lazy Left, das man leicht vom Strand aus erreicht, und Ram's Right an einer Untiefe vor dem bekannten Ram's Surfing Beach Guesthouse.

9

Unawatuna

C7 2000 5 km südöstl. von Galle

Das Dorf Unawatuna besitzt einen herrlichen Sandstrand und zählt zu den beliebtesten Urlaubsorten in Sri Lanka. Hier gibt es zahlreiche Gästehäuser, Restaurants, Läden und Tourenveranstalter.

Trotz zunehmender Kommerzialisierung zieht Unawatuna mit seinem lockerlässigen Charme noch immer viele Gäste an. Das Meer ist meistens ruhig, man kann das ganze Jahr über schwimmen. Zum Angebot gehören außerdem Schnorcheln, Wracktauchen, Koch- und Yoga-Kurse. Unawatuna besitzt eine lebhafte Clubszene. In der Hochsaison dröhnt oft die ganze Nacht hindurch Musik aus den Bars.

Am Westende des Strands hat man von einer *dagoba* einen schönen Blick über die Umgebung. An der felsigen Erhebung Rumassala hinter dem Dorf wachsen seltene Pflanzen und Heilkräuter. Der Sage nach ist Rumassala ein Splitter des Himalaja, den der hinduistische Affenkönig Hanuman fallen ließ. Mit Unterstützung japanischer Mönche wurde auf dem Rumassala eine moderne weiße Friedenspagode gebaut. Von dort hat man einen tollen Blick auf das Fort von Galle.

Auf der anderen Seite des Hügels liegt Jungle Beach, ein guter Ort zum Schnorcheln. Mieten Sie ein Tuk-Tuk, um den Strand zu erreichen.

Hotels

Why House

Ein wahrer Zufluchtsort vor den Menschenmassen in Unawatuna, mit viel Kolonialstil in traumhafter Strandlage.

C7 Mihiripenna Meegahawatha Road, Unawatuna why housesrilanka.com

$$$

Ram's Surfing Beach

Das entspannte Gästehaus in Midigama ist die beste Wahl für Surfer.

D7 Midigama +94 41 225 2639

$$$

10 Wewurukannala Vihara

D7 3 km nördl. von Dickwella tägl. 6–24

Der Tempel ist vor allem für seinen 50 Meter hohen sitzenden Buddha bekannt, der in den späten 1960ern errichtet wurde. Ein siebenstöckiges Gebäude hinter der Statue ermöglicht es den Besuchern, nach oben zu klettern, vorbei an Darstellungen von Szenen aus dem Leben Buddhas, bis zum Kopf der Statue, von wo aus man einen guten Blick auf die Tempelanlage hat.

In der Nähe befindet sich das Haupthaus des Tempels aus dem späten 19. Jahrhundert mit vielen Statuen. Nebenan ist eine »Horrorkammer« mit lebensgroßen Modellen gefüllt, die verschiedene Qualen der buddhistischen Hölle darstellen. Achten Sie auf die Figuren, die in kochendes Wasser getaucht und ausgeweidet werden.

11 Weligama

D7 22 000 9 km nördl. von Midigama

Weligama, das immer wieder zugunsten von Mirissa *(siehe S. 120)* und Unawatuna *(siehe S. 123)* übersehen wird, ist eines der attraktivsten Reiseziele des Südens. Der fast menschenleere Strand, der sich an der Bucht erstreckt, gehört zu den schönsten an der Küste. Eine fotogene Auswahl an pastellfarbenen Fischerbooten dümpelt in der Bucht auf und ab. Die Stadt ist ein beliebter Ort bei Surfern, besonders bei Anfängern, da die Wellen hier recht zuverlässig sind.

In der Bucht liegt die winzige Taprobane-Insel, die von einem dichten Blätterdach bedeckt ist und ein elegantes Herrenhaus beherbergt, das von dem selbst ernannten französischen »Grafen« de Mauny-Talvande in den 1930er Jahren gebaut wurde. Er verkaufte es später an den amerikanischen Autor Paul Bowles. Heute ist die Insel im Besitz des Sun House in Galle, von dem das Anwesen auch gemietet werden kann.

Am westlichen Rand der Stadt, nördlich der Bahnlinie, steht der markante Kustha Raja Gala (»Felsen des Leprakönigs«). Die drei Meter hohe Statue stammt aus dem 6. bis 9. Jahrhundert und soll an einen singhalesischen Monarchen erinnern, der von Lepra geheilt wurde, nachdem er sich drei Monate lang ausschließlich von Kokosnussmilch ernährt hatte. Eine alternative Theorie besagt, dass die in den Fels gehauene Statue den *bodhisattva* Avalokitesvara darstellt, der göttliches Mitgefühl verkörpert.

Schon gewusst?

Der Wewurukannala Buddha ist der größte Sri Lankas.

12 Matara

D7 76 000 45 km südöstl. von Galle

Als zweitgrößte Stadt an der Südküste Sri Lankas ist Matara ein wichtiger regionaler Verkehrs- und Wirtschaftsknotenpunkt und beherbergt außerdem die führende Universität des Südens. Trotzdem kommen nur wenige Besucher hierher, die hektischen Straßen können ein ziemlicher Schock sein, wenn man die ruhigen Strände, die Matara umgeben, erlebt hat.

← *Ein goldener Buddha im Bilderhaus von Wewurukannala Vihara*

Einer von mehreren ruhigen und schönen Stränden bei Dickwella ↑

Der Nilwala Ganga teilt Matara in die holländische Altstadt und die Neustadt. Die Altstadt wird von einem holländischen Fort aus dem 18. Jahrhundert – ein Tor trägt die Jahreszahl 1780 – im Osten begrenzt. Die Briten hinterließen später noch einen Uhrturm. Die Wohnhäuser in der Altstadt wirken meist etwas baufällig, nur die Dutch Reformed Church ist gut erhalten. Innen sind Grabsteine im Boden eingelassen.

Die Neustadt nördlich des Flusses bewacht das sechseckige Star Fort, das die Niederländer 1763 vermutlich nach einem singhalesischen Aufstand errichteten. Die Anlage wurde renoviert und beherbergt nun ein kleines Museum. Spazieren Sie über die funktionstüchtige Zugbrücke und gehen Sie um die Stadtmauern herum, um einen Blick auf die moderne Stadt zu werfen.

Entdeckertipp
Profi-Surfen

Am östlichen Rand von Matara ist der Vorort Medawatta ein beliebter Ort für erfahrene Surfer. Kommen Sie hierher, um die beeindruckenden Wellen am treffend benannten Secret Point zu reiten.

Am nordöstlichen Rand der Stadt befindet sich im Dorf Weherahena ein weiterer überdimensionaler, bunt bemalter Buddha, ähnlich dem in Wewurukannala.

13 Dickwella

D7 54 000 15 km nordöstl. von Dondra

Die Stadt zwischen Matara und Tangalla erstreckt sich entlang der Küste und wird gesäumt von einer Reihe schöner, ruhiger Strände. Dickwella ist auch eines der wichtigsten Zentren für Spitzenklöppeln auf der Insel (ein Handwerk, das von den Holländern eingeführt wurde). Die Kooperative Dickella Lace an der Straße nach Dondra verkauft lokal hergestellte Stoffe. Nehmen Sie sich etwas Zeit, um den Kunsthandwerkern zuzusehen, bevor Sie ein paar zarte Spitzen für zu Hause kaufen.

Etwa zwei Kilometer östlich hat sich Hiriketiya als Sri Lankas neuestes Reiseziel abseits der ausgetretenen Pfade herauskristallisiert, mit ein paar Gästehäusern, die sich hinter einem palmengesäumten Strand mit goldenem Sand gruppieren. Nichts stört hier den Frieden und die Ruhe, außer das Geräusch von krachenden Wellen.

Hotels

Dots Bay House
Das Gästehaus liegt direkt an Dickwellas Hiriketiya Beach. Es gibt kleine Hütten und Cabanas.

D7 Hiriketiya Beach, Dickwella
+94 77 793 5593

$$$

The Green Rooms
Die Öko-Lodge direkt am Strand von Weligama bietet ihren Gästen Surf- und Yoga-Stunden.

D7 New Bypass Road, Weligama
thegreenrooms srilanka.com

$$$

Taprobane Island
Sri Lankas einzige Insel in Privatbesitz hat fünf elegante Zimmer. Das Anwesen ist von Weligama aus leicht zu erreichen.

D7 Weligama
taprobaneisland.com

$$$

↑ *Besucher steigen die Treppen vom Raja Vihara hinunter, einem der Höhlentempel von Mulgirigala*

14 Mulgirigala

D7 22 km nordöstl. von Dickwella tägl. 6–18

Die Höhlentempel von Mulgirigala sind eine der interessantesten religiösen Stätten des Südens. Aus einem riesigen Felsvorsprung herausgehauen, sind die Tempel über vier Ebenen angeordnet und durch Stufen verbunden. Der Aufstieg lohnt sich schon wegen der schönen Aussicht.

Die Tempel stammen ursprünglich aus dem 2. Jahrhundert v. Chr., wurden aber von den Königen von Kandy umgestaltet, die auch die Wandmalereien in Auftrag gaben, die in einigen der Kammern zu finden sind. Vielleicht bemerken Sie Ähnlichkeiten mit den Malereien in den Höhlentempeln von Dambulla *(siehe S. 180f)*, die zur gleichen Zeit entstanden.

Die dritte Terrasse ist die interessanteste. Sie beherbergt vier Schreine, darunter den Naga-Tempel, benannt nach der furchterregenden Schlange, die hier gelebt haben soll. Ebenfalls auf dieser Ebene befindet sich der Raja-Vihara-Tempel, in dem George Turnour und sein Lehrer ein Bündel von Olivenblatt-Manuskripten entdeckten, die sich als Schlüssel zu seiner Übersetzung der *Mahavamsa* erwiesen.

Jenseits dieses Tempels führen Treppen weiter zum Gipfel, wo eine kleine Terrasse eine der schönsten Aussichten der Südküste bietet. Wenn Sie nach Süden über ein Meer von Palmen blicken, erhaschen Sie einen Blick auf den glitzernden Indischen Ozean, während die zerklüfteten Gipfel des Hügellands die Aussicht nach Norden bestimmen.

Die Übersetzung des Mahavamsa

Sri Lankas »Große Chronik« *Mahavamsa* wurde in Pali geschrieben, das wohl eine Literatursprache war. 1836 publizierte George Turnour (1799–1843), ein britischer Kolonialbeamter, der auf Sri Lanka geboren worden war, 20 Kapitel des *Mahavamsa* mit englischer Übersetzung. Seine Arbeit bildete die Grundlage für alle weiteren Übersetzungen aus dem Pali.

15 Dondra

D7 500 9 km südöstl. von Matara

An der Südspitze der Insel liegt der Ort Dondra, auch bekannt als Devi Nuwara (Stadt der Götter). Früher war sie mit einem Vishnu gewidmeten Tempel, der 1588 von den Portugiesen zerstört wurde, ein wichtiges religiöses Zentrum. Alles, was von dem Tempel übrig geblieben ist, ist ein kleiner Schrein, von dem man annimmt, dass er aus dem 7. Jahrhundert stammt, was ihn zum ältesten erhaltenen Steinbau in Sri Lanka macht.

Heute ist der **Devi Nuwara Devale** der Haupttempel des modernen Dondra. Das hellblaue Gebäude direkt an der Hauptstraße ist kaum zu übersehen, zumal vor dem Tempel eine riesige Buddha-Statue steht. Das große Fest Devi Nuwara Perahera wird hier Anfang Juli oder Ende August gefeiert.

Etwa einen Kilometer südlich liegt der Leuchtturm

→ *Der Devi Nuwara Devale, Haupttempel der kleinen Stadt Dondra*

Ein paar Kilometer östlich von Dondra liegt der ruhige Talalla Beach, eines der idyllischsten und unberührtesten Ziele des Südens.

Dondra Head, ein markantes achteckiges Bauwerk von 1890. Mit einer Höhe von 49 Metern ist er der höchste Leuchtturm der Insel und besticht durch sein robustes Äußeres, das mit Granit aus Cornwall und Schottland verkleidet ist. Der Leuchtturm ist auch deshalb von Bedeutung, weil er den südlichsten Punkt von Sri Lanka markiert. Wenn man nach Süden blickt, befindet sich die nächstgelegene Landmasse in der Antarktis, fast 8050 Kilometer entfernt.

Ein paar Kilometer östlich von Dondra liegt der ruhige Talalla Beach, eines der idyllischsten und unberührtesten Ziele des Südens. Er hat einen zwei Kilometer langen Sandstrand, der von üppiger Vegetation umgeben ist. Eine Ansammlung von Gästehäusern und Restaurants beherbergt eine Mischung aus Surfern, Yoga-Studenten und Strandliebhabern.

Devi Nuwara Devale
Tangalla Road
tägl. 5–19

16

Polhena

D7 5 km südl. von Matara

Zwischen Mirissa und Matara liegt Polhena. Dieser Strandvorort bietet eine Handvoll bescheidener Hotels und Gästehäuser, die sich halb in einem endlosen Meer von Palmen verlieren. Schwimmen Sie, schnorcheln Sie oder versuchen Sie sich im Surfen an den Breaks von Madiha am westlichen Ende von Polhena.

17

Hoo-maniya Blowhole

D7 7 km östl. von Dickwella tägl. 8–18

Das Hoo-maniya Blowhole hat seinen Namen von dem »hoo«-Geräusch, das es angeblich macht, kurz bevor es Wasser in den Himmel spuckt. Das Blasloch ist ein Naturphänomen, das dadurch entsteht, dass Wasser durch einen Spalt in den Küstenfelsen nach oben gedrückt wird, wenn die Wellen gegen die Küste schlagen.

Am eindrucksvollsten ist Hoo-maniya während der Monsunzeit, wenn die Wellen am stärksten sind und die Fontänen mehr als 15 Meter hoch werden. Zu anderen Zeiten ist es wenig beeindruckend. Leider gibt es in der Gegend eine Menge Müll.

↑ *Das Hoo-maniya Blowhole ist vor allem im Monsun eindrucksvoll*

↑ *Die große weiße Kuppel der Tissa Dagoba in Tissamaharama*

18 Tissamaharama

E7 63 000
27 km nordöstl. von Hambantota

»Tissa« wurde im 3. Jahrhundert v. Chr. gegründet und war Hauptstadt des Königreichs Ruhuna. Heute fahren die meisten Besucher von hier aus in die Nationalparks Yala West *(siehe S. 116f)* und Bundala *(siehe S. 130)*, obwohl die Stadt selbst einige Sehenswürdigkeiten bietet.

Der Speichersee Tissa Wewa (3. Jh. v. Chr.) liegt einen Kilometer nördlich und ist ein Refugium für zahlreiche Vogelarten. Westlich davon stehen Ruinen aus Tissas Goldener Zeit. Menik Wehera und Yatala Wehera (2./3. Jh. v. Chr.) gehörten wohl zu einer Klosteranlage. Letztere ist eine weiße *dagoba*, die von einer mit Elefantenköpfen verzierten Mauer umrahmt wird. Zwischen See und Stadt liegt die Tissa Dagoba. Der Überlieferung nach wurde sie von König Kavan Tissa, Vater von König Dutugemunu, erbaut. Sie birgt angeblich ein Knochenfragment von Buddhas Stirn.

19 Hambantota

E7 55 000 43 km nordöstl. von Tangalla

Die größte Küstenstadt westlich von Matara, das etwas verwahrloste Hambantota, wird von relativ wenigen Touristen besucht, obwohl es ein guter Ausgangspunkt für Ausflüge in den Bundala-Nationalpark ist.

Hambantota wurde ursprünglich von Muslimen aus China und Südostasien besiedelt (der Name selbst soll sich von »sampan«, einer chinesischen Bootsart, ableiten). Heutzutage ist es vor allem als Heimatstadt des ehemaligen Präsidenten Mahinda Rajapaksa bekannt, der das Gebiet für zwei umstrittene, von China finanzierte Megaprojekte vorgesehen hat, um die regionale Wirtschaft wiederzubeleben (und seinen Kumpanen Geld in die Taschen zu stecken, so Kritiker). Das erste Projekt, der riesige neue internationale Hafen von Hambantota, hat mit finanziellen Schwierigkeiten zu kämpfen, das zweite, der Mattala Rajapaksa Airport, war sogar noch desaströser. Er sollte der zweite internationale Flughafen werden, hat sich aber sowohl bei den Fluggesellschaften als auch bei Reisenden als unpopulär erwiesen und steht derzeit praktisch ungenutzt da.

Trotz dieser umstrittenen Entwicklungsversuche bleiben Fischerei und Salz die traditionellen Gewerbe hier, mit weißen Salzpfannen, die die Küste säumen. Die Stadt

Leonard Woolf

Leonard Woolf, der vor allem als Ehemann von Virginia Woolf bekannt ist, hat als Autor von *The Village in the Jungle* (1913) einen ganz eigenen Anspruch auf literarischen Ruhm. Der Roman über das Leben im Ceylon der britischen Ära basiert auf Woolfs vierjähriger Erfahrung als Kolonialbeamter in Hambantota. Sein Roman zeigt ein seltenes Mitgefühl für die Leiden der Menschen unter der britischen Herrschaft.

Restaurants

Yala Peace Cottage
Traditionelle hausgemachte Reisgerichte und Currys in Tissamaharama.

E7 43 Sandagirigama Road, Tissamaharama
+94 77 109 9588

$$$

Chef Lady Restaurant
Tissamaharamas bestes Seafood-Restaurant.

E7 92 Sadagiripura, Tissamaharama
+94 77 109 9588

$$$

diente auch in der britischen Zeit als Zentrum, und einige vor sich hinbröckelnde Gebäude aus der Kolonialzeit stehen immer noch auf dem Hügel über der Stadt. Von der Aussichtsplattform gegenüber dem Busbahnhof hat man einen guten Blick auf den Fischmarkt und den alten Hafen.

20

Rekawa Beach

D7 10 km nordöstl. von Tangalla

Rekawa Beach ist ein bedeutender Nistplatz von Meeresschildkröten. Man erreicht ihn von Tangalla aus direkt über die Tangalla Road. Fünf Schildkrötenarten suchen nachts den Strand auf, um ihre Eier im Sand zu vergraben. Die Schildkröten kommen ganzjährig zum Rekawa Beach. Am besten beobachten kann man sie jedoch zwischen März und September, im April und Mai ist die Chance am größten, die Tiere zu sehen. In diesen hellen Vollmondnächten begeben sie sich gern auf den Strand und sind gut zu sehen.

»Schildkrötensafaris« beginnen meist um 20 Uhr. Es kann Minuten, eventuell auch Stunden dauern, bis eine Schildkröte erscheint. Um sie nicht bei der Ablage zu stören oder geschlüpfte Jungtiere auf dem Weg ins Meer zu irritieren, ist Fotografieren mit Blitz verboten.

21

Tangalla

D7 10 500 13 km nordöstl. von Dickwella

Nach Tangalla fährt man vor allem wegen der schönen Strände in Osten und Westen des Orts. Tangalla ist zudem eine gute Ausgangsbasis für Ausflüge zu Attraktionen im Umland und zu den Schildkröten am Rekawa Beach.

Im Osten des Orts liegen die Strände Medilla und Medaketiya. Sie sind gut mit Gästehäusern und Restaurants ausgestattet und dementsprechend stark frequentiert. Etwa vier Kilometer weiter nordöstlich bietet Marakolliya auf der Landzunge vor der Rekawa-Lagune etwas weniger überlaufene Sandstrände.

Unmittelbar südwestlich von Tangalla säumen die Strände von Pallikaduwa und Goyambokka felsige Buchten.

Boot am Rekawa Beach und eine Meeresschildkröte (Detail) ↓

Schon gewusst?

Der Nationalvogel des Landes ist das Ceylonhuhn *(Gallus lafayettii).*

22 Kalametiya Bird Sanctuary

E7 26 km nordöstl. von Tangalla

Das Kalametiya Bird Sanctuary ist ein Feuchtgebiet mit Salzwasserlagunen, Mangrovensümpfen und Buschwäldern. Der vielfältige Lebensraum ist ideal, um Vögel zu beobachten. Ganzjährig kann man hier Graupelikane, Buntstörche, Weißbauchseeadler, Silberreiher, Kiebitze und Regenpfeifer entdecken. Von November bis März überwintern zahlreiche Zugvögel und erhöhen die Artenvielfalt erheblich. Zum Schutzgebiet gehört auch ein schöner Strand.

Im sechs Kilometer südwestlich gelegenen Dorf Hungama werden organisierte Touren ins Bird Sanctuary angeboten.

23 Bundala National Park

E7 15 km östl. von Hambantota tägl. 6–18

Der Bundula National Park erstreckt sich 20 Kilometer entlang der Küste und ist die ruhige Alternative zum Yala West (Ruhuna) National Park *(siehe S. 116f)*. Er umfasst Buschland und Küstendünen, zwischen denen brackige Lagunen und Salzpfannen liegen.

Im Bundala sieht man eine Vielzahl von Vogelarten, z. B. Reiher, Ibisse, Graupelikane, Weißbart-Seeschwalben und Buntstörche. Mit Eintreffen der Zugvögel schwillt der Artenreichtum von September bis März enorm an. Zusätzlich kommen in dieser Zeit viele Watvögel hierher. Außerdem ist Bundala bekannt für seine vielen Pfauen und großen Flamingoschwärme. Die Zahl dieser rosafarbenen Vögel ist jedoch in den letzten Jahren stark zurückgegangen – vermutlich wegen Veränderungen im Salzgehalt der Lagunen.

In Bundala leben ebenfalls Elefanten, Schakale, Mungos, Wildschweine, Affen und viele andere Säugetiere. An den Lagunen sonnen sich Krokodile, an den Stränden legen Meeresschildkröten ihre Eier ab.

Darüber hinaus wartet der Nationalpark mit einem reichen Pflanzenleben auf. Fast 400 Pflanzenarten wurden erfasst, darunter Seerosen, verschiedene Kräuter und Akazienbäume.

Sie benötigen einen Jeep und einen Fahrer, um den Bundula National Park zu erkunden. Diese können am Eingang des Parks oder bei den örtlichen Gästehäusern gemietet werden.

Das Feuchtgebiet des Kalametiya Bird Sanctuary mit Salzwasserlagunen, Mangrovensümpfen und Buschwäldern ist ideal, um Vögel zu beobachen.

↑ *Der Bundala National Park ist Rückzugsgebiet für viele Vögel und andere Tiere*

Vögel auf Sri Lanka

Für Vogelliebhaber ist Sri Lanka ein großartiges Reiseziel. Von den Feuchtgebieten an der Küste über die Regenwälder bis zu den Bergen des Hill Country finden sich mehr als 400 Vogelarten, davon kommen allein 33 Spezies nur in Sri Lanka vor.

Wann und wo

Die meisten der ansässigen Arten sind im südwestlichen Teil des Landes zu finden. Dazu gehören der Schmuckbülbül und das Bankivahuhn. Zugvögel kommen jedes Jahr aus Europa und anderen Teilen Asiens und ergänzen die Zahl der Bewohner. Bei einem Ausflug in einen Nationalpark lassen sich in der Regel einige gute Sichtungen machen. In den Parks liegen Seen, die eine große Anzahl von Wasservögeln anziehen. Die beste Zeit für die Vogelbeobachtung in Sri Lanka ist von November bis März.

Sri-lankische Vögel

In der Nähe von Lagunen und entlang der Küste finden Sie eine große Vielfalt an Ufer- und Seevögeln, darunter Strandläufer, Seeschwalben, Reiher und Störche. Andere häufige Arten, die häufig in der Nähe von Wäldern und Gewässern gesichtet werden, sind Sittiche, Grasmücken, Drosseln und farbenprächtige Eisvögel. Ein seltener Anblick ist der Sunda-Marabu – ein großer Vogel mit gelbem Schnabel und Kopf und dünnem grauen Flaum. Er steht auf der Liste der gefährdeten Arten, man sieht ihn aber manchmal in der Nähe von Gewässern oder Reisfeldern in der Trockenzone des Tieflands.

Abseits der Küste und der Lagunen sehen Sie sehr wahrscheinlich in Gebieten in 1300 Meter Höhe den Schmuckbülbül. Die Schlangenweihe ist viel schwieriger zu entdecken, da sie in dichtem Wald lebt. Halten Sie Ausschau nach dem Aufblitzen ihrer auffälligen schwarz-weiß gemusterten Flügel. Das Gefieder des männlichen Blauen Pfaues ist nicht zu übersehen. Man kann ihn oft bei der Futtersuche beobachten.

1 *Der Sunda-Marabu ist wesentlich größer als andere Küstenvögel.*

2 *Die Schlangenweihe hat einen dunklen Körper, deshalb ist sie nur schwer auszumachen.*

3 *Den Blauen Pfau sieht man in den Schutzgebieten des Tieflands.*

4 *Der Schmuckbülbül hat gelbe Federbüschel an den Ohren.*

Ein reich ornamentierter ambarawa *(Tunnel) in Kandys Zahntempel* (siehe S. 140f)

Kandy und Hill Country

Die Geschichte von Sri Lankas Hill Country gliedert sich im Wesentlichen in zwei Bereiche. Die Geschichte des Nordens wird von Kandy dominiert, das nach dem Fall von Polonnaruwa von Wickramabahu III. von Gampola (reg. 1357–1374) gegründet wurde. Die Stadt stieg als Hauptstadt des Königreichs von Sena Sammatha Wickramabahu (reg. 1473–1511) zur Berühmtheit auf, und ihr Ruf wurde durch die Ankunft der Zahnreliquie im Jahr 1592 weiter gefestigt. Als der Rest der Insel erst unter portugiesische und dann unter holländische Kontrolle fiel, behielt das Königreich Kandy hartnäckig seine Unabhängigkeit, geschützt durch seine Lage inmitten von dichtem Dschungel und riesigen Hügeln im Herzen der Insel. Im Jahr 1814 wurde das Königreich von den Briten eingenommen, auch aufgrund der Unbeliebtheit des tyrannischen Sri Wickrama Rajasinghe, der nach Indien verbannt wurde. Kandy wurde bald zu einem wichtigen Handelszentrum, das durch eine Eisenbahnlinie mit Colombo verbunden wurde. Heute ist es die zweitgrößte Stadt Sri Lankas.

Die Geschichte des südlichen Hill Country ist dagegen weitgehend kolonial geprägt. Mit der Ankunft europäischer Teepflanzer im späten 19. Jahrhundert wurde das abgelegene Hinterland unwiderruflich verändert. Riesige Dschungelflächen wurden gerodet und durch Plantagen ersetzt, die man noch heute sieht, begleitet von einer Reihe britischer Siedlungen – vor allem die elegante Stadt Nuwara Eliya. Die Ankunft des Tees veränderte auch die Bevölkerung des Hill Country dramatisch, da Zehntausende von tamilischen Teepflückern aus Indien kamen, um den Mangel an einheimischen Arbeitskräften auszugleichen. Ihre bunt gekleideten Nachfahren kann man noch heute bei der Arbeit auf den Plantagen sehen.

Kulturelles Dreieck
Seiten 158–189
Wariyapola
Ibbagamuwa
Kurunegala
Matale
Mimure
Knuckles Range
5
Knuckles 1864 m
Narammala
Mawathagama
Rangala
Polgahawela
Peradeniya Botanical Gardens
7
1
Kandy
Hunasgiriya
6
Ceylon Tea Museum
Victoria Reservoir
Ambepussa
Kegalle
Three-Temples Loop
8
Galaha
Dedigama
Bible Rock 798 m
Gampola
Hanguranketa
ZENTRAL-PROVINZ
Bulathkohupitiya
Pussellawa
Nawalapitiya
Damro Labookellie Tea Lounge
Ramboda
14
Karawanella
Kitulgala
16
Pidurutalagala 2524 m
Kelani Ganga
Dimbulla
Nuwara Eliya
12
13
Pedro Tea Estate
Kalu Ganga
Nanu Oya
9
Hatton
Hakgala Botanical Gardens
Westküste
Seiten 86–101
Eheliyagoda
Castlereagh Reservoir
Dalhousie
Horton Plains National Park und World's End
2
Palabaddale
4
21
Adam's Peak
Bambarakanda Falls
Ingiriya
Maha Saman Devale
Kalu Ganga
Belihul Oya
23
Ratnapura
Kalthota
Bulathsinhala
Balangoda
SABARAGAMUWA
Pelmadulla
Kuda Ganga
Rajawaka
Agalawatta
Kalawana
Madampe
Koswatta
Udawalawe Reservoir
Moragala
Weddagala
Pallebedda
Kudawa
Gin Ganga
20
Sinharaja Forest Reserve
Udawalawe
Pelawaththa
Deniyaya
Embilipitiya
SÜDPROVINZ
0 Kilometer 20
N
A6
A10
A26
A1
A5
B492
B364
B457
A21
B132
B67
B445
A7
A4
B222
A8
B339
B477
B160
A18
A17
B115

Kandy und Hill Country

Highlights

1. Kandy
2. Horton Plains National Park und World's End
3. Ella
4. Adam's Peak

Sehenswürdigkeiten

5. Knuckles Range
6. Ceylon Tea Museum
7. Peradeniya Botanical Gardens
8. Three-Temples Loop
9. Hakgala Botanical Gardens
10. Dunhinda Falls
11. Badulla
12. Nuwara Eliya
13. Pedro Tea Estate
14. Damro Labookellie Tea Lounge
15. Dambatenne Tea Factory
16. Kitulgala
17. Haputale
18. Buduruwagala
19. Kloster Adisham
20. Sinharaja Forest Reserve
21. Bambarakanda Falls
22. Diyaluma Falls
23. Ratnapura

Kandy zieht sich vom Kandy Lake die Hügel hoch

❶

Kandy

D5 · 112 000 · 134 km östl. von Colombo
im Shoppingkomplex Kandy City Centre
Esala Perahera (Juli/Aug)

Kandy, eine charmante, kulturell pulsierende Stadt, war der Regierungssitz des letzten singhalesischen Königreichs, bis es 1815 von den Briten übernommen wurde. Heute zieht sie Touristen und Pilger gleichermaßen an, die hierherkommen, um den Zahntempel zu besuchen.

①
Kandy Lake

Das Herzstück der Stadt, der Kandy Lake (Kiri Muhuda: »Milchsee«) wurde von Sri Wickrama Rajasinghe, dem letzten König von Kandy, im 19. Jahrhundert angelegt. Die Insel in der Mitte wurde als Freudenhaus des Königs genutzt, die Briten wandelten sie dann in ein Munitionslager um. Am besten erkundet man den See bei einem Spaziergang entlang des südlichen Ufers, von wo aus man einen schönen Blick auf den Zahntempel und das Queens' Bath am gegenüberliegenden Ufer hat. Einst diente es als Badepavillon für die Ehefrauen des Königs.

②
St Paul's Church

nur bei Messen
stpaulschurchkandy.lk

Die neogotische Kirche (1825) ist mit ihrem Terrakotta-Mauerwerk ein Farbtupfer zu den weißen Gebäuden der Umgebung. Im Inneren scheint das Interieur direkt aus dem viktorianischen England zu stammen.

③
Devales

tägl. Esala Perahera (Juli/Aug)

Kandy soll von den vier Göttern Pattini, Natha, Vishnu und Kataragama beschützt werden. Jedem ist ein *devale* geweiht. Die Tempel zeigen, wie eng hinduistische und buddhistische Glaubensvorstellungen verbunden sind.

Der älteste Tempel, Natha Devale, stammt aus dem 14. Jahrhundert. In der Nähe steht der schlichte Pattini Devale für die buddhistische Göttin der Reinheit. Vor dem Vishnu (oder Maha) Devale steht ein *digge* (Trommlerpavillon). Rings um den Kataragama-Hauptschrein stehen einige Schreine für hinduistische und buddhistische Götter.

④
Malwatte Vihara

tägl.

Im Malwatte Vihara (16. Jh.) leben über 300 buddhisti-

Schöne Aussicht
Arthur's Seat

Auf dem Hügel Rajapihilla Mawatha über dem Malwatte Vihara befindet sich einer der besten Aussichtspunkte Kandys, der Arthur's Seat. Er bietet einen schönen Blick auf den Zahntempel.

sche Mönche. Der Ordinationsraum mit seiner prächtig bemalten Decke ist einen Besuch wert. Das Kloster hat auch ein bescheidenes Museum, das buddhistische Artefakte enthält.

Schon gewusst?

Kandy wird auf Singhalesisch Mahanuwara genannt – »Die große Stadt«.

⑤ Kandy National Museum

Di–Sa 9–17
museum.gov.lk

Das Museum in einem weißen Bau, der den Frauen des Königs diente, zeigt das Leben in Kandy vor Ankunft der Europäer. Zu sehen sind Waffen wie Pfeil und Bogen, Messer und Dolche, aber auch Schmuck, Trachten und Alltagsgegenstände wie Nussknacker in Form von Menschen.

⑥ International Buddhist Museum

hinter der Audienzhalle
tägl. 8–19 ibm. sridaladamaligawa.lk

Das in einem neoklassizistischen Gebäude untergebrachte Museum erforscht die Geschichte des Buddhismus in Sri Lanka und zeigt auch Exponate über den Buddhismus in anderen Ländern wie Indien, Pakistan, China und Japan. Schuhe müssen vor dem Betreten ausgezogen werden.

Highlight

Hotels

Helga's Folly
Das Hotel ist mit farbenfrohen Wandmalereien verziert und mit ausgefallenem Schnickschnack vollgestopft.
65A Rajapihilla Mawatha
helgasfolly.com
$$$

Elephant Stables
Hotel im Landhausstil mit sechs großen Zimmern, einem Pool und weitem Blick.
46 Nittawela Road
elephantstables.com
$$$

The Kandy House
Das Boutique-Hotel liegt in einem schönen Herrenhaus aus dem 19. Jahrhundert.
Amunugama Road
thekandyhouse.com
$$$

Der Royal Pond im Udawattekele Sanctuary ist von Wald umgeben

7

Bahiravakanda Buddha

Sri Dharmarama Road
tägl. 8–17

Die moderne weiße sitzende Buddha-Statue thront auf einem Hügel oberhalb der Stadt und ist kaum zu übersehen. Vom Tempel am Fuß der Riesenstatue hat man einen herrlichen Blick auf Kandy. Man erreicht sie zu Fuß oder mit Tuk-Tuk über die Straße zum Topaz Hotel.

8

Britischer Garnisonsfriedhof

Garrison Cemetery Road
tägl. 8–19 stpaulschurchkandy.lk

Der Friedhof wurde 1817 für die britischen Kolonialisten angelegt. Trotz der Affen, die hier herumtollen, ist der gepflegte Ort eine Oase der Ruhe. Die Steine der 195 Gräber geben eine Ahnung, welchen Gefahren die Menschen im 19. Jahrhundert hier ausgesetzt waren – Cholera, Malaria, Sonnenstich, Unfälle und Kindstod sind nur einige der angegebenen Todesursachen.

Wenn Sie Zeit haben, dann lassen Sie sich vom Friedhofsverwalter herumführen. Er zeigt Ihnen die interessantesten Gräber und hilft Ihnen bei der Entzifferung der verwitterten Inschriften. Dabei werden Sie auch am Grab von John Spottiswood Robertson von 1856 vorbeikommen. Er war der letzte Europäer in Sri Lanka, der von einem wilden Elefanten getötet wurde. In der Hütte des Friedhofsverwalters am Eingang befindet sich ein Verzeichnis aller Gräber auf dem Friedhof.

9

Udawattekele Sanctuary

tägl. 7–18

Nördlich des Kandy Lake erstreckt sich ein Waldgebiet, das früher für die königliche Familie reserviert war. Nach dem Fall des Königreichs 1815 begannen die Briten zwar, im Wald Bäume zu fällen, erklärten das Areal aber Mitte des 19. Jahrhunderts zum Schutzgebiet.

Das 104 Hektar große Schutzgebiet weist eine Reihe von endemischen Pflanzen auf, darunter einige Orchideenarten und andere Epiphyten wie Farne.

Hobby-Ornithologen finden hier ein spannendes Terrain. Darüber hinaus bietet der Wald Lebensraum für Schmetterlinge, Eichhörnchen, Affen und Reptilien.

Durch das Sanctuary schlängeln sich viele Pfade, die überwiegend nach den Gattinnen von britischen Gouverneuren benannt sind. Der fünf Kilometer lange Lady Horton's Drive, der im Schutzgebiet beginnt, führt durch einen ausgedehnten Teil des Walds und auch an dem Teich vorbei, in dem die königlichen Hoheiten badeten. Einer Sage zufolge liegen auf dem Teichgrund Goldmünzen, die eine rotäugige Schlange bewacht.

Shopping

Kandyan Arts and Crafts Association
Von der Regierung gefördertes Kaufhaus mit einer großen Auswahl an Kunsthandwerk.

Sangaraja Mawatha
+94 81 222 3100

Colombo Street Market
Obst und Gemüse aus den umliegenden Hügeln werden in der Colombo Street verkauft.

Colombo Street

Kandy Central Market
In dem baufälligen Marktkomplex wird alles verkauft, von Bananen und Gewürzen bis zu Batiken und Schnitzereien.

Market Street

Selyn
Hier finden Sie schöne, fair gehandelte Baumwollprodukte, bunte Kleidung, Haushaltswaren und Kuscheltiere.

7 Temple Street
selyn.lk

Esala Perahera

Das zehntägige Festival, das zu Ehren der Zahnreliquie gefeiert wird, zieht im Juli oder August Tausende von Pilgern und Touristen nach Kandy. Erwarten Sie Trommler, Tänzer und eine Partyatmosphäre, aber seien Sie sich bewusst, dass während des Fests Elefanten ausgebeutet werden.

Die *perahera* (Festival) wurde in dieser Form erstmals im 18. Jahrhundert unter König Kirti Sri Rajasinghe veranstaltet. Buddhistische Mönche aus Thailand äußerten damals ihr Missfallen über den hinduistischen Charakter des Fests, zu dem auch Prozessionen zu Ehren von Natha, Pattini, Vishnu und Kataragama gehörten, die bei den vier *devales* der Stadt anfingen. Der König befahl daher, die Zahnreliquie bei den Prozessionen mitzuführen. So verschmolz das Fest des Zahntempels mit den Umzügen der *devales*.

Die Esala Perahera beginnt mit der Kap Situveema, der Pflanzung geweihter Jackfruchtbäume, auf die die Kumbal Perahera (die ersten fünf Tage) folgt. Während der Randoli Perahera (die letzten fünf Tage) ziehen jede Nacht Prozessionen mit Tänzern, Trommlern, Akrobaten und geschmückten Elefanten durch die Stadt. Die Wasserschneide-Zeremonie, kurz vor der Morgendämmerung des zehnten Tags, beendet das Fest.

↑ *Die glitzernde Zahnreliquie wird durch die Stadt getragen*

↑ *Bei einer Parade durch die Stadt treten auch Feuerschleuderer auf*

Expertentipp
Frühzeitig

Die *perahera* beginnt normalerweise zwischen 20 und 21 Uhr. Seien Sie aber schon Stunden vorher da, um einen Platz auf dem Bürgersteig neben der Strecke zu finden. Man kann auch Balkonplätze reservieren.

↑ *Auch Thammattam-Trommler treten während der Esala Perahera auf*

⑩

Zahntempel

Palace Square, Kandy Tempel: tägl. 5–20; Sri Dalada Museum: tägl. 9–17
sridaladamaligawa.lk

Der in den See hineinragende, goldbedeckte Tempel gegenüber den bewaldeten Hügeln des Udawattekele Sanctuary ist ein beeindruckender Anblick. Wie seine Lage im Herzen der Stadt vermuten lässt, beherbergt der Zahntempel, oder Sri Dalada Maligawa, Sri Lankas wichtigste buddhistische Reliquie, den Zahn Buddhas.

Der ursprüngliche Tempel wurde im 16. Jahrhundert im Zentrum der königlichen Palastanlage erbaut, der Hauptschrein entstand während der Herrschaft von Vimala Dharma Suriya I. (reg. 1590–1604). Die Holländer, die 1765 die Stadt überfielen, plünderten Tempel und Palast. Nach dem Überfall ließ König Rajasinghe II. (reg. 1634–86) den Tempel wiederaufbauen. Der Palast wurde im 19. Jahrhundert von Sri Wickrama Rajasinghe renoviert. Dieser letzte König von Kandy ließ auch den Graben anlegen und die früheren Zugänge durch ein massives Steintor ersetzen. Bei einem Bombenanschlag der LTTE im Jahr 1998 wurde der Tempel schwer beschädigt und später wieder restauriert.

Königspalast

Das **Raja Tusker Museum** ist dem Elefanten Raja gewidmet, der die Truhe mit der Zahnreliquie rund 50 Jahre lang während der Esala Perahera trug.

Das **Maha Vahalkada** (Großes Tor) ist der Eingang zum Tempel. Der Mondstein ist neu, das Original wurde beim Bombenanschlag 1998 zerstört.

Die Gebäude des Zahntempel-Komplexes ↑

Dalada - Buddhas Zahn

Buddhas Asche soll nach seiner Verbrennung in Indien 543 v. Chr. auf acht Königreiche verteilt worden sein. Im 4. Jahrhundert n. Chr. brachte Prinzessin Hemamala *(unten)* die Zahnreliquie in ihrem Haar versteckt vom indischen Kalinga nach Anuradhapura. Um ihn sicher aufzubewahren, zog der Zahn mehrmals um, aber seit 1592 wird er in Kandy aufbewahrt.

Schon gewusst?

Zahntempel wurden in Anuradhapura, Polonnaruwa und Yapahuwa gebaut.

1 *Der Zahntempel liegt wunderschön am Kandy Lake.*

2 *Der achteckige Turm beherbergt die Bibliothek, in der eine Reihe von alten Ola-Blatt-Manuskripten aufbewahrt werden.*

3 *Trommler und Elefantenstoßzähne säumen den Weg zum Eingang des Hauptschreins.*

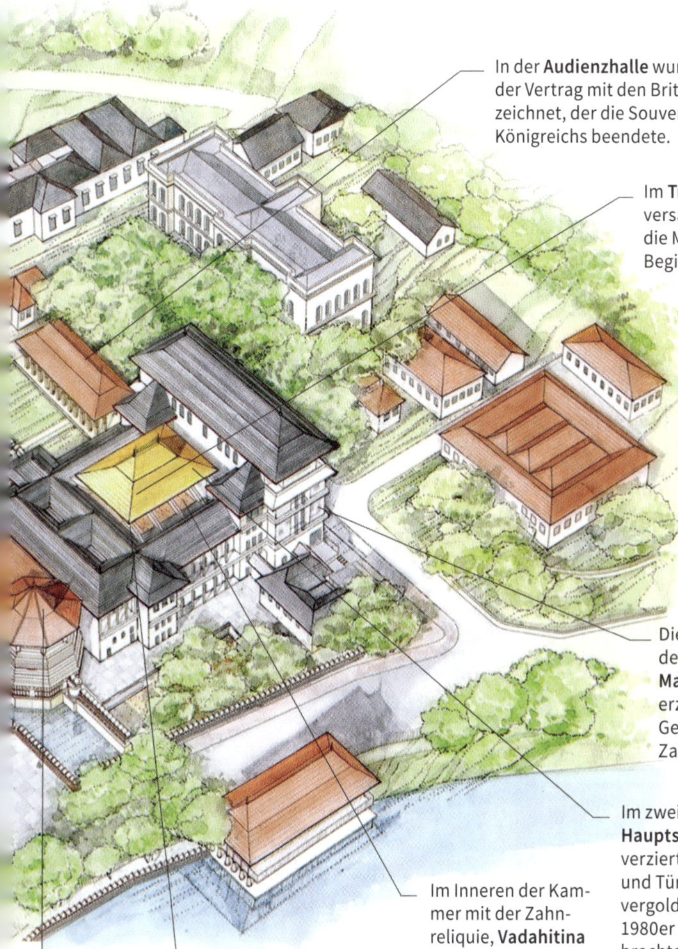

Schon gewusst?

Früher durchstreiften Elefantenherden die Ebenen, bevor sie von den Briten erschossen wurden.

Blick von World's End, einem Abgrund im Horton Plains National Park ↑

Highlight

2

Horton Plains National Park und World's End

D6 32 km südl. von Nuwara Eliya Bahnhof Ohiya, dann Taxi
Farr Inn; +94 70 522 042 tägl. 6–18 (letzter Einlass: 14:30)

Horton Plains ist anders als jeder andere Ort im Land und wird wegen seiner windgepeitschten Landschaft und dem kühlen, feuchten Klima oft mit den schottischen Highlands verglichen. Neben der Tierwelt ist die Hauptattraktion des Parks World's End, ein steiler Abgrund, der einen Panoramablick über die Insel bietet.

Benannt sind die Plains nach Sir Robert Wilmot-Horton, der von 1831 bis 1837 Gouverneur von Ceylon war. Die für Sri Lanka einzigartige Landschaft wurde 1988 zum Nationalpark erklärt. Die Horton Plains liegen auf über 2000 Meter Höhe und bilden damit das höchste Plateau in Sri Lanka. Ihr sanft wogendes Grasland, die dichten Nebelwälder, schroffen Felsen und Wasserfälle sind die Heimat unzähliger Tiere, darunter auch viele Vogelarten.

Im Gegensatz zu den anderen Nationalparks in Sri Lanka darf man sich hier auf den markierten Wegen zu Fuß und ohne Führer bewegen. Beliebtester Wanderweg ist der neun Kilometer lange Loop Trail, der am Parkeingang beginnt und zu World's End führt. Für den Rundtrip braucht man etwa drei bis vier Stunden. An World's End geht es 880 Meter fast senkrecht in die Tiefe. An klaren Tagen sieht man hier bis zur Südküste Sri Lankas, an weniger klaren Tagen immer noch bis zum etwas näher gelegenen Speichersee im Udawalawe National Park *(siehe S. 112f)*. Der Pfad führt auch zu den Baker's Falls, einem schönen, 20 Meter hohen Wasserfall, der im Jahr 1845 von dem britischen Forscher Samuel Baker entdeckt wurde.
Über einen steilen Pfad durch den Wald kommt man zu einer Aussichtsplattform.

↑ *Ein Chital (Axishirsch) im Grasland des Horton Plains National Park*

↑ *Die Baker's Falls stürzen in der Nähe des Eingangs des Nationalparks über Felsen*

Expertentipp
Frühaufsteher

Kommen Sie so früh wie möglich, idealerweise um 7 Uhr morgens, um genügend Zeit zu haben, World's End vor 10 Uhr zu erreichen, bevor Wolken aufziehen. Morgens ist es kühl, aber es wird schnell wärmer, also tragen Sie Sonnenschutzmittel. Achtung: Das letzte Stück des Loop Trail zwischen Baker's Falls und dem Eingang bietet keinen Schatten.

3

Ella

E6 · 45 000 · 21 km südl. von Badulla

Ella ist eines der beliebtesten Reiseziele im Hill Country und vor allem für seine Currys und Wanderungen bekannt. Das Dorf liegt malerisch über dem Ella Gap, einer Spalte im Steilhang, wo das Land schwindelerregende 1100 Meter in die Ebene abfällt.

①

Ella Rock

Wanderer könnten den Ella Rock in Angriff nehmen. Es ist ein anstrengender, vierstündiger Hin- und Rückweg mit einer Vielfalt an Routen (fragen Sie in Ihrem Gästehaus nach einer Beschreibung), aber wunderschönen Aussichten. Eine Möglichkeit ist, der Bahnlinie südlich der Stadt zu folgen, bevor man den Felsen erklimmt.

②

Little Adam's Peak

Eine kurze Wanderung führt auf den Little Adam's Peak, einen markanten Hügel im Osten von Ella. Fahren Sie die Passara Road hinunter und folgen Sie dann den Schildern, um diese zwei- bis dreistündige Wanderung anzutreten.

③

Newburgh Tea Factory

Passara Road
Mo–Sa 8:30–17

Mit der Wanderung zum Little Adam's Peak lässt sich ein Besuch dieser Grünteefabrik verbinden, die Werksführungen anbietet. Nach der Fabrikbesichtigung geht es weiter zur Demodara Bridge und dann entlang der Eisenbahn den Weg zurück nach Ella – eine drei- bis vierstündige Wanderung.

TOP 3 Kochkurse in Ella

Lanka's Cooking
bei Passara Road
+94 77 695 7495
Lernen Sie, wie sri-lankische Currys in Tontöpfen über einem Holzfeuer gekocht werden.

Ella Spice Garden
Hauptstraße, bei Café Chill **+94 75 236 3636**
Der Unterricht beinhaltet eine Führung durch den Gewürzgarten, in dem viele der Zutaten angebaut werden.

Grand 39
Passara Road
+94 76 709 9200
Hier lernt man ausgezeichnete Rezepte für zu Hause.

④

Demodara Bridge

Die Brücke wurde in den frühen 1920er Jahren für die Bahnlinie nördlich von Ella gebaut. Gehen Sie vom Art Café Umbrella durch den

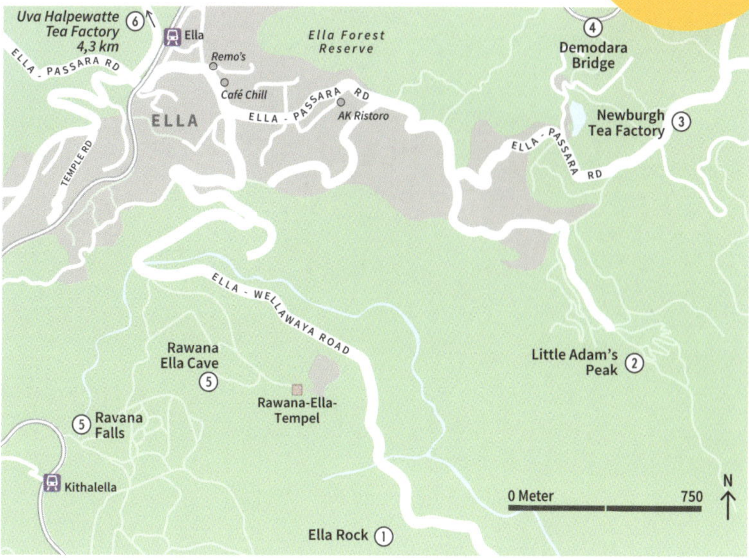

Wald für einen tollen Blick auf die Viaduktbrücke, die von Teeplantagen umgeben ist.

⑤

Ravana Falls und Ravana Ella Cave

Etwa vier Kilometer südlich von Ella führen 600 steile Stufen zur kleinen Ravana Ella Cave, in der die hinduistische Göttin Sita von dem Gott Ravana gefangen gehalten worden sein soll. Die Höhle selbst ist nicht sonderlich aufregend, aber die Aussicht rechtfertigt den Aufstieg. Fünf Kilometer weiter südlich stürzen die Ravana Falls 90 Meter über eine Klippe direkt neben der Wellawaya-Hauptstraße.

⑥

Uva Halpewatte Tea Factory

Badulla Road Mo–Sa 8–16 halpetea.com

Teeliebhaber sollten etwa sechs Kilometer außerhalb von Ella die Uva Halpewatte Tea Factory besuchen. Die Tour durch die Fabrik aus den 1940er Jahren ist die beste auf der Insel, und Sie können danach auf der Terrasse mit wunderbarem Blick Tee trinken.

←

Der Little Adam's Peak erhebt sich über Teeplantagen bei Ella

Restaurants

AK Ristoro

Unerwartet schickes Lokal, das neben Currys auch italienische und japanische Gerichte serviert.

Passara Rd
+94 57 205 0676
$$$

Café Chill

Das chillige Café an der Hauptstraße ist Ellas beliebtestes Ziel nach Einbruch der Dunkelheit.

Main St
+94 77 180 4020
$$

Remo's

Ella ist berühmt für sein Curry, Remo's serviert sie zu Tiefstpreisen.

7 Main St
+94 77 409 9231
$

Sonnenaufgang über dem Adam's Peak und Gebetsfahnen auf dem Gipfel (Detail) ↑

Highlight

4

Adam's Peak

D6 52 km südöstl. von Kitulgala
nach Hatton, dann Bus nach Dalhousie

Der 2243 Meter hohe Adam's Peak, der sich über das südliche Hügelland erhebt, ist der dramatischste Berg Sri Lankas, und die Aussicht vom Gipfel bei Sonnenaufgang ist Grund genug, die Nachtwanderung zu unternehmen. Darüber hinaus ist der Gipfel eine der heiligsten Stätten der Insel, die Pilger aller Religionen anzieht.

Adam's Peak heißt auf Singhalesisch Sri Pada (»Heiliger Fußabdruck«). Der Name bezieht sich auf die Felsformation am Gipfel, die Buddhisten als Fußabdruck Buddhas verehren. Für Hindus stammt er von Shiva, für die Muslime von Adam, für die Christen vom heiligen Thomas. Der Gipfel ist vor allem eine heilige Stätte der Buddhisten. Die einfachste Route auf den Berg beginnt in Dalhousie, wo auch die meisten Besucher absteigen. Der sieben Kilometer lange Aufstieg über 5500 Stufen dauert etwa vier Stunden und wird in der Regel nachts unternommen. Die meisten Pilger gehen gegen 2 Uhr los und erreichen den Gipfel bei Tagesanbruch. Die Pilgersaison dauert von Dezember bis Mai. Während dieser Zeit sind die Stufen beleuchtet, und es gibt kleine Stände entlang der Route, die Tee und Snacks anbieten.

Schauen Sie sich auf dem Gipfel den Fußabdruck an und läuten Sie eine der Glocken. Wenn die Dämmerung einsetzt, wirft die Sonne manchmal einen dreieckigen Schatten auf den Gipfel, der in der Luft zu hängen scheint.

Expertentipp
Abseits üblicher Pfade

Die Route auf den Gipfel von Ratnapura aus bietet einen härteren, aber ruhigeren Aufstieg und ein echtes Wildniserlebnis. Gästehäuser in Ratnapura können einen Führer organisieren.

↑ *Der von nachts Aufsteigenden illuminierte Pfad von Ratnapura zum Adam's Peak*

Blick auf die grüne Knuckles Range oder Dumbara Hills ↑

TOP 3 Meditation in den Hügeln

Nilambe
W nilambe.net
Die Kurse dauern hier zwischen sechs und elf Tagen.

Dhamma Kuta Vippassana
W dhamma.org
Zehntägiger Kurs.

Rockhill Hermitage
W rockhillsrilanka.com
In diesem Retreat findet man »Zen«.

SEHENSWÜRDIGKEITEN

5

Knuckles Range

D4 25 km nordöstl. von Kandy Hunnasgiriya

Die Dumbara Hills wurden von den Briten Knuckles Range genannt, weil sie den *knuckles* (Knöcheln einer geballten Faust) gleichen. Der Höhenzug besteht aus mehreren kleineren und fünf großen Gipfeln, der höchste misst 1800 Meter.

Das Gebiet gehört zum UNESCO-Welterbe, das Spektrum an Landschaften reicht von immergrünen Trockenwäldern bis zu Feuchtwiesen. In diesen Ökosystemen gedeiht eine artenreiche Flora und Fauna mit vielen Vogelarten und Säugetieren wie Rotwild, Wildschweinen, Languren und Schlankloris.

Die Knuckles Range ist auch ein beliebtes Wanderziel. Man sollte sich aber einen Führer nehmen, da nur wenige Trails markiert sind. Hotels und Gästehäuser helfen weiter.

Entdeckertipp
Golfen

Einer der schönsten Golfplätze Asiens, das Victoria Golf and Country Resort, liegt östlich von Kandy zwischen der Knuckles Range und dem Victoria Reservoir (www.golfsrilanka.com).

6

Ceylon Tea Museum

D5 5 km südl. von Kandy Di–Sa 8:30–15:45, So 8:30–15
W ceylonteamuseum.com

Das Museum ist in einer vierstöckigen Teefabrik (1925) des Hantane Estate untergebracht. In der Ausstellung im Erdgeschoss sind Mühlen, Trockenöfen und Sortiermaschinen aus dem 19. Jahrhundert zu sehen. Am interessantesten sind das Miniaturmodell einer Teefabrik und ein etwa 80 Jahre alter Teestrauch.

Im ersten Stock geht es um zwei Pioniere des Teeanbaus in Sri Lanka: James Taylor und Thomas Lipton. Zu der Sammlung mit persönlichen Dingen Taylors gehören u. a. dessen Bücher und sein Gehstock.

Im dritten Stock kann man Tee kaufen, im obersten bei einer kostenlosen Tasse Tee den Ausblick auf die Knuckles Range genießen.

7

Peradeniya Botanical Gardens

D5 6 km südwestl. von Kandy von Kandy
tägl. 7:30–17:30
W botanicgardens.gov.lk

Das Gelände wurde 1371 ursprünglich als Lustgarten der Könige von Kandy angelegt. Nachdem die Briten 1815 Sri Wickrama Rajasinghe, den letzten König, abgesetzt hatten, gestalteten sie die Anlage 1821 in einen botanischen Garten um. Am Eingang erhält man einen Übersichtsplan, der den Weg zu einem Teil der ausländischen und endemischen Pflanzen auf dem 60 Hektar großen Gelände weist – z. B. zu Riesenbambussen, Palmyra- und Talipot-Palmen. Das Orchideenhaus beherbergt über 300 Arten, gleich daneben wachsen im Gewürzgarten u. a. Gewürznelken, Zimt, Vanille und Muskat.

Die von exotischen Baumarten gesäumten Alleen laden zu einem Spaziergang ein. Wenn Sie rasten wollen, ist der Schatten, den die Äste einer riesigen Java-Feige spenden, der ideale Ort.

8

Three-Temples Loop

D5 11 km südwestl. von Kandy von Kandy

Unter den vielen Tempeln aus der Zeit des Königreichs Kandy stechen die Tempel Gadaladeniya, Lankatilaka und Embekke Devale hervor. Man erreicht sie alle zu Fuß oder mit dem Tuk-Tuk.

Der **Gadaladeniya-Tempel** wurde während der Herrschaft von König Bhuvanekabahu IV. 1344 auf dem Gipfel eines Felsens erbaut. Der Haupttempel ist mit Schnitzereien von Tänzern und Trommlern verziert, zwei kleine Elefantenskulpturen bewachen die Stufen, die zum Eingang führen. Im Inneren sitzt ein goldener Buddha unter einem mit Wandmalereien verzierten *makara torana* (Zeremonialbogen).

Zwei Kilometer südwestlich steht der beeindruckendste Sakralbau, der blütenweiße **Lankatilaka-Tempel**. Zwei *gajasinghas* (Elefantenlöwen) am Eingang bewachen den Zugang zur Kammer mit der sitzenden Buddha-Statue unter einem *makara torana*. Wände und Decke sind mit Malereien aus der Kandy-Zeit bedeckt.

Zwei Kilometer südöstlich des Lankatilaka-Tempels wird im **Embekke Devale** der hinduistische Schutzgott Kataragama verehrt. Eine Besonderheit des Schreins sind die kunstvollen Holzsäulen seines *digge* (Trommlerpavillon), die auch Darstellungen von Blumen, Tänzern, Soldaten und Ringern zieren.

Gadaladeniya-Tempel
Gadaladeniya Road tägl. 8–18

Lankatilaka-Tempel
Lankatilaka Vihara Road tägl. 8–18

Embekke Devale
Embekke Pilimatalawa Road tägl. 8–18

Hotels

Kandy Samadhi Centre
Ganzheitlicher Rückzugsort in der Knuckles Range mit Ayurveda- und Yoga-Paketen.
D5 Kukul Oya Road, Naranpanawa
thekandysamadhicentre.com
$$$

Bougainvillea Retreat
Ländliches Refugium zwischen der Knuckles Range und dem Victoria Reservoir. Schöne Gärten.
D5 Victoria Golf and Country Resort, Rajawella
bv-retreat.com
$$$

Amaya Hunas Falls
Eines der am spektakulärsten gelegenen Hotels Sri Lankas hoch oben in der Knuckles Range.
D5 Elkaduwa
amayaresorts.com
$$$

Der bemerkenswerte Lankatilaka-Tempel bei Kandy ↓

9 Hakgala Botanical Gardens

D6 · 10 km südöstl. von Nuwara Eliya · Bus
tägl. 8–17:30
botanicgardens.gov.lk

Ursprünglich wurden die Gärten 1861 angelegt, um Chinarinde für das Antimalariamittel Chinin zu gewinnen. Heute ist Hakgala für seine Rosen bekannt, die von April bis August blühen. Der 27 Hektar große Park ist in mehrere Bereiche unterteilt, darunter sind ein japanischer Garten, ein Farnhaus und ein Steingarten. In den Beeten wachsen die verschiedensten Blumen, von Sonnenblumen über Stiefmütterchen bis zu Orchideen. Die rot gekennzeichneten Pflanzen sind endemisch.

Umgebung: Zwei Kilometer weiter östlich befindet sich der Sita-Amman-Tempel. Er ist Ramas Gattin Sita geweiht und soll an dem Ort stehen, an dem sie von Ravana gefangen gehalten wurde.

Restaurants

Hill Club
Leben Sie Ihre Fantasien in dem zeitlosen Restaurant in Nuwara Eliya aus. Formelle Kleidung erforderlich.
D6 · 29 Grand Hotel Road, Nuwara Eliya
+94 52 222 4132
$$$

Sri Ambaal
Günstige und schmackhafte südindische und sri-lankische Klassiker werden hier auf Bananenblatt-Tellern serviert.
D6 · New Bazaar Street, Nuwara Eliya
+94 52 223 5281
$$$

Grand Indian
Als Teil des Grand Hotels in Nuwara Eliya serviert das Grand Indian eine Reihe von Currys auf *thalis*.
D6 · Grand Hotel, Nuwara Eliya
grandhotelnuwaraeliya.com
$$$

10 Dunhinda Falls

E5 · 6 km nördl. von Badulla · von Badulla

Die 63 Meter hohen Dunhinda Falls gehören zu den beeindruckendsten der Insel und stürzen in einer Gischtwolke in den Pool darunter. Es ist ein angenehmer Spaziergang von einem Kilometer von der Straße bis zu den Fällen, vorbei an den niedrigeren und breiteren Kuda Dunhinda. Stände, die Getränke und Snacks verkaufen, säumen den Weg, aber achten Sie auf die diebischen Affen, wenn Sie eine Pause einlegen und die Landschaft genießen. Die Fälle sind besonders an Wochenenden stark besucht.

→ *Nuwara Eliyas großartiges Postamt mit Uhrenturm*

11 Badulla

E6 · 48 000 · 125 km östl. von Kitulgala · Zug · Bus
Vesak Perahera (Mai)

Badulla ist die Hauptstadt der Provinz Uva und einer der ältesten Orte Sri Lankas. Heute ist es ein wichtiger Verkehrsknotenpunkt, durch den fast jeder kommt, der von der Ostküste ins Hill Country fährt.

Das Schönste im Ort ist der **Kataragama Devale**, ein hinduistischer Tempel aus

↑ *Der reißende Strom der Dunhinda Falls, eines donnernder Wasserfalls*

dem 18. Jahrhundert. Der Hauptschrein wurde im Kandy-Stil erbaut. Im Inneren steht ein Abbild von Kataragama und neben ihm Statuen von Saman und Vishnu. Die Außenwände sind mit Wandgemälden verziert, die eine *perahera* zeigen. In die Säulen sind feine Skulpturen von Menschen, Tieren und Blumen eingearbeitet.

Kataragama Devale
Lower Street
tägl. 6–18

12

Nuwara Eliya

D6 26 000 88 km südwestl. von Mahiyangana
Singhalesisches und tamilisches Neujahr (Apr)

Nuwara Eliya wurde von den Briten im 19. Jahrhundert gegründet und wird »Sri Lankas kleines England« genannt. Die am höchsten gelegene Stadt der Insel befindet sich in einem bewaldeten Tal unterhalb von Sri Lankas höchstem Gipfel, dem 2534 Meter hohen Pidurutalagala (Mount Pedro). Mit seinem kühlen, wenn auch unberechenbaren Wetter ist Nuwara Eliya ein beliebter Erholungsort.

Die meisten Gäste kommen im April zum singhalesischen und tamilischen Neujahr. In Scharen schlendern Besucher dann zwischen den vielen Buden in den Straßen, genießen die festliche Stimmung und besuchen die Pferderennen, die in dieser Zeit veranstaltet werden. Die Hotelpreise sind dann höher.

Zu anderen Zeiten des Jahres können Sie einen ruhigen Spaziergang durch die Stadt machen. Im Zentrum befindet sich ein 18-Loch-Platz des 1889 gegründeten Golf Club. Auf dem aufgelassenen britischen Friedhof hinter dem Clubhaus wurde auch der berüchtigte Elefantenjäger Major Thomas William Rogers begraben. Ein Wahrzeichen von Nuwara Eliya ist das rosafarbene Postamt mit dem kegelförmigen Uhrturm. Im nahe gelegenen **Victoria Park** kann man Vögel beobachten. An seinem Eingang gibt es einen Kinderspielplatz. An der New Bazaar Street erreicht man einen überdachten Markt mit einer großen Auswahl an Früchten und Gemüsen.

Östlich des Zentrums steht die anglikanische, 1852 geweihte Holy Trinity Church. Weiter östlich liegt der Lake Gregory, an dem man Ausflugsboote und Tretboote mieten oder einfach am Ufer spazieren gehen kann.

Einige elegante Hotelbauten in Nuwara Eliya erinnern noch an die Kolonialzeit, so etwa der Hill Club und das lang gestreckte Fachwerkhaus des Grand Hotel. Dort kann man auch als Nicht-Hotelgast etwas trinken oder einfach nur den wunderbaren Kolonialbau und die schönen Blumengärten besichtigen.

Victoria Park
tägl. 7–18

Schon gewusst?

Nuwara Eliya bedeutet »Stadt in der Ebene« oder »Stadt des Lichts«.

↑ *Arbeiter pflücken Tee auf den mit Kordeln versehenen Hügeln des Pedro Tea Estate*

TOP 5 Fakten über Tee

Großer Produzent
Sri Lanka ist der viertgrößte Teeproduzent der Welt.

Teeklassifizierung
Der Tee wird nach der Höhenlage klassifiziert: hoch, mittel oder niedrig.

Die besten Blätter
Für den besten Tee werden die jüngsten zwei Blätter verwendet.

Teepflücker
Arbeiter pflücken mindestens 20 Kilogramm Tee pro Tag.

Verfahren
Es dauert nur 24 Stunden, bis aus Blättern fertiger Tee wird.

13 Pedro Tea Estate

D6 · 3 km östl. von Nuwara Eliya · +94 52 222 2016 · tägl. 8–17

Die kleine Teeplantage wurde 1885 gegründet und bietet Fabrikführungen an. Der hier produzierte Tee ist sehr leicht, weshalb die Verarbeitung nachts stattfindet, wenn es kälter ist. Seien Sie früh da, wenn Sie dabei zusehen wollen. Hier werden täglich etwa 2500 Kilogramm Tee verarbeitet. Danach können Sie einen Tee im Café mit Blick auf die Plantage genießen.

14 Damro Labookellie Tea Lounge

D5 · 17 km nördl. von Nuwara Eliya · tägl. 8:30–18:30 · damrotealounge.com

Das weitläufige, 415 Hektar große Teegut befindet sich in einer schönen Lage. Neben einer kurzen Fabrikführung kann man sich den Teepflückern anschließen und beim Pflücken der Blätter helfen. Die Tour endet mit einer kostenlosen Teeverkostung.

Die nahen **Bluefield Tea Gardens** bieten ebenfalls Führungen durch ihre Fabrik an. Essen Sie anschließend im Restaurant, stöbern Sie im Shop und schlendern Sie durch die Teesträucher.

Bluefield Tea Gardens
23 km nördl. von Nuwara Eliya · bluefieldteagardens.com

15 Dambatenne Tea Factory

E6 · 10 km östl. von Haputale · Mo–Fr 8–18

Die Dambatenne Tea Factory wurde 1890 von Sir Thomas Lipton erbaut. Touren zeigen alles vom Trocknen und Rollen bis zum Sortieren.

Sieben Kilometer östlich befindet sich der Aussichtspunkt Lipton's Seat, den man über einen zweistündigen Aufstieg erreicht, der sich durch üppige Teeplantagen windet. Achten Sie darauf, den Aussichtspunkt früh zu erreichen, da am Vormittag Nebel aufzieht.

Thomas Lipton

Sir Thomas Lipton wurde 1850 in Glasgow geboren. 1871 eröffnete er seinen ersten Lebensmittelladen, und bald hatte Lipton eine Kette von rund 400 Geschäften in ganz Großbritannien. Im Jahr 1889 begann er, Tee auf Auktionen in London zu kaufen und verkaufte innerhalb von zwei Jahren zehn Millionen Pfund Tee. Sein Teeimperium erreichte 1890 neue Höhen, als er mehrere Teeplantagen in Ceylon kaufte. Sein Name wurde schließlich zum Synonym für das Getränk.

Tee in Sri Lanka

Sri Lanka ist einer der größten Tee-Exporteure der Welt. Das Land produziert schwarzen und grünen Tee in einer Vielzahl von Sorten und Qualitäten, auch aromatisiert und biologisch.

Die ersten Teesträucher kamen aus China und wurden 1824 in den Peradeniya Botanical Gardens *(siehe S. 148f)* angepflanzt. Die erste Teeplantage wurde jedoch erst 1867 bei Kandy angelegt. Bevor der kommerzielle Teeanbau auf der Insel begann, war Kaffee die wichtigste Plantagenpflanze. Als 1870 die Zahl der Kaffeebäume durch eine Krankheit stark dezimiert wurde, entdeckte man den Tee als profitable Alternative. Heute ist die Teeproduktion für die Wirtschaft Sri Lankas von großer Bedeutung. Die Teeplantagen locken mit Führungen Besucher aus der ganzen Welt an. Man kann sich auch inmitten der Anbaugebiete in Bungalows einmieten.

↑ *Ein riesiger Haufen Tee wird in Säcke verpackt für Auktionen in Colombo*

Vom Strauch bis in die Tasse

Teeproduktion ist arbeitsintensiv. Die Blätter werden immer noch von Hand gepflückt, meist von Frauen. Die meisten sind Nachfahren tamilischer Arbeiter, die in den 1870er Jahren von den Briten aus Südindien zur Arbeit auf den Plantagen geholt wurden. Ihre Löhne sind niedrig, die Lebensbedingungen schlecht. Sie leben oft in barackenartigen Gebäuden, die nur aus einem Raum bestehen. Nachdem die Blätter gesammelt wurden, werden sie in der Fabrik entweder nach der traditionellen oder der CTC-Methode *(crush, tear and curl)* verarbeitet. Bei Ersterer werden die Blätter getrocknet, zerkleinert und dann in einem Ofen gebrannt. Die CTC-Methode ist viel schneller, da die frischen Blätter in zylindrischen Walzen zerkleinern, zu Kügelchen gerollt und dann oxidiert werden. Von da geht der Tee in die Läden.

Arbeiterinnen pflücken Tee auf einer Plantage bei Nuwara Eliya ↑

Hotels

't En Zal
Der holländische Besitzer des Gästehauses sammelte Kunsthandwerk aus ganz Sri Lanka, um sein Hotel in Haputale einzurichten.
E6 Welimada Road, Haputale
tenzal.com
$$$

Jetwing St Andrews
Das nachhaltige Hotel in Nuwara Eliya befindet sich in einem edwardianischen Gebäude inmitten von makellosen Rasenflächen.
D6 St Andrew's Drive, Nuwara Eliya
jetwinghotels.com
$$$

Marktstände in Haputale am südlichen Rand des Hill Country

16 Kitulgala

D5 42 000 73 km nordwestl. von Nuwara Eliya

Das zwischen bewaldeten Hügeln gelegene Dörfchen Kitulgala ist eine berühmte Filmkulisse: Hier drehte David Lean 1957 *Die Brücke am Kwai*. Ein ausgeschilderter Pfad führt von der Hauptstraße zum Drehort am Ufer des Flusses Kelani. Wer den Film gesehen hat, wird vielleicht einiges wiedererkennen. Die Betonfundamente der Brücke sind noch vorhanden.

Kitulgala ist ein guter Ausgangspunkt für einige vergnügliche Abenteuer. Hier gibt es Möglichkeiten zum Raften, darüber hinaus organisieren die Hotels auch Kletterausflüge, Fahrradtouren und nächtliche Flussfahrten.

Für Wandertouren in den Regenwäldern des **Kitulgala Forest Reserve** setzt man mit dem Boot über den Fluss. Dort kann man Vögel wie Ceylon-Grautoko, Goldstirn-Bartvogel und mehrere Eisvogelarten entdecken.

Kitulgala Forest Reserve
Colombo-Avissawella-Hatton Road 4

17 Haputale

E6 5000
47 km nordwestl. von Buduruwagala

Der Marktort Haputale liegt am Südrand des Hill Country. Die Bevölkerung besteht überwiegend aus Tamilen, von denen viele in den Teeplantagen der Umgebung arbeiten. Der Ort besitzt keine großen Sehenswürdigkeiten, dafür aber eine großartige Aussicht. An klaren Tagen sieht man bis zur Südküste. Gegen Mittag ziehen regelmäßig Wolken auf, und es beginnt zu regnen.

Um die landschaftlich reizvolle Lage von Haputale voll auszunutzen, sollten Sie eine Wanderung in den umliegenden Hügeln unternehmen. Eine der besten Wanderungen ist die zehn Kilometer lange Route durch wunderschöne Teeplantagen zur Dambatenne Tea Factory *(siehe S. 152)*.

Nördlich des Stadtzentrums liegt auf einem Hügel die anglikanische St Andrew's Church, ein neogotisches Gebäude, das von der kolonialen Vergangenheit der Stadt erzählt. Gedenktafeln und Grabsteine von Teepflanzern aus dem 19. Jahrhundert sind noch auf dem Friedhof zu sehen.

Wildwasser-Rafting auf dem Kelani

Der Flussabschnitt des Kelani bei Kitulgala gilt als beste Stelle zum Wildwasser-Rafting in Sri Lanka. Auf der viel befahrenen, rund vier Kilometer langen Strecke reichen die Schwierigkeitsgrade der Stromschnellen je nach Regenfall von drei bis fünf. Beste Bedingungen herrschen von April bis November, wenn der Wasserstand am höchsten ist. Die Touren führen durch stärkere und schwächere Stromschnellen und beinhalten meist eine Badepause. Sie können vor Ort in Kitulgala gebucht werden. Achten Sie darauf, dass Sie einen erfahrenen Veranstalter mit guter Ausrüstung wählen.

18 Buduruwagala

E6 · 37 km südöstl. von Ella · tägl. Sonnenauf- bis -untergang

Buduruwagala kann dank der sieben imposanten, aus dem Fels gehauenen Flachreliefskulpturen immer mehr Besucher begrüßen. Sie sollen aus dem 10. Jahrhundert stammen und gehören zur Mahayana-Schule des Buddhismus, die vom 3. bis zum 10. Jahrhundert von den Königen gefördert wurde.

Das Zentrum bildet eine 16 Meter hohe stehende Buddha-Figur mit *abhaya mudra*, die zu beiden Seiten von einer Gruppe mit je drei Skulpturen flankiert wird. Die mittlere der drei Skulpturen in der rechten Gruppe ist eine Darstellung des Avalokitesvara. Er ist der *bodhisattva* des universellen Mitgefühls im Mahayana-Buddhismus. Man erkennt ihn an der meditierenden Buddha-Darstellung in der Krone. Am Kopf ist die Figur orange bemalt, am Körper finden sich Stuckelemente. Auch die anderen Figuren waren vermutlich auf diese Weise verziert. Die weibliche Figur auf der rechten Seite ist offenbar die Mahayana-Göttin Tara.

In der linken Gruppe verkörpert die mittlere Figur wohl Maitreya, den fünften und zukünftigen Buddha. Die Skulptur außen ist der tibetische *bodhisattva* Vajrapani oder Sakra. Er hält den Donnerkeil in der Hand. Die letzte Figur ist wahrscheinlich Vishnu.

19 Kloster Adisham

E6 · 3 km westl. von Haputale · Sa, So, *Poya*-Tage 9–16:30 · adisham.org

Der wuchtige Komplex in ruhiger Umgebung wurde in den 1930er Jahren vom britischen Teepflanzer Sir Thomas Villiers erbaut. Villiers benannte den Ort nach seinem Heimatdorf in Kent. Im Jahr 1962 kaufte die katholische Ordensgemeinschaft der Silvestriner das Herrenhaus und baute es in ein Kloster um.

Besucher dürfen nur einen Teil des Klosters besichtigen, der den gut erhaltenen Wohnbereich und die Bibliothek umfasst. Das Anwesen ist von Obstgärten umgeben und verfügt über einen gut gepflegten Garten mit vielen Orchideen- und Rosensorten. Es gibt auch einen kleinen Laden vor Ort, in dem von den Mönchen hergestellte Marmeladen, Sirup und Gelees verkauft werden.

Entdeckertipp
Wanderung

Ein versteckter Wanderweg folgt der Bahnlinie von Haputale, vorbei am Adisham-Kloster, bis zur Bergkuppe oberhalb von Idalgashinna, wo Sie atemberaubende Ausblicke genießen können.

Alte buddhistische Figuren in den Felsen bei Buduruwagala ↓

←

Besucher im Sinharaja Forest Reserve und der endemische Blaukitta (Detail)

Sri Lankas Regenwälder

Das südwestliche Tiefland Sri Lankas ist als Feuchtgebiet bekannt und beherbergt die letzten verbliebenen Regenwälder des Landes. Das größte Stück Regenwald in diesem Gebiet ist Kanneliya-Dediyagala-Nakiyadeniya (KDN; *siehe S. 122*), aber Abholzung hat es stark beeinträchtigt. Deshalb gilt Sinharaja, wenn auch kleiner, als der primäre Rest des Regenwalds auf der Insel, in dem seltene Vögel, Insekten, Reptilien sowie endemische Säugetiere und Schmetterlinge leben.

20

Sinharaja Forest Reserve

D6 108 km südöstl. von Ratnapura von Ratnapura, dann in Kalawana umsteigen nach Kudawa nur Führungen: tägl. 6–18

Das 89 Quadratkilometer umfassende Schutzgebiet gilt als größter noch ursprünglicher Regenwald in Sri Lanka. Im Süden und Norden wird das Areal von den Flüssen Gin Ganga und Kalu Ganga begrenzt. Das Schutzgebiet Sinharaja (»Löwenkönig«) halten viele für die Heimat des mythischen Löwen, den die Singhalesen als ihren Urahn sehen. Andere meinen, dass es einst ein königliches Jagdgebiet war, als der Wald noch einen größeren Teil der Insel bedeckte. 1840 ging der Wald in den Besitz der britischen Krone über. Bis in die 1970er Jahre wurde dort in großem Umfang Holz gefällt, bis das Areal 1977 zum Schutzgebiet erklärt und 1989 als UNESCO-Welterbe gelistet wurde.

Es wird darauf geachtet, die Bedürfnisse der Wildtiere mit denen der umliegenden Dörfer in Einklang zu bringen. Deren Bewohner dürfen hier deshalb Holz sammeln und Kitulpalmen für die Herstellung von Jaggery und Palmwein schlagen.

In der Gegend fallen im Jahr bis zu 600 Zentimeter Regen. Daher ist nicht nur die Temperatur, sondern auch die Luftfeuchtigkeit enorm hoch. Der Wald birgt einen wahren Schatz an Pflanzen und Tieren. Von den 211 Baumarten, die hier wachsen, sind über 60 Prozent endemisch. Auch von den Vögeln kommen 21 Arten nur auf der Insel vor, darunter Graukopfhabicht, Ceylon-Spornhuhn, Goldstirn-Bartvogel und Schmuckkitta. Darüber hinaus kann man viele seltene Schmetterlinge, Amphibien und Reptilien (u. a. Hornagamen) sehen.

Es gibt zwei Eingänge zum Reservat, die zwar nahe beieinanderliegen, aber durch die Straße weit voneinander getrennt sind. Besucher, die

Das Schutzgebiet Sinharaja (»Löwenkönig«) halten viele für die Heimat des mythischen Löwen, den die Singhalesen als ihren Urahn sehen.

von Ratnapura kommen, sollten den Eingang in Kudawa ansteuern. Von der Südküste ist es einfacher, das Reservat über Deniyaya zu erreichen. Kudawa hat eine etwas bessere Auswahl an Unterkünften, aber Deniyaya ist mit öffentlichen Verkehrsmitteln leichter zu erreichen.

Die Trockenzeiten zwischen Januar und Anfang April sowie von August bis September eignen sich am besten für einen Besuch. Jeder Besucher muss einen Führer engagieren. Den Wald durchziehen mehrere fünf bis 14 Kilometer lange Wanderwege. Die meisten Besucher wählen den acht Kilometer langen Moulawella Trail, der am Kudawa Conservation Centre beginnt und durch den Regenwald bis zum Moulawella Peak führt. Unterwegs kommt man an einigen Beobachtungspunkten vorbei. Dort ist die Wahrscheinlichkeit am höchsten, Wildtiere zu Gesicht zu bekommen. Feste Schuhe sind unabdingbar, aufgrund der vielen Regenfälle gibt es hier reichlich Blutegel.

21

Bambarakanda Falls

D6 35 km westl. von Haputale nach Kalupahana, dann mit Tuk-Tuk zu den Wasserfällen

Die rund 240 Meter hohen Bambarakanda Falls im Dorf Kalupahana sind die höchsten Wasserfälle der Insel und bieten insbesondere nach starken Regenfällen ein imposantes Schauspiel. In der Trockenzeit ist jedoch bisweilen nur ein dünnes Rinnsal zu sehen.

22

Diyaluma Falls

E6 30 km südöstl. von Haputale

Die 170 Meter hohen Diyaluma Falls sind Sri Lankas zweithöchste Wasserfälle. In weiten Schleifen führt ein Weg nach oben, wo einige Naturbecken zum Baden einladen.

Die Wanderung beginnt am Fuß der Fälle. Von dort geht es zuerst einige Hundert Meter nach Osten bis zu einem Weg durch eine Kautschukplantage. An einer kleinen Kautschukfabrik führt die Strecke nach links und weiter auf einem schwer erkennbaren Pfad den Berg hinauf. Der Aufstieg dauert etwa eine Stunde. Der Weg ist mitunter schwer zu finden, fragen Sie zwischendurch die Einheimischen.

23

Ratnapura

D6 48 000 92 km südwestl. von Haputale

Ratnapura ist Sri Lankas Edelsteinzentum. In der geschäftigen Stadt kann man in Edelsteinmuseen Exponate aus dem Edelsteinabbau sowie die heimischen kostbaren Steine bewundern. Den lokalen Edelsteinhandel beobachtet man am besten im Zentrum rund um den Uhrturm. Im Umland werden Saphire, Granate, Rubine und Katzenaugen gefördert.

Umgebung: Etwa vier Kilometer westlich befindet sich der Saman geweihte **Maha Saman Devale**. Hier stand schon im 13. Jahrhundert ein Tempel, den die Portugiesen im 16. Jahrhundert zerstörten. Während der niederländischen Epoche wurde der Tempel wiederaufgebaut. Auf der rechten Seite des Eingangs zeigt eine Steinmetzarbeit, wie ein portugiesischer Eroberer einen singhalesischen Soldaten tötet.

Maha Saman Devale
Horana Road
tägl. 6–21

→ *Buddhisten am Maha Saman Devale bei Ratnapura*

Die strahlend weiße Thuparama Dagoba in Anuradhapura (siehe S. 173)

Kulturelles Dreieck

Das Kulturelle Dreieck, das fünf UNESCO-Welterbestätten beherbergt, war viele Jahrhunderte lang die reichste und mächtigste Region der Insel. In diesen nördlichen Ebenen gründeten frühe singhalesische Siedler um 500 v. Chr. die Stadt Anuradhapura, die die Insel weit über 1000 Jahre lang dominieren sollte.

Ein Großteil dieser Zeit stand im Zeichen des Buddhismus, der 246 v. Chr. als Staatsreligion angenommen wurde. Tatsächlich soll Mihintale, nicht weit von Anuradhapura entfernt, der Ort sein, an dem Mahinda den Buddhismus in Sri Lanka einführte. Die Könige von Anuradhapura sahen sich als Beschützer des Glaubens und bauten riesige Klöster und Monumente, deren Überreste noch heute zu sehen sind. Gleichzeitig legten sie ein riesiges Bewässerungssystem an und verwandelten die trockenen umliegenden Ebenen, um die wachsende Bevölkerung der Stadt, zu der auch Tausende von Mönchen gehörten, mit Nahrung zu versorgen.

Wiederkehrende Invasionen aus Südindien setzten Anuradhapura jedoch zunehmend zu, was in dem verheerenden Angriff des Chola-Monarchen Rajaraja im Jahr 993 n. Chr. gipfelte, bei dem die Stadt geplündert und zerstört wurde. In Polonnaruwa im Südosten wurde eine neue Hauptstadt errichtet, und die frühe singhalesische Zivilisation erlebte eine zweite Blüte, bis die Inder 1215 zurückkehrten. Klöster wurden aufgegeben, Bewässerungsanlagen verfielen, und der Schwerpunkt der sri-lankischen Geschichte verlagerte sich nach Süden.

Palampiddy
Ambatta Iluppaikulam
A9
Omanthai
Madhu
Padaviya
A14
Jaffna und Norden
Seiten 206–217
A30
Vavuniya
Padawiya Tank
B211
A29
Wahalkada Tank
Kebitigollewa
B283
A29
A14
Nelumwila
Horowpotana
Rathmalgahawewa
B282
Medawachchiya
A12
A9
Pemaduwa
Hamillewa
Oyamaduwa
A20
Kahatagasdigiliya
Wilpattu National Park
Anuradhapura
Mihintale
A12
3
4
NORDZENTRAL-PROVINZ
Nuwara Wewa
Anuradhapura
A13
Galkulama
A12
Nochchiyagama
B133
Maragahawewa
Hurulu Eco Park
12
Talawa
Nachchaduwa Wewa
B563
A28
Saliyawewa
Yoda Ela
B213
A9
Ritigala Strict Natural Reserve
Tambuttegama
Gal Oya
Eppawala
A12
Ritigala
16
Westküste
Seiten 86–101
B213
A11
Meegalewa
Aukana
Habarana
10
A11
15
Galgamuwa
Sasseruwa
17
Kala Wewa
1
Sigiriya
Jathika Namal Uyana
8
B19
A6
B326
Dambulla
6
Popham Arboretum
7
Anamaduwa
Saliyagama
5
Madagalla
Maho
Daladagama
13 Yapahuwa
Höhlentempel von Dambulla
A10
Bakamuna
NORDWEST-PROVINZ
Nikaweratiya
A28
Elahera
Aluthgama
Kumbukgete
Hiripitiya
22 Nalanda Gedige
Padeniya
Arankele 19
A9
ZENTRAL-PROVINZ
14
Wariyapola
A6
B423
Panduwas Nuwara
Ridigama
B409
A10
Palapatwela
Pallegam
Ridi Vihara
20
Aluvihare
21
Kurunegala
Matale
18
Mawatagama
Kandy und Hill Country
Seiten 132–157
A10
0 Kilometer 20
N

Kulturelles Dreieck

Highlights

1. Sigiriya
2. Polonnaruwa
3. Anuradhapura
4. Mihintale
5. Höhlentempel von Dambulla

Sehenswürdigkeiten

6. Dambulla
7. Popham Arboretum
8. Jathika Namal Uyana
9. Minneriya National Park
10. Habarana
11. Kaudulla National Park
12. Hurulu Eco Park
13. Yapahuwa
14. Panduwas Nuwara
15. Aukana
16. Ritigala
17. Sasseruwa
18. Matale
19. Arankele
20. Ridi Vihara
21. Aluvihare
22. Nalanda Gedige

1

Sigiriya

D4 · 28 km nordöstl. von Dambulla
tägl. 6:30–18 (letzter Einlass: 17)

Die alte Zitadelle von Sigiriya wurde 1982 zum UNESCO-Weltkulturerbe erklärt und liegt auf einem Gneisfelsen, der sich 200 Meter über die umliegende Landschaft erhebt. Steigen Sie die Treppen hinauf und entdecken Sie Legenden, Fresken *(siehe S. 164f)* und eine atemberaubende Aussicht.

Zur Geschichte der Anlage gibt es mehrere Theorien. Nach der buddhistischen Chronik *Mahavamsa* tötete Kassapa im Jahr 477 seinen Vater, König Dhatusena, um seinerseits den Thron zu besteigen. Aus Furcht vor Vergeltung durch seinen Halbbruder Mogallana ließ Kassapa bis 485 auf dem Felsplateau eine uneinnehmbare Festung errichten. Man nimmt an, dass die Stätte seit Jahrtausenden bewohnt war, aber vieles von dem, was heute hier zu sehen ist, wird auf die Zeit von König Kassapa datiert. Anfang des 20. Jahrhunderts entdeckten britische Archäologen die Ruinen und begannen mit Ausgrabungen, die noch immer andauern.

König Kassapa

König Dhatusena wählte zunächst Mogallana, den Bruder von Kassapa, zu seinem Nachfolger. Erzürnt rebellierte Kassapa, trieb Mogallana ins Exil und richtete seinen Vater hin (der Legende nach mauerte er ihn in einer Ziegelkammer ein). Als König baute Kassapa Sigiriya, seine »Festung im Himmel«, aber als Mogallana mit einer Armee in das Gebiet zurückkehrte, entschied sich Kassapa, seine uneinnehmbare Zitadelle zu verlassen und ihn in den Ebenen darunter anzugreifen, wo er prompt getötet wurde.

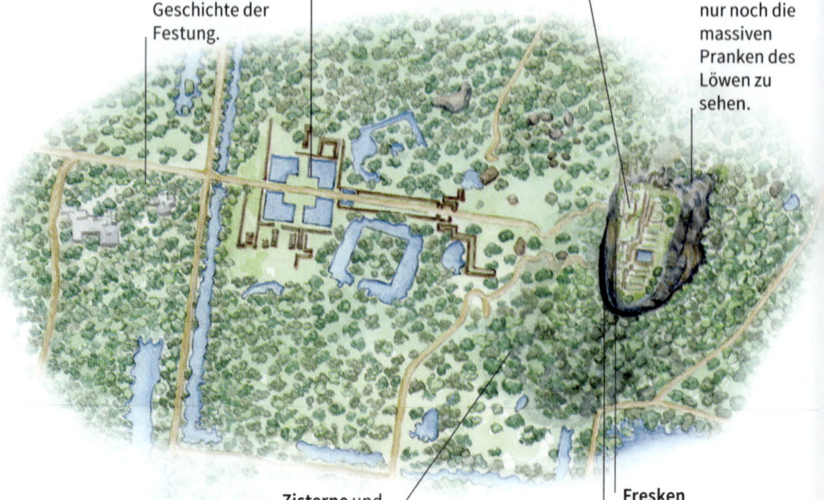

Der Fels und die majestätischen Gärten von Sigiriya ↑

Highlight

Schon gewusst?

An den Felsen sind Bienenstöcke, deren Schwärme ungebetene Besucher angriffen.

Ein orange gekleideter Mönch auf dem Weg zum Sigiriya-Felsen ↑

Fresken in Sigiriya

Für viele sind die Fresken der Hauptgrund für einen Besuch der Felsenfestung Sigiriya. Von den ursprünglich etwa 500 Fresken sind noch 21 erhalten, die jedoch aufgrund des Schutzes, den der Steinsockel bietet, gut erhalten sind. Früher nahm man an, dass in den aus dem 5. Jahrhundert stammenden Wandbildern Konkubinen von König Kassapa dargestellt sind. Heute geht man davon aus, dass es sich bei den Motiven um Porträts von *apsaras* (an Nymphen erinnernde »Wolkenmädchen«) handelt. Laut einer Theorie von Dr. Raja de Silva soll es sich um Darstellungen der Mahayana-Göttin Tara handeln. Wie auch immer – die Fresken gehören zu den schönsten Bildern der Insel.

Stil und Technik

Die naturalistischen Darstellungen bestechen durch Detailreichtum. Die zumeist barbusigen Frauen tragen Schmuck und zeigen anmutige Gesten. Bei Führungen wird man auf bemerkenswerte Einzelheiten hingewiesen, z. B. eine Frau mit drei Händen sowie eine mit drei Brustwarzen.

Die zentralen Farben, die man für die Fresken einsetzte, waren Rot, Gelb und Braun. Die Grüntöne kamen wohl später dazu. Die Pigmente entstammen in der Natur vorkommenden Materialien, die getrocknet und anschließend zerdrückt wurden. Danach wurde die Farbe auf den feuchten Kalkputz aufgetragen. Beim Trocknen wurden die Pigmente dauerhaft in den Putz eingebunden.

↑ *Der hoch aufragende Umriss von Sigiriya, Heimat der Fresken*

Die lebendigen Fresken an der Wand einer der Höhlen von Sigiriya ↑

↑ *Die klapprige Wendeltreppe führt hinauf zu den Fresken*

Schäden und Restaurierung

Einige Fresken wurden 1967 von Menschenhand beschädigt. Unter der Leitung des italienischen Restaurators Luciano Maranzi konnte der Originalzustand weitestgehend wiederhergestellt werden. In den letzten Jahren beschäftigten sich Fachleute auch mit der Frage, wie der fortschreitenden Verblassung der Fresken (u. a. auch durch Sonneneinstrahlung) Einhalt geboten werden kann.

Apsaras und Dienerinnen

Apsaras sind in der hinduistischen und buddhistischen Mythologie Geister des Himmels und der Gewässer. Die halb als Frau und halb als Göttin dargestellten Figuren findet man auf Höhlen- und Tempeldecken gemalt sowie als Steinmetzarbeiten bei Säulen – oft tanzend, als Begleitung einer Gottheit oder über Buddha schwebend. Die »Wolkenmädchen« in Sigiriya werden als *apsaras* angesehen, die Teller voller Blumen oder Früchte tragenden Figuren als ihre Begleiterinnen *(unten)*.

2

Polonnaruwa

E4 57 km östl. von Sigiriya +94 27 222 4850
tägl. 7:30–18 (letzter Einlass: 17)

Die Ruinen von Polonnaruwa werden oft als das Highlight des Kulturellen Dreiecks angesehen. Die Stadt war Herzstück des singhalesischen Königreichs, das von König Vijayabahu I. gegründet wurde. 1293 verlassen und schnell vom Dschungel verschlungen, wurde Polonnaruwa im 20. Jahrhundert ausgegraben und 1982 zum UNESCO-Weltkulturerbe erklärt.

①

Gal Vihara

Das »Felsenkloster« Gal Vihara, eines der Highlights von Polonnaruwa, beherbergt vier große Buddha-Statuen, die akribisch aus einem einzigen Granitfelsen gehauen wurden. Die aus dem 12. Jahrhundert stammenden Schnitzereien waren ursprünglich in Schreinen untergebracht, stehen jetzt aber unter freiem Himmel, nur durch ein Wellblechdach vor den Elementen geschützt.

Hauptattraktion ist die 14 Meter lange liegende Figur, die Buddha im Moment seines Eintritts ins Nirwana darstellt. Die ruhigen Züge der Figur, gesprenkelt mit Schlieren aus schwarzem Sediment, ruhen auf einem kunstvollen Kissen. Daneben erhebt sich ein sieben Meter hoher stehender Buddha, der in der ungewöhnlichen Mudra *paradukkha dukkhitha* (»Kummer um den Kummer anderer«) posiert mit über der Brust gekreuzten Armen. Man nimmt an, dass

←

Meditative Buddha-Statuen im Gal Vihara

↑ *Luftbild der Ruinen der antiken Stadt Polonnaruwa*

die Statue einen trauernden Ananda darstellt, den engsten Schüler des Buddha, aber sie könnte auch den Buddha selbst repräsentieren. Zwei große sitzende Buddhas vervollständigen die Gruppe.

②
Rankoth Vihara

Über dem Norden der alten Stadt thront der gigantische Rankoth Vihara (»Goldgefiederter Schrein«). Mit einer Höhe von 50 Metern ist er der viertgrößte Stupa in Sri Lanka. Die *dagoba* wurde der Ruwanwelisaya Dagoba in Anuradhapura nachempfunden, aber spätere Renovierungen haben die Umrisse abgeflacht und die ursprüngliche Höhe reduziert. Der Putz, der den Bau früher bedeckte, ist ebenfalls verschwunden und legt die große Halbkugel aus Ziegeln im Inneren frei.

Rankoth Vihara wurde unter König Nissankamalla (reg. 1187–96) von tamilischen Kriegsgefangenen erbaut. Eine Inschrift auf der linken Seite des Eingangswegs zeugt von ihrem Kampf.

③
Tivanka Patamaghara

Der beeindruckende Tivanka Patamaghara am nördlichen Rand der Ruinen ist einer der auffälligsten Schreine. Der indische Einfluss ist unverkennbar im reich mit Schnitzereien verzierten Äußeren. Achten Sie auf die Darstellungen der *vimanas* (himmlische Wohnstätten) der Götter sowie auf verschiedene Zwerge und Löwen. Im Inneren steht ein kopfloser Buddha in der Haltung *tivanka*, »dreifach gebogen« an Schulter, Taille und Knie, nach der der Tempel benannt ist. Die Wände sind mit schönen Malereien bedeckt, obwohl das schummrige Licht und die verblassten Farben es schwierig machen, sie zu erkennen.

④
Demala Maha Seya

An einem kleinen Seitenweg am nördlichen Ende des Geländes befindet sich der Demala Maha Seya, die Überreste eines ehrgeizigen Versuchs, den größten Stupa der Welt zu errichten. Angefangen von König Parakramabahu, wurde das Bauwerk von tamilischen Kriegsgefangenen errichtet – daher der Name, der »Großer tamilischer Stupa« bedeutet.

Die Bauarbeiten wurden nie beendet, was angesichts der Größe nicht verwundert, allein der Umfang der Basis misst 613 Meter. Später vom Dschungel überwuchert, wird der Stupa langsam ausgegraben.

Erkundung der Überreste eines Backsteinbaus des königlichen Palasts

⑤
Königlicher Palast

Im Zentrum der alten Stadt befinden sich die Überreste des auch unter dem Namen Vejayanta Prasada bekannten Königlichen Palasts des Herrschers Parakramabahu sowie einige weitere Bauwerke. Einst umgaben Befestigungsbauten das Ensemble. Der Palast hatte angeblich rund 1000 Räume, die sich auf sieben Stockwerke verteilten. Vom einstigen Prachtbau sind jedoch nur noch drei Stockwerke erhalten. Das Dach der Großen Halle wurde von 30 Säulen sowie einer Balkenkonstruktion getragen. Löcher in den Wänden markieren den früheren Verlauf der Balken.

Um den Palast gruppieren sich Ratszimmer und Audienzhalle, in denen der König seine Berater und Gäste empfing. Von diesen Bauten sind Grundmauern erhalten. Sie zieren Friese, auf denen Zwerge, Löwen und Elefanten dargestellt sind. Am Fuß der Treppe sind ein Mondstein und zwei Löwenfiguren erhalten.

An das Ratszimmer schließt östlich das geometrisch geformte Königliche Bad an. Früher wurde es vermutlich von einem Garten umrahmt. In der Nähe befinden sich die Ruinen eines Badehauses. Auch dieser Bau ist mit den üblichen Löwen und Mondsteinen verziert.

Expertentipp
Mit dem Rad

Dank des flachen Geländes, des geringen Verkehrs und der kurzen Entfernungen ist die angenehmste Art, Polonnaruwa zu erkunden, auf zwei Rädern. Mieten Sie ein Rad in einem der Gästehäuser.

⑥
Shiva Devale Nr. 1

Der Shiva geweihte Schrein nördlich des Königlichen Palasts wurde im 13. Jahrhundert während der indischen Besetzung Polonnaruwas errichtet. Die Steine wurden nicht durch Mörtel miteinander verbunden, sondern passgenau zusammengefügt. Im Inneren befindet sich ein *lingam* (Symbol für den Hindu-Gott Shiva). Einige der Bronzestatuen, die hier gefunden wurden, sind im Colombo National Museum *(siehe S. 66f)* ausgestellt.

⑦
Lankatilaka Vihara

Als eines der höchsten Gebäude, die aus dem alten Sri Lanka erhalten sind, wurde dieses Bilderhaus von Parakramabahu I. erbaut. Die hoch aufragenden Wände des Schreins umschließen eine riesige, wenn auch kopflose stehende Buddha-Statue. Sehen Sie sich auch das Flachrelief an den Außenwänden an, das aufwendige mehrstöckige *vimanas* (Paläste) zeigt.

⑧
Buddha Seema Pasada

Dieses Gebäude neben Lankatilaka Vihara beherbergte den großen Versammlungsraum eines Klosterkomplexes. Man geht aufgrund der dicken Wände heute davon aus, dass es sich dabei seinerzeit um ein zwölfstöckiges Haus handelte. Die oberen Etagen waren wohl aus

→ *Der weiße Kiri Vihara ist von Backsteinen umgeben*

Kiri ist das singhalesische Wort für Milch, deshalb wurde die _dagoba_ nach der weißen Farbe ihres Verputzes benannt. Bei ihrer Entdeckung war sie noch in sehr gutem Zustand.

Holz gebaut, das schnell verrottete.

Mönchszellen umgeben die Säulenhalle. In deren Zentrum befinden sich die Überreste einer erhöhten Plattform, die für den höchsten Geistlichen des Klosters reserviert war. Zwischen der Halle und dem Innenhof lagen vier Zugänge, die jeweils mit einem Mondstein versehen waren.

⑨

Kiri Vihara

Im Norden des Bilderhauses Lankatilaka steht die *dagoba* Kiri Vihara, die in ihrer Gestalt an Rankoth Vihara *(siehe S. 167)* erinnert. Das Bauwerk war vermutlich König Parakramabahus Frau Subhadra gewidmet. *Kiri* ist das singhalesische Wort für Milch, deshalb wurde die *dagoba* nach der weißen Farbe ihres Verputzes benannt. Bei der Entdeckung der Anlage nach 700 Jahren soll sich Kiri Vihara in sehr gutem Zustand befunden haben.

Die Basis des Kiri Vihara ist von Schreinen umgeben, die direkt aus dem Roman *Das Dschungelbuch* (1894) von Rudyard Kipling zu stammen scheinen.

⑩

Polonnaruwa Museum

tägl. 7:30–17:30

Das Museum stellt Artefakte aus, die hier gefunden wurden, darunter wunderschöne Bronzestatuen. Suchen Sie nach der Figur des Gottes Shiva, der einen kosmischen Tanz auf dem Kopf eines Zwergs vollführt. Dieser Zwerg symbolisiert Unwissenheit und unsinnige Sprache. Diese Statuen von Hindu-Gottheiten zeigen den Einfluss des südindischen Glaubens auf die Kultur der alten Stadt. Neben diesen aufschlussreichen religiösen Objekten finden Sie maßstabsgetreue Modelle, die zeigen, wie die Gebäude der Stadt in ihrer Blütezeit ausgesehen haben könnten. Diese Rekonstruktionen machen das Museum zu einem guten Startpunkt für Ihren Besuch in Polonnaruwa. Sie werden sehen, wie die Gebäude im Original aussahen, bevor Sie sich aufmachen, die moderne Realität zu erkunden. Es ist erstaunlich, dass so viel von der ursprünglichen Stadt erhalten geblieben ist.

Schon gewusst?

Viele der buddhistischen Könige von Polonnaruwa heirateten Hindu-Frauen aus Südindien.

⑪

Lustgarten

Direkt hinter dem Polonnaruwa Museum erreicht man die Ruinen des Königspalasts von Nissankamalla. Der Komplex wurde auf dem Gelände des Lustgartens von Parakramabahu angelegt und umfasst Überreste mehrerer Bauwerke. Am interessantesten ist das Ratszimmer, von dem Fundamente und vier Säulenreihen erhalten sind. Am südlichen Ende des Ensembles steht ein Granitlöwe an der Stelle, wo sich wahrscheinlich Nissankamallas Thron befand. Die dem Löwen nächstgelegenen Säulen tragen Inschriften mit den Namen von Würdenträgern, darunter Mitglieder der Ratsversammlung, die bei Sitzungen mit dem König anwesend waren.

Südlich des Ratszimmers steht ein Mausoleum, in dem möglicherweise Nissankamalla bestattet wurde. Die Ruinen des Königlichen Bades, das durch unterirdische Rohrleitungen mit Wasser aus dem Parakrama Samudra versorgt wurde, sind in der Nähe. Ebenfalls nahe dem Ratszimmer findet man einen Hügel mit den Resten von König Parakramabahus Sommerresidenz.

⑫

Heiliges Viereck

Nördlich von Shiva Devale Nr. 1 *(siehe S. 168)* erstreckt sich das Heilige Viereck (Quadrangle). Die rechteckige, etwas erhöht errichtete Anlage umfasst u. a. den Rundbau Vatadage, eines der bekanntesten Bauwerke Sri Lankas. Dieses Reliquienhaus wurde während der Regierungszeit von Parakramabahu mit einer *dagoba* im Zentrum auf einer erhöhten Terrasse errichtet und mit einer Mauer umgeben.

Gegenüber steht der unter Nissankamalla errichtete Tempel Hatadage. Ein schöner Mondstein schmückt den Eingang des früher zwei Stockwerke hohen Bauwerks, im Inneren sind drei Buddha-Statuen erhalten. Auf Vijayabahu I. geht der benachbarte Atadage zurück,

Fotomotiv
Polonnaruwa

Kommen Sie früh oder bleiben Sie bis spät, wenn die langen Schatten die skulpturalen Details der Anlage besonders gut zur Geltung bringen. Besonders auffällig ist das Heilige Viereck.

↓ *Das Ratszimmer im Lustgarten und ein Granitlöwe* (Detail)

der die Zahnreliquie barg, als Polonnaruwa zur Hauptstadt des Königreichs gemacht wurde. Vom ursprünglichen Gebäude sind nur ein paar Säulenreste erhalten.

Bemerkenswert ist auch Gal Pota, eine über acht Meter lange und rund 25 Tonnen schwere Granitplatte. Inschriften darauf beschreiben das Wirken von König Nissankamalla. Direkt daneben ähnelt Satmahal Prasada einem kambodschanischen Stufentempel.

Nahe dem Tor westlich des Vatadage befindet sich Nissankalata, auch unter dem Namen Lotus Mandapa bekannt. Die Anlage umfasst eine auf einer Plattform stehende *dagoba*. Sie wird von steinernen Säulen in Form von Lotusknospen umgeben. Man nimmt an, das Nissankamalla hier der Rezitation religiöser Texte zuhörte.

Im südwestlichen Teil des Heiligen Vierecks steht der Thuparama-Tempel, der acht Buddha-Statuen beherbergt, einige von ihnen stammen aus Anuradhapura. Durch Löcher in den Wänden dringt Sonnenlicht nach innen, das einzelne Kristalle der Statuen glitzern lässt.

↑ *Leuchtend gekleidete Mönche vor dem Vatadage, einem alten Reliquienhaus*

⑬

Südliche Ruinen

Die etwas abseits gelegenen südlichen Ruinen erreicht man zu Fuß oder mit dem Fahrrad, der Weg führt am Ufer des Parakrama Samudra entlang. Hier befindet sich Potgul Vihara. Diese Klosteranlage umfasst neben anderen Bauten auch vier *dagobas*, die sich um die Ruinen eines Rundbaus gruppieren. In dem mit mächtigen Mauern versehenen Gebäude war vermutlich eine Bibliothek mit religiösen Schriften untergebracht. Vielleicht wurde sie für Parakramabahu errichtet, der hier den Rezitationen des Weisen Pulasti lauschte.

Nördlich des Potgul steht eine vier Meter große, aus dem Fels gemeißelte Statue eines bärtigen Mannes. Im Vergleich zu anderen Skulpturen in Polonnaruwa ist sie weniger stilisiert. Möglicherweise handelt es sich um eine Darstellung von König Parakramabahu I. Andere glauben, dass es eine Darstellung eines Weisen ist, möglicherweise Kapila oder Pulasti.

Schon gewusst?

Parakrama Samudra bedeutet »Meer von Parakrama«.

3

Anuradhapura

D3 · 70 km nordöstl. von Yapahuwa · +94 25 222 7640
tägl. 7:30–18 (letzter Einlass: 17)

Das im 5. Jahrhundert v. Chr. gegründete Anuradhapura war eines der größten politischen und religiösen Machtzentren Sri Lankas, bis es im 10. Jahrhundert an die Chola fiel. Die antike Stadt beherbergt Tempel, riesige *dagobas*, Pools und verfallene Paläste, die alle auf die Pracht des Orts auf dem Höhepunkt seiner Macht im 9. Jahrhundert verweisen.

①
Ruwanwelisaya Dagoba

Im Zentrum von Anuradhapura steht die majestätische Ruwanwelisaya Dagoba, die auch als Maha Thupa bekannt ist. Mit einer Höhe von 55 Metern ist sie eines der markantesten Wahrzeichen der alten Stadt und dient als nützliche Navigationshilfe bei der Erkundung. Ruwanwelisaya ist der älteste und am meisten verehrte Stupa der Stadt. Er wurde von dem singhalesischen König Dutugemunu nach seinem Sieg über den tamilischen General Elara um 161 v. Chr. errichtet. Eine verwitterte Statue in einer Glasvitrine soll Dutugemunu darstellen.

Der Legende nach soll die *dagoba* ursprünglich in Form einer Blase gebaut worden sein, spätere Restaurierungen haben ihr Aussehen verändert. Sie steht jedoch immer noch auf einer erhöhten Plattform, die von einer Wand gestützt wird, die aus einem Fries von Elefanten besteht. Vier kleinere Stupas markieren die Ecken der Plattform, an ihrer Basis sind Schreine *(valkahadas)* angebracht.

Expertentipp
Mit dem Tuk-Tuk
Radfahren ist eine gute Möglichkeit, Anuradhapura zu erkunden, aber einige nehmen lieber ein Tuk-Tuk, angesichts der Entfernungen und der Tatsache, wie leicht man sich verfahren kann.

②
Kloster Jetavana

Östlich des Ruwanwelisaya erstreckt sich das zweite der drei großen Klöster des alten Anuradhapura: Jetavana. Im Zentrum steht die Jetavanaramaya Dagoba, deren gigantischer Umriss aus roten Ziegeln von der ganzen Stadt aus sichtbar ist. Der Stupa

Schon gewusst?

Königin Anula (reg. 47 – 42 v. Chr.) gilt als erstes weibliches Staatsoberhaupt Asiens.

erreichte ursprünglich eine Höhe von 120 Metern und war damit das vierthöchste Bauwerk der antiken Welt nach den beiden großen Pyramiden von Gizeh und dem Leuchtturm von Alexandria. Die Zeit und spätere Renovierungen haben seine Größe erheblich reduziert, obwohl die *dagoba* immer noch eine Höhe von 70 Metern erreicht. Es ist wohl das größte Bauwerk der Welt, das komplett aus Ziegeln gebaut wurde – 90 Millionen wurden für den Bau verwendet.

Überall in der Parklandschaft rund um den Stupa liegen die Fundamente der ehemaligen Klostergebäude, die einst rund 3000 Mönche beherbergten. Viele Funde sind im Jetavana Museum ausgestellt, darunter Schnitzereien, einige Schmuckstücke und ein interessanter Urinaltopf – der ultimative

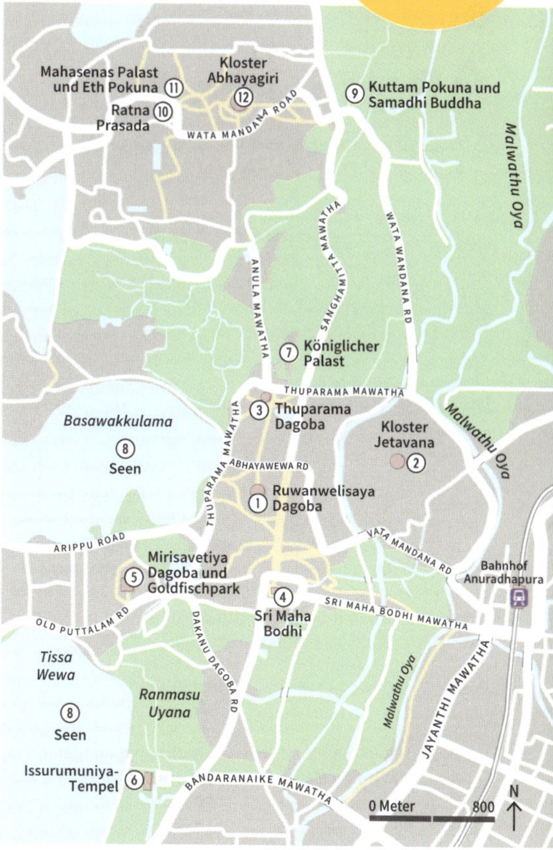

Badezimmer-Luxus aus dem fünften Jahrhundert.

Unmittelbar nördlich des Museums sollten Sie auf das Badebecken und das sogenannte »buddhistische Geländer« achten, eine ungewöhnliche Art von Steinzaun.

③ Thuparama Dagoba

Nördlich des Ruawanwelisaya liegt der bescheidene Thuparama, einer der kleinsten, aber am meisten verehrten Stupas Sri Lankas. Man nimmt an, dass der Tempel ursprünglich von König Devanampiya Tissa nach seiner Bekehrung zum Buddhismus im Jahr 247 v. Chr. erbaut wurde, was ihn zum ältesten Stupa Sri Lankas macht, aber das meiste, was Sie heute sehen, ist das Ergebnis einer Rekonstruktion von 1862. Die schiefen Säulen, die die *dagoba* umgeben, hätten ursprünglich ein schräges Dach gestützt und sind das Werk von König Aggabodhi II. (reg. 598 – 608).

Zwischen der Thuparama und der Ruwanwelisaya Dagoba erstrecken sich die Überreste des Mahavihara, des ältesten der drei großen Klöster. Einen Blick wert ist der prächtige Mondstein, etwa 100 Meter südlich von Thuparama.

←
Jetavanaramaya Dagoba und ein Fresko an der Decke des Stupa (Detail)

④
Sri Maha Bodhi

Südlich der Ruwanwelisaya Dagoba befindet sich der Sri Maha Bodhi oder »Heilige Bodhi-Baum«, der mit Fug und Recht den Anspruch erhebt, der heiligste Baum der Welt zu sein. Der Baum soll aus einem Ableger des Bodhi-Baums in Bodhgaya, Nordindien, gewachsen sein, unter dem Buddha um 450 v. Chr. die Erleuchtung erlangte. Es wird angenommen, dass ihn Prinzessin Sangamitta, die Schwester von Mahinda, dem Mönch, der den Buddhismus in Sri Lanka einführte, nach Sri Lanka brachte.

Der indische Baum starb nicht lange nach diesem Ereignis ab, aber sein sri-lankischer Nachfahre ist heute immer noch stark, wenn auch teils auf Eisenkrücken gestützt. Der mit Gebetsfahnen geschmückte Baum ist von einer Reihe von Plattformen mit goldenen Geländern umgeben und zieht viele Pilger an. In traditionelle weiße Gewänder gekleidet, sitzen sie still um Sri Maha Bodhi herum und beten und meditieren, während an den *Poya*-Tagen, besonders während des Poson Poya im Juni, große Menschenmengen herbeiströmen.

Entdeckertipp
Alte Schriftzeichen

Südlich des Issurumuniya-Tempels befinden sich die Überreste des Vessagiriya-Klosters. Sehen Sie sich die in die Felsen geritzten alten Schriftzeichen an. Sie sind einige der ältesten Inschriften in Sri Lanka.

⑤
Mirisavetiya Dagoba und Goldfischpark

Der weiße Mirisavetiya-Stupa westlich des Sri Maha Bodhi war das erste Bauwerk, das König Dutugemunu hier errichtete. Er soll ihn dort erbaut haben, wo sein Speer im Boden steckte. Er sieht eher wie ein Probelauf für den späteren und größeren Ruwanwelisaya aus, mit dem er viele Ähnlichkeiten hat. Die Reste vieler Klostergebäude liegen verstreut um die *dagoba* herum.

Weiter südlich sind die Überreste der ehemaligen königlichen Lustgärten, die nach den Fischen, die hier einst in den Becken gehalten wurden, als Goldfischpark bekannt sind. Die Bäder sind mit Elefantenfriesen verziert.

↑ *Buddhistische Pilger am Eingang zum Sri Maha Bodhi*

Der farbenfrohe liegende Buddha im Issurumuniya-Tempel ↑

⑥
Issurumuniya-Tempel

Eingezwängt zwischen zwei Felsen am Ufer des Tissa Wewa bietet der kleine Issurumuniya-Tempel eine Abwechslung zu den grandiosen Monumenten weiter nördlich. Der Tempel stammt aus der Regierungszeit von Sri Lankas erstem buddhistischem Monarchen, König Devanampiya Tissa, und ist vor allem für seinen liegenden Buddha und die Schnitzereien bekannt. Letztere sind in einem kleinen Museum auf dem Gelände untergebracht. Zu den Höhepunkten der Sammlung gehört das nebeneinandersitzende Liebespaar. Das Steinrelief stellt höchstwahrscheinlich einen *bodhisattva* und seine Gefährtin dar, aber eine Legende behauptet, dass es sich bei dem Paar um Prinz Saliya, den Sohn von König Dutugemunu, und seine Frau Asokamala handelt. Um eine Frau aus einer niedrigen Kaste zu heiraten, musste Saliya auf den Thron verzichten.

Highlight

Außerhalb des Museums führen Stufen zu einer Aussichtsplattform, von der aus man den See und die Stupas überblicken kann. Suchen Sie den Sockel des riesigen Sandahiru Seya, der sich gerade im Bau befindet. Er ist die erste *dagoba*, die seit über 2000 Jahren in Anuradhapura gebaut wurde. Sie wurde im Jahr 2010 von Präsident Mahinda Rajapaksa in Auftrag gegeben, um der Soldaten zu gedenken, die im Kampf gegen die LTTE im Bürgerkrieg getötet wurden.

⑦

Königlicher Palast

Nördlich des Jetavana-Klosters befand sich einst der Königliche Palast. Es ist schwer, sich die frühere Opulenz vorzustellen, wenn man das jetzige Durcheinander von Ruinen überblickt. Der Palast wurde 1070 von Vijayabahu I. nach seinem Sieg über die Chola in Auftrag gegeben. Nur die Terrasse ist erhalten geblieben, deren Stufen von zwei schönen Wächtersteinen flankiert werden. Das geschnitzte Paar dicker Zwerge stellt den buddhistischen Dämon Bahirawa dar. Von den Fresken sind nur noch ein paar Farbflecken an der Terrasse erhalten geblieben.

Gegenüber dem Palast befinden sich die Überreste des Mahapali-Refektoriums. Sehen Sie sich den steinernen Trog an, der von den Bewohnern täglich mit Reis gefüllt wurde, damit jeder Mönch davon essen konnte.

← *Schnitzerei des Dämons Bahirawa auf dem Wachstein des Königspalasts*

Hotels

Palm Garden Village Hotel
Ländlicher Rückzugsort mit niedrigen Bungalows und einem riesigen Pool.

Puttalam Road **palmgardenvillage.com**

$$$

The Sanctuary at Tissawewa
Anuradhapuras stimmungsvollste Unterkünfte befinden sich in einem kolonialen Herrenhaus, in dem einst der örtliche britische Gouverneur wohnte.

Old Puttalam Road **tissawewa.com**

$$

Milano Tourist Rest
Eine großartige Möglichkeit, Geld zu sparen, ist das Milano Tourist Rest mit einem der besten Restaurants der Stadt.

Harischandra Mawatha **milanotouristrest.com**

$

↑ *Das Becken Kuttam Pokuna und der nahe gelegene Samadhi Buddha* (Detail)

⑧
Seen

Anuradhapura steht im Zentrum eines der größten Bewässerungssysteme der antiken Welt mit Hunderten von Reservoirs (oder »Tanks«). Einige dieser Tanks sind viele Kilometer breit und durch ein kompliziertes Kanalsystem miteinander verbunden. Diese Reservoirs trugen dazu bei, Sri Lankas trockene nördliche Ebenen in eine riesige Reisschüssel zu verwandeln, die den Bau von Anuradhapura finanzierte und Nahrung für die Mönche lieferte, die in den Klöstern der Stadt lebten.

Anuradhapura selbst liegt eingebettet zwischen drei großen Tanks: dem Basawakkulama, Tissa Wewa und Nuwara Wewa. Der größte ist Nuwara Wewa im Osten mit einer Fläche von 120 Quadratkilometern. Er wurde um 20 v. Chr. angelegt und später erweitert. Im Süden liegt der 160 Hektar große Tissa Wewa, der von König Devanampiya Tissa beauftragt wurde, und im Norden befindet sich der älteste Tank der Stadt, der 120 Hektar große Basawakkulama, der aus dem 4. Jahrhundert v. Chr. stammen soll. Diese Tanks versorgen die Stadt immer noch mit Wasser, kühlenden Brisen und unvergesslichen Aussichten. Vom Basawakkulama blickt man auf die *dagobas* Ruwanwelisaya und Mirisavetiya.

Die Tanks spielen im heutigen Leben eine ebenso wichtige Rolle wie einst, da sie den örtlichen Wäschereidamen und Hausfrauen wichtige Waschmöglichkeiten bieten. An vielen Stellen rund um die Tanks kann man sie dabei beobachten, wie sie schmutzige Wäsche in die Mangel nehmen.

⑨
Kuttam Pokuna und Samadhi Buddha

Östlich der Abhayagiri Dagoba liegen die eleganten Kuttam-Pokuna-Teiche. Obwohl sie als »Zwillingsteiche« bekannt sind, unterscheiden sie sich größenmäßig deutlich. Während der nördliche Teich 40 Meter lang ist, misst der südliche nur 28 Meter. Sie wurden im 8. Jahrhundert erbaut und wahrscheinlich von den Mönchen für rituelle Waschungen genutzt. Die Tanks hatten ein ausgeklügeltes hydraulisches System, bei dem das Wasser vom Boden in den kleineren Tank gepumpt wurde, bevor es in den zweiten, größeren Tank geleitet wurde.

Südöstlich der Becken befindet sich der Samadhi Buddha. Die Skulptur des meditierenden Buddha stammt aus dem 4. Jahrhundert n. Chr. und ist ein gutes Beispiel für die frühe Bildhauerei. Einst saßen drei weitere Statuen daneben, aber alle sind verschwunden bis auf ein Paar Beine.

Highlight

⑩
Ratna Prasada

Das Kloster am Stadtrand stammt aus dem 8. Jahrhundert. Die Mönche, die hier lebten, waren dafür bekannt, dass sie Menschen in Not Zuflucht gewährten. Sehen Sie sich den außergewöhnlichen Schutzstein neben dem Eingang an. Sein verschlungenes skulpturales Design zeigt einen Nagaraja (Schlangengott), der auf einem Zwerg steht. Der Gott wird von einer Kobra mit sieben Köpfen beschützt, die sowohl Tieren als auch Menschen ähneln.

⑪
Mahasenas Palast und Eth Pokuna

Ein weiteres exquisites, wenn auch etwas weniger surreales Stück Schnitzerei findet man im nahe gelegenen Palast Mahasenas (eher ein Schrein als ein Palast). Der Mondstein hier ist vielleicht der schönste in Anuradhapura. Er stammt etwa aus dem 8. Jahrhundert und zeigt fünf Kreise, die die Reise zum Nirwana darstellen.

Südlich des Palasts ist es nur ein kurzer Spaziergang durch ein Waldgebiet zum riesigen Eth Pokuna (»Elefantenpool«). Der größte Pool in der alten Stadt könnte auch als eine der größten Badewannen der Welt betrachtet werden, die gebaut wurde, um den 5000 Mönchen des Abhayagiri-Klosters Waschmöglichkeiten zu bieten.

⑫
Kloster Abhayagiri

Nördlich des Palastgeländes befinden sich die Überreste des Klosters Abhayagiri. Die Ruinen liegen in großen Bahnen im Wald verstreut. Auf den verschlungenen Waldpfaden kann man sich leicht verirren. Wie das Kloster Jetavana hat auch Abhayagiri ein eigenes Museum, das eine beeindruckende Sammlung von Artefakten beherbergt, die bei Ausgrabungen gefunden wurden, darunter auch schöne Skulpturen.

Der dritte der großen Stupas von Anuradhapura, die Abhayagiri Dagoba, markiert den Standort des alten Klosters. Erbaut 88 v. Chr. von Vattagamini Abhaya, war die *dagoba* einst 115 Meter hoch. Als sie jedoch ihre Spitze verlor, wurde sie auf 70 Meter reduziert. Das Kloster ist bekannt für seine ungewöhnlichen Urnen, die Überfluss und Fülle symbolisieren. Der Eingang wird von Statuen der zwergischen Gottheiten Padmanidhi und Samkanidhi flankiert.

Schon gewusst?

Im Abhayagiri-Kloster wurden Elemente des tantrischen Buddhismus gelehrt.

→ *Die Stufen führen zum Kloster Abhayagiri*

4

Mihintale

D3 · 15 km östl. von Anuradhapura
von Anuradhapura · tägl. 6–18

Auf dem heiligen Hügel Mihintale bekehrte Mahinda, Sohn des indischen Königs Asoka, im 3. Jahrhundert v. Chr. König Devanampiya Tissa zum Buddhismus. Die Erkundung der Stätte ist mit langen Anstiegen verbunden, daher ist es eine gute Idee, sie vormittags oder spätnachmittags zu besuchen.

①

Ruinen des Hospitals

Vom Parkplatz ist es nicht weit zu den Überresten des Hospitals, das im 9. Jahrhundert unter König Sena II. errichtet wurde. Beim Betreten kommt man an Steintrögen vorbei, die vermutlich für medizinische Anwendungen genutzt wurden. Man nimmt an, dass sich Patienten in den mit heilenden Ölen gefüllten Trögen entspannten.

②

Treppe

Die im Schatten von Frangipani-Bäumen zum höchsten Punkt der Stätte verlaufende Treppe hat 1840 in den Felsen geschlagene Stufen. Der erste Abschnitt ist breit und relativ flach, nach oben wird es enger und steiler.

③

Kantaka Chetiya

Am ersten kleinen Treppenabsatz kommt man rechts zu den Ruinen von Kantaka Chetiya, der ältesten *dagoba* in Mihintale. Das einst 30 Meter hohe Bauwerk misst heute nur noch zwölf Meter. Sehen Sie sich die Skulpturen von Gänsen, Zwergen und Elefanten an den Türen und Säulen an. Südlich der *dagoba* kommt man zu einem mächtigen, mit einer Brahmi-Inschrift verzierten Felsen.

④

Terrasse des Refektoriums

Links vom zweiten Treppenabsatz liegt die Terrasse des Refektoriums. Die großen Steintröge wurden seinerzeit mit Reis aufgefüllt, von dem sich die Mönche ernährten. Den Eingang zum erhöht lie-

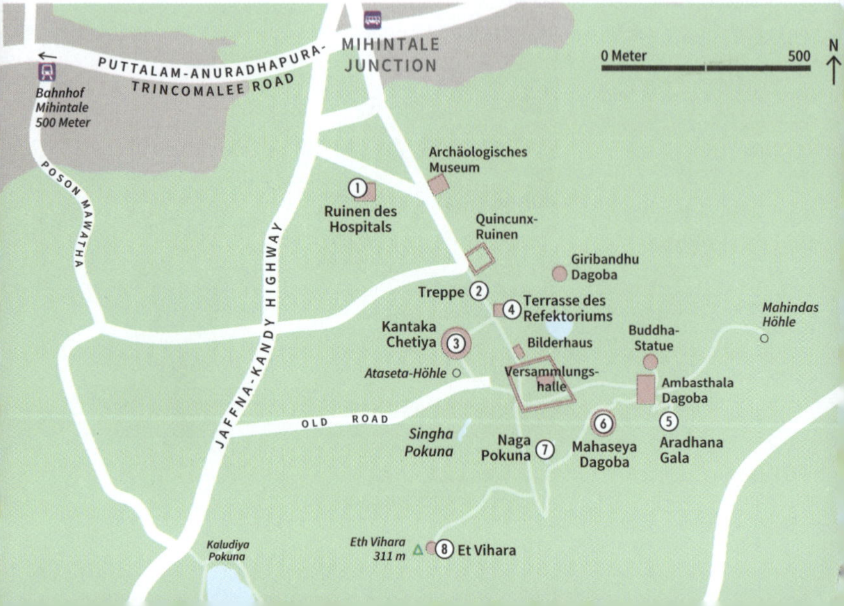

Highlight

↑ Blick über Mihintale von Aradhana Gala

genden Bilderhaus flankieren zwei große, zur Regierungszeit König Mahindas IV. (reg. 975–991) aufgestellte Steinplatten mit singhalesischen Inschriften. Sie listen Verhaltensregeln für Mönche des Klosters auf. Etwas weiter südlich gelangt man zu den Ruinen der Versammlungshalle, in der die Mönche zusammenkamen.

Rechts von der Terrasse befindet sich der kleine Singha Pokuna (»Löwenteich«) – benannt nach der verwitterten Löwenskulptur, deren Maul einst Wasser spie. Der Fries darüber zeigt Tänzer und Elefanten.

⑤

Aradhana Gala

Ein steiler Abschnitt führt zur oberen Terrasse, wo man ein Ticket lösen, die Schuhe ausziehen und Kopfbedeckungen abnehmen muss. In der Mitte steht die Ambasthala Dagoba an der Stelle, wo sich Mahinda und Devanampiya Tissa trafen. Buddhas steinerner, von einem Gitter umgebener Fußabdruck ist mit Münzen von Pilgern übersät. Die kopflose Statue in der Nähe soll König Tissa darstellen. Gegenüber führen Stufen zu einem weißen sitzenden Buddha.

Östlich der Ambasthala Dagoba kommt man über Stufen zum Aradhana Gala (Meditationsfelsen), von dem aus man die große Mahaseya Dagoba sieht.

Von der oberen Terrasse führt ein Pfad hinunter zu Mahindas Höhle. Der Raum unter einem riesigen Felsen birgt eine Felsplatte, auf der er geschlafen haben soll.

⑥

Mahaseya Dagoba

Von der südwestlichen Ecke der Terrasse führen Stufen zum Gipfel mit der 14 Meter hohen Mahaseya Dagoba. Hier soll Mahinda bestattet worden sein. Von oben hat man eine wunderschöne Aussicht auf die Umgebung, nach Südwesten – bis zu den *dagobas* von Anuradhapura. Ein buddhistischer Tempel und ein hinduistischer *devale* umrahmen die *dagoba*.

⑦

Naga Pokuna

Nach Besichtigung der Mahaseya Dagoba geht man wieder hinab zur Ambasthala Dagoba. Ein Weg führt nach links zum Naga Pokuna (»Schlangenteich«). Er wurde nach einer in den angrenzenden Felsen gemeißelten fünfköpfigen Kobra benannt. Mit dem Wasser wurde das tiefer gelegene Kloster versorgt.

⑧

Et Vihara

Eine Treppe mit etwa 600 Stufen führt zu den Ruinen der *dagoba* Et Vihara, die sich am höchsten Punkt von Mihintale befindet.

Schon gewusst?

Der Name Mihintale ist eine Kontraktion von *Mihinda Tale* – »Mahindas Hügel«.

5

Höhlentempel von Dambulla

D4 nahe der Straße Kandy – Jaffna, 47 km nördl. von Matale +94 66 228 3605 tägl. 7 – 19

In Dambulla bildet ein Höhlennetzwerk die Kulisse für fünf wunderschön bemalte Tempel, gefüllt mit Buddha-Statuen in verschiedenen Größen und *mudras*.

Die Höhlen sind in einen Granitfelsen gehauen, der sich 100 Meter über Dambulla erhebt *(siehe S. 182)*. König Valagambahu (reg. 103 und 89 – 77 v. Chr.) suchte nach seiner Verbannung aus Anuradhapura in den Höhlen Zuflucht. Nachdem er auf den Thron zurückgekehrt war, ließ er in den Höhlen Tempel errichten – aus Dankbarkeit gegenüber den Mönchen, die ihm geholfen hatten. Wände und Decken zieren Malereien, die zwischen dem 2. und 18. Jahrhundert entstanden und religiöse und weltliche Themen darstellen.

Expertentipp
Ticket kaufen

Wenn Sie die Höhlentempel besichtigen, sollten Sie Ihre Tickets im Büro im Goldenen Tempel ganz unten bei der Hauptstraße, kaufen. Von dort aus ist es ein steiler 15-minütiger Fußmarsch hinauf zu den fünf Tempeln.

Das bunt bemalte Innere von Höhle II, dem größten der Höhlentempel von Dambulla ↑

↑ *Der Eingang zu den Höhlentempeln unter einem überhängenden Felsen*

Schon gewusst?

Die Höhlen sind von Menschenhand unter einem überhängenden Felsen geschaffen.

Die Höhlen

Höhle I (Devaraja Viharaya)

Größte Attraktion der Höhle ist ein 14 Meter langer liegender Buddha, der aus dem Fels herausgeschlagen wurde. Zu seinen Füßen steht eine Statue von Ananda, einem Jünger Buddhas. Weihrauch ließ die Gemälde an Wänden und Decke verblassen.

Höhle II (Maharaja Viharaya)

Die größte und eindrucksvollste Höhle enthält neben vielen Buddha-Statuen auch eine bemalte Holzstatue von König Valagambahu und eine Statue von Nissankamalla (reg. 1187–96). Die Wandmalereien widmen sich dem Leben Buddhas und der Geschichte Sri Lankas.

Höhle III (Maha Alut Viharaya)

▷ Im 18. Jahrhundert ließ König Kirti Sri Rajasinghe eine als Lager genutzte Höhle zu diesem Tempel umwandeln. Der liegende Buddha an der linken Wand *(rechts)* und die Buddha-Statue am Eingang wurden aus dem Fels herausgeschlagen.

Höhle IV (Pascima Viharaya)

Die relativ kleine Höhle beherbergt in der Mitte eine *dagoba*. Diese wurde einst von Dieben aufgebrochen, die darin Juwelen der Königin Somawathie, der Ehefrau von König Valagambahu, vermuteten. Die Höhle birgt unter einer *makara torana* auch einen prachtvoll gestalteten sitzenden Buddha.

Höhle V (Devana Alut Viharaya)

◁ Die Höhle ist die jüngste und kleinste der Anlage. Die Statuen wurden – anders als in den anderen Höhlen – aus Gips und Ziegeln angefertigt. Bemerkenswert ist ein zehn Meter großer liegender Buddha. Wandmalereien stellen die Hindu-Götter Vishnu und Kataragama dar.

SEHENSWÜRDIGKEITEN

6 Dambulla

D4 67 000 47 km nördl. von Matale

Die Stadt im Zentrum des Kulturellen Dreiecks liegt am Schnittpunkt der Verkehrswege Kandy – Anuradhapura und Colombo – Trincomalee. In Dambulla und Umgebung gibt es mehrere Übernachtungsmöglichkeiten, was die Stadt zu einem guten Ausgangspunkt für Ausflüge macht. Die meisten Besucher kommen wegen der berühmten Höhlentempel *(siehe S. 180f)*, darüber hinaus gibt es auch einige Museen.

Die eindrucksvolle, ungefähr 30 Meter hohe Buddha-Statue unten an der Treppe zu den Höhlentempeln ist nicht zu verfehlen. Sie zeigt Buddha am Dharma-Rad – Symbol für das *dharmachakra* und die von ihm verkündete Lehre. An der Basis der Statue befindet sich das **Golden Temple Buddhist Museum**, der Zutritt erfolgt durch das Maul eines Drachen. Zu den hier präsentierten Objekten gehören Buddha-Statuen aus Thailand, Myanmar, Korea und Japan, Tafeln mit Szenen aus dem Leben Buddhas, Manuskripte auf *Ola*-Palmblättern sowie zahlreiche Gemälde und andere Artefakte.

Etwas südlich des Golden Temple Buddhist Museum erreicht man das **Dambulla Museum**, das die Geschichte sri-lankischer Kunst von Höhlenmalereien bis zu Werken aus der Kolonialzeit dokumentiert. Die Leinwand-Reproduktionen von Fresken und Wandmalereien aus allen Teilen des Landes sind von höchstem Niveau. Besucher erfahren einiges über die besonderen Kunstformen der Insel.

Eine Sammlung im ersten Stock gibt einen Überblick über die Geschichte der Wandmalerei in Sri Lanka. Sieben Räume präsentieren die Kunstwerke in chronologischer Reihenfolge – beginnend bei Felsmalereien der singhalesischen Vedda über Fresken von Sigiriya, Wandmalereien aus Polonnaruwa und Arbeiten aus der Zeit des Königreichs Kandy bis zu Reproduktionen vom Beginn des 20. Jahrhunderts. Darüber hinaus beleuchtet das Museum Darstellungen des Themas »Hölle« in buddhistischen Schreinen.

Golden Temple Buddhist Museum
Höhlentempel von Dambulla +94 66 228 3606 tägl. 6:30–19

Dambulla Museum
Main Road +94 66 228 4760 tägl. 8:30–16:30

7 Popham Arboretum

D4 Kandalama Road, 3 km östl. von Dambulla +94 77 726 7951 tägl. 6–22

Das 1963 vom britischen Teepflanzer und Dendrologen Sam Popham gegründete Arboretum ist das einzige seiner Art, das sich in einem Trockengebiet der Insel befindet. Als Popham das Areal kaufte, war es von dichtem Buschland bewachsen. Nach Entfernen der Büsche gediehen hier heimische Baumarten, die vorher von den Büschen verdrängt worden waren. Angesichts dieser Entwicklung startete Popham ein Wiederauffors-

Hotels

Heritance Kandalama

Das von Geoffrey Bawa entworfene Kandalama ist eines der großartigsten Hotels Sri Lankas, halb versteckt unter einem üppigen Dschungeldach bei Dambulla.

D4 Dambulla
heritancehotels.com

$$$

Back of Beyond Dehigaha Ela

Eingebettet in den Dschungel, bietet das Öko-Retreat bei Sigiriya sowohl Baumhäuser als auch traditionellere Optionen.

D4 Dehigaha Ela, bei Sigiriya
backofbeyond.lk

$$$

tungsprogamm, in dessen Rahmen nicht mehr vorhandene oder nur noch selten anzutreffende sri-lankische Gehölze gezielt angesiedelt wurden.

In dem Arboretum, das eine Fläche von rund 14 Hektar bedeckt, gedeihen nicht weniger als 200 Baum- sowie einige Buscharten, viele von ihnen sind endemisch. Zu den verbreiteten Arten gehören Satinholz-, Ebenholz-, Tamarinden- und Eisenholzbaum. Sie bieten Lebensraum für eine artenreiche Vogelwelt, die u. a. Ceylonhuhn, Nashornvogel und Blauschwanzspint umfasst, sowie für kleinere Säugetiere.

Geoffrey Bawa gestaltete das Besucherzentrum des Arboretums, das Popham bis in die 1980er Jahre als Wohnhaus diente. Besucher können sich hier auch alte Fotos des Geländes ansehen.

Drei farblich markierte Wege schlängeln sich durch das Gelände, alle starten am Besucherzentrum. Man kann hier nach Gusto herumschlendern oder sich einer Führung anschließen. Bei einem geführten Spaziergang am Abend (18:45) hat man die Möglichkeit, Hirschwild, Loris und Schuppentiere zu beobachten.

← *Das Golden Temple Buddhist Museum mit der goldenen Buddha-Statue dahinter*

↑ *Rosa Quarzhügel und Na-Bäume im selten besuchten Jathika Namal Uyana*

8

Jathika Namal Uyana

D4 7 km nordwestl. von Dambulla +94 25 325 3816 von Dambulla tägl. 6–18:30

Nach Jathika Namal Uyana in Ulpathgama kommen nicht viele Besucher. Doch wer gern Tiere beobachtet, ist hier richtig. Das sich über mehr als 100 Hektar erstreckende Areal verfügt über den größten Eisenholzbestand Asiens. In dem Wald gedeiht eine artenreiche Flora. Die Fauna umfasst u. a. viele Vogel- und Schmetterlingsarten sowie Reptilien und Säugetiere wie Affen und Riesenhörnchen. Angeblich ließ König Devanampiya Tissa den Wald im 3. Jahrhundert v. Chr. anlegen. Nach einer anderen These soll der Wald auf buddhistische Mönche zurückgehen, die sich im 8. Jahrhundert hierher zurückgezogen hatten. Sie boten Bedürftigen Schutz, die als Gegenleistung jeweils einen Baum pflanzen und diesen pflegen mussten, woraus letztlich der Wald entstand.

In dem Gebiet sieht man noch viele Überreste von Klöstern, beim Zugang zum Gelände stehen die Ruinen eines Stupa, die die Legende über die Mönche stützt.

Neben dem Eisenholzwald ist Jathika Namal Uyana auch für seine sieben Hügel aus rosafarbenem Quarz bekannt, die mehr als 550 Millionen Jahre alt sein sollen. Auf dem niedrigsten Hügel, dessen Kuppe man über einen sanft ansteigenden Weg erreicht, steht eine kleine rosafarbene Buddha-Statue. Von dort oben hat man eine grandiose Aussicht auf die umliegende Landschaft.

Schon gewusst?

Die Hügel bei Jathika Namal Uyana sind aufgrund von Spuren von Mangan, Titan und Eisen rosa.

Gemächlich umherschweifende Elefantenherde im Minneriya National Park ↑

9

Minneriya National Park

D4 32 km östl. von Habarana +94 27 327 9243 tägl. 6–17

Mit dem Kaudulla National Park im Norden und dem Wasgomuwa National Park im Süden bildet dieses Areal einen wichtigen Abschnitt des sogenannten »Elefantenkorridors«, der mehrere Schutzgebiete umfasst, zwischen denen die Dickhäuter umherwandern können.

Der im 4. Jahrhundert unter König Mahasena angelegte künstliche See Minneriya Wewa im Zentrum des Nationalparks hat eine Fläche von rund 30 Quadratkilometern. Zwischen August und Oktober, zum Höhepunkt der Trockenzeit, versammeln sich viele Elefanten an dem Gewässer. Im September wurden einmal rund 300 Exemplare gezählt. Das jedes Jahr eintretende Ereignis ist als »The Gathering« (Versammlung) bekannt. Die Tiere kommen nicht nur zum Trinken, sondern fressen auch Pflanzen, die durch den niedrigeren Wasserspiegel verfügbar sind.

Der Nationalpark umfasst mehrere Ökosysteme – von Feuchtland bis Regenwald. Sie bieten Lebensraum für eine artenreiche Tierwelt, zu der neben Fischen und Vögeln auch Säugetiere wie Makaken, Büffel und Leoparden sowie Reptilien wie Warane gehören.

Hotels und Gästehäuser arrangieren Safaris in den Park. Die beste Zeit für einen Besuch ist zwischen Juni und Oktober. Zur Zeit des »Gathering« kann es sehr voll werden.

10

Habarana

D4 3500 11 km nordwestl. von Sigiriya

Der kleine, beschauliche Ort Habarana liegt an der Kreuzung wichtiger touristischer Routen, etwa der Strecke von Anuradhapura nach Polonnaruwa sowie von Trincomalee und Jaffna im Norden nach Kandy und Colombo im Süden.

Habarana mit dem gleichnamigen schönen See, der sich für einen Spaziergang eignet, zeichnet sich weniger durch besondere touristische Attraktionen aus, sondern fungiert eher als guter Ausgangspunkt für die Erkundung des Kulturellen Dreiecks. Die Verbindungen nach Anuradhapura, Polonnaruwa, Sigiriya und Dambulla sind exzellent.

Wer Elefanten und andere Tiere in freier Wildbahn beobachten will, kann von Habarana aus auch Safaris und Touren in den Nationalparks Minneriya und Kaudulla sowie in den Hurulu Eco Park unternehmen.

Wer sich nach einem Tag voller Sightseeing entspannen möchte, hat diverse (eher gehobene) Unterkunftsmöglichkeiten. Das Angebot in und um Habarana umfasst darüber hinaus ein breites Spektrum an Ayurveda-Behandlungen.

> **Das jedes Jahr eintretende Ereignis ist als »The Gathering« bekannt. Die Tiere kommen nicht nur zum Trinken zum See Minneriya, sondern auch zum Fressen.**

11 Kaudulla National Park

E4 · 22 km nordöstl. von Habarana · +94 27 327 9735 · tägl. 6–18

Der 2002 eingerichtete Nationalpark, Teil des »Elefantenkorridors«, erstreckt sich – ebenso wie der Nationalpark Minneriya – um einen See, der in der Trockenzeit zahlreiche Elefanten anzieht. Die Zusammensetzung der Fauna ist in beiden Parks ähnlich, in Kaudulla leben außerdem die mit den Bengalkatzen verwandten Rostkatzen. Die Vogelwelt umfasst u. a. Pelikane, Marabus und Kormorane.

Außerhalb der Trockenzeit stehen – anders als im Minneriya – große Flächen unter Wasser, die Elefanten begeben sich dann in benachbarte Gebiete. Ein Bild vom Leben am und im Wasser kann man sich bei einer Bootsfahrt machen.

Auch hier arrangieren Hotels und Gästehäuser Ausflüge in den Park. Bei einer Safari sollten Sie den Elefanten nicht zu nahe kommen, da diese unter Umständen angriffslustig werden können.

Expertentipp
Mit der Herde

Elefanten wandern frei im »Elefantenkorridor«, der die Nationalparks Minneriya und Kaudulla verbindet. Erkundigen Sie sich bei Führern nach deren Bewegungen, bevor Sie sich für einen Park entscheiden.

12 Hurulu Eco Park

D3 · 10 km nordöstl. von Habarana · tägl. 6–18:30

Der im Jahr 2008 eröffnete Hurulu Eco Park ist Teil des Hurulu Biosphere Reserve. Das Areal wird häufig aufgesucht, wenn sich die Nationalparks Minneriya und Kaudulla wegen Überflutung nicht für Tierbeobachtungen eignen. Einen größeren See gibt es hier nicht, dafür jedoch ein Netz an Flüssen und Bächen, an denen sich viele Elefanten und andere Säugetiere wie Wasserbüffel und Affen aufhalten. Auch die Vogelwelt ist artenreich vertreten.

Derzeit gibt es Pläne, mehrere Gewässer zu einem größeren See aufzustauen und die bisher von Jeeps befahrenen Pisten zu Wanderwegen umzugestalten.

13 Yapahuwa

D4 · 45 km südwestl. von Aukana · tägl. 7:30–18

Die steinerne Festung überragt die Ebenen der Umgebung um rund 90 Meter. Das Anwesen war das Zentrum eines im 13. Jahrhundert von König Bhuvanekabahu I. gegründeten und kurze Zeit als singhalesische Hauptstadt fungierenden Orts. Der König brachte die Zahnreliquie hierher, um sie vor Angreifern aus Südindien zu schützen. Nach dem Fall Yapahuwas an die Pandy im Jahr 1284 wurde der Ort verlassen. Später siedelten sich buddhistische Mönche an.

Aus jener Zeit sind noch Ruinen erhalten, darunter auch Überreste des Palasts. Herausragende Attraktion ist allerdings eine steile Treppe, die zu einer natürlichen Felsterrasse führt. Den oberen Teil der Treppe zieren fein gearbeitete Steinmetzarbeiten und Statuen, darunter große Löwen- und Elefantenfiguren, die die Treppe zu beiden Seiten flankieren. Die imposante Veranda hat Säulen und geschnitzte Fensterrahmen auf beiden Seiten. Tafeln rund um den Sockel und die Seiten der Treppe stellen Tänzer und Musiker dar. Diese Figuren zeigen deutliche Einflüsse aus Südindien.

Ein felsiger Pfad an der hinteren linken Seite der Terrasse führt hinauf zum Gipfel, von dem aus man einen Panoramablick auf die schöne Landschaft genießen kann.

→ *Eine Treppe führt hoch zur Festung von Yapahuwa*

⑭

Panduwas Nuwara

C5 · 91 km nordwestl. von Matale · tägl. 6–18

Vor dem Bau von Polonnaruwa *(siehe S. 166–171)* im 12. Jahrhundert nutzte König Parakramabahu I. Panduwas Nuwara (früher Parakrampura) als Residenz, von der aus er sein Reich lenkte. Die Überreste der Bauten verteilen sich über eine Fläche von mehreren Quadratkilometern. Bedeutendstes Bauwerk ist der königliche Palast auf dem Gelände eines Forts, dessen Graben noch erhalten ist. Eine Inschrift verweist auf einen Besuch von König Nissankamalla. Hinter dem Palast erreicht man den restaurierten Zahntempel.

⑮

Aukana

D4 · 37 km westl. von Habarana · tägl. 7–19

Wichtigste Sehenswürdigkeit des Dorfs Aukana ist der zwölf Meter hohe stehende, aus einem Felsblock geschlagene Buddha. Die Figur besticht durch Detailreichtum, der sich auch in der feinen Darstellung der Falten des Gewands zeigt. Die Figur verharrt in der *asisa mudra*, einer Variation der *abhaya mudra*.

Schöne Aussicht
Sonnenaufgang

Frühaufsteher werden am Aukana belohnt, wenn die nach Osten ausgerichtete Statue die Strahlen der aufgehenden Sonne einfängt. Das Licht bringt die feinsten Details im Stein zum Vorschein.

⑯

Ritigala

D4 · 21 km nordwestl. von Habarana · tägl. 7–18

Um die von Wald umrahmte, auf dem Gebiet des Ritigala Strict Nature Reserve gelegene Klosteranlage ranken sich Legenden und Mythen. Im 9. Jahrhundert lebten hier Mönche des Pansakulika-Ordens. Ihrem Gelübde gemäß mussten sie ihr Leben in äußerster Enthaltsamkeit verbringen. Daher erschien ihnen das abgelegene Gebiet als passendes Klosterareal.

Am Besucherzentrum gibt es Informationstafeln über die Klosteranlage, man kann dort auch einen Führer buchen. Hinter dem Eingang zur Ruinenstätte verläuft ein Pfad um den See Banda Pokuna, an dessen Ende Stufen zu einem Weg führen, auf dem man sämtliche wichtigen Ruinen des Komplexes erreicht. An der ersten Lichtung kommt man zu einer Terrasse, die mit einer anderen über eine Steinbrücke verbunden ist. Man geht davon aus, dass sich die Mönche seinerzeit zum Meditieren hierher zurückzogen. Das Gelände darunter wurde vermutlich überflutet, um Kühle zu schaffen. Rechts von den Terrassen befindet sich eine weitere Lichtung. Wenn man dem Weg nun nach links folgt, erreicht man ein früher vielleicht als Bibliothek genutztes Gebäude.

⑰

Sasseruwa

D4 · 12 km westl. von Aukana · tägl. 6–18

Die Buddha-Statue von Sasseruwa ähnelt in Größe und Haltung der in Aukana, wirkt aber schwerfälliger. Angeblich wurde die Statue in Aukana von einem Meister gefertigt, die in Sasseruwa von einem seiner Schüler. Nachdem der Meister sein Werk vollendet hatte, soll der Schüler entmutigt seine Arbeit eingestellt haben.

Außer der Statue, die man über eine 50 Stufen lange Treppe erreicht, sind auch ein Bodhi-Baum sowie einige Höhlentempel sehenswert.

← *Die eindrucksvolle Buddha-Statue bei Aukana*

1

2

3

4

5

1 *Dieser liegende Buddha ist in einer schlafenden Pose.*

2 Abhaya *ist Furchtlosigkeit.*

3 *Das* bhumisparsha mudra *symbolisiert Auflösung.*

4 Dhyana mudra *ist die Meditationshaltung.*

5 *Dieser Buddha zeigt* vitarka mudra.

Buddhistische *mudras*

Mit dem Buddhismus werden viele als *mudras* bezeichnete symbolische Gesten in Verbindung gebracht. Dabei handelt es sich um unterschiedliche Handgesten. In der sri-lankischen Kunst wird Buddha mit drei zentralen Haltungen dargestellt: stehend, sitzend und liegend. Die ersten beiden umfassen auch Handgesten, die sich auf einschneidende Erlebnisse im Leben Buddhas beziehen – die Erleuchtung oder seine erste Predigt in Sarnath. Das *parinirvana* (Nirwana), den Austritt aus dem Zyklus des Seins, symbolisiert die liegende Haltung. Meist ist Buddha in der Meditationspose *dhyana mudra* oder liegend zu sehen. Im Folgenden werden die in Sri Lanka verbreiteten *mudras* erklärt.

Liegender Buddha

Diese Haltung, die den Lehrenden als Toten zeigt, symbolisiert das *parinirvana*, den Austritt aus dem Kreislauf des Leidens und der Wiedergeburten. Wenn die Zehen geradlinig dargestellt sind, verkörpert die Haltung hingegen den schlafenden Buddha.

Abhaya mudra

Die Geste, die Furchtlosigkeit symbolisiert und Glückseligkeit zuteilwerden lässt, zeigt Buddha mit bis zur Schulter erhobener rechter Hand mit nach vorn gerichteter Handfläche.

Bhumisparsha mudra

Bei dieser *mudra,* einer Geste der Erdanrufung, berührt Buddha mit den Fingerspitzen seiner rechten Hand den Boden, während die linke im Schoß liegt. Die Haltung erinnert an den Sieg Buddhas über seinen Gegenspieler Mara.

Dhyana mudra

In der Meditationspose wird der Buddha im (halben) Lotussitz, beide Hände im Schoß haltend, dargestellt.

Vitarka und *dharmachakra mudra*

Beide *mudras* stehen für Argumentation bzw. Predigen. In beiden Gesten berühren sich Daumen und Zeigefinger, in der *dharmachakra mudra* bilden sie einen Kreis, der das Rad *(chakra)* von Buddhas Lehre *(dharma)* verkörpert.

18

Matale

D5 41 000 150 km nordöstl. von Colombo

Matale verfügt nur über wenige Attraktionen, ist aber ein guter Ausgangspunkt für Touren. Viele Besucher auf dem Weg von Kandy nach Dambulla legen hier einen Stopp für die Besichtigung von **Sri Muthumariamman Thevasthanam** ein. Diese Tempelanlage ist der Göttin Mariamman geweiht.

Zwei Kilometer nördlich befindet sich das **Matale Heritage Centre**. Bei einem Besuch kann man durch die Gärten spazieren und in den Werkstätten Kunsthandwerkern bei der Anfertigung von Batiken zusehen.

Sri Muthumariamman Thevasthanam
King's Street
tägl. 6–18

Matale Heritage Centre
33 Sir Richard Aluvihare Mawatha
+94 66 222 2404
Mo–Sa 8:30–16

19

Arankele

D4 48 km westl. von Matale tägl. 6–18

Relativ wenig besucht, aber einen Abstecher wert sind die Überreste dieses Klosters aus dem 6. Jahrhundert. In der abseits gelegenen, von dichtem Wald umgebenen Einsiedelei lebt eine Gemeinschaft von Mönchen.

Beim Beschreiten des »meditation walkway«, eines langen, befestigten Wegs mit einzelnen Treppen, sieht man Ruinen von Meditationsräumen, Badeteiche und die Überreste der Wohnstätte des Hauptmönchs.

20

Ridi Vihara

D5 36 km nordwestl. von Matale tägl. 7–22

Das auch als Silver Temple bekannte Kloster Ridi Vihara wurde von König Dutugemunu im 2. Jahrhundert v. Chr. gegründet. Der Name erinnert an das Silber, das man hier gefunden hatte. Der Tempelkomplex umfasst Schreine und *dagobas*. Bemerkenswert sind die noch erhaltenen Fresken.

Der Haupttempel Pahala Vihara birgt einen sitzenden und einen liegenden Buddha, dessen Basis mit blauweißen Delfter Fliesen verziert ist, die biblische Szenen darstellen. Neben dem Eingang sieht man einen mit schönen Elfenbeinintarsien geschmückten Türrahmen.

Im zur Regierungszeit von König Kirti Sri Rajasinghe erbauten Tempel Uda Vihara fällt der Blick am Eingang auf einen Mondstein aus der Kandy-Ära, der von Elefanten flankiert wird mit komplizierten Schnitzereien unter ihren Rüsseln. In der Hauptkammer sind ein sitzender Bud-

Fotomotiv
Wege zum Meditieren

Die Meditationswege in Ridi Vihara und in Arankele bieten allerlei ungewöhnliche Fotomöglichkeiten, da die Wege direkt durch den verworrenen umliegenden Dschungel führen.

dha sowie einige sehr schöne Fresken aus dem 18. Jahrhundert zu sehen.

21

Aluvihare

D5 4 km nördl. von Matale tägl. 7–18

Die Klosteranlage umfasst eine Reihe von aus dem Fels geschlagenen Höhlen, sie befindet sich dort, wo im 1. Jahrhundert v. Chr. *tripitaka*, der buddhistische Kanon der Theravada-Schule, verfasst wurde. Zuvor waren die Lehrreden über Generationen nur mündlich weitergegeben worden. Die auf *Ola*-Palmblättern in Pali, der damaligen regionalen Verkehrssprache, niedergeschriebenen Manuskripte wurden von rund 500 Mönchen abgeschrieben und verblieben hier bis Mitte des 19. Jahrhunderts. Dann wurden sie bei einem Angriff von britischen Truppen auf das Kloster zerstört.

Die einzelnen Höhlen sind durch Treppen und Pfade zwischen den Felsen miteinander verbunden. Die Aussparungen in den Wänden dienten als Standplatz für Lampen. In der ersten Höhle befindet sich ein zehn Meter langer liegender Buddha, farbenreiche Malereien von Lotusblumen zieren die Decke. Über ein paar Stufen erreicht man die zweite Höhle, in der Wandmalereien zeigen, wie Sünder in der Hölle gequält und Missetäter enthauptet werden.

In der Höhle gegenüber beeindrucken lebensgroße Gipsfiguren, die diese Qualen aushalten. Eine Lücke im Fels zwischen den ersten beiden Höhlen führt zu einer kleineren Höhle mit in leuchtenden Farben bemalten Wänden. Sie ist Buddhaghosa gewidmet, einem indischen Gelehrten des Buddhismus, der maßgeblich am *tripitaka* arbeitete. Von hier führen Stufen zu einer *dagoba* und einer Terrasse, von der man einen wunderbaren Ausblick genießt.

Links neben der Klosteranlage befindet sich das International Buddhist Library and Museum mit Fotos, Buddha-Statuen und *Ola*-Manuskripten.

↑ *Der alte, schön verzierte Steinbau Nalanda Gedige bei Matale*

← *Der Hindu-Tempel Sri Muthumariamman Thevasthanam in Matale*

22

Nalanda Gedige

D4 20 km nördl. von Matale tägl. 7–17

Die nach einer renommierten buddhistischen Hochschule in Nordindien benannte Anlage ist im Stil eines hinduistischen Tempels mit *mandapa* und *gedige* gestaltet. Auf die Darstellung hinduistischer Gottheiten wurde hingegen verzichtet. Man nimmt an, dass Nalanda Gedige seit je ausschließlich von Buddhisten aufgesucht wurde.

Die vollkommen aus Stein bestehende Anlage wurde wohl vom 7. bis 11. Jahrhundert errichtet, befindet sich aber erst seit den 1980er Jahren an dieser Stelle. An ihrem ursprünglichen Platz wurde sie abgebaut, um dort einen Stausee anzulegen.

Die Ruinenstätte ist stark verwittert. Dennoch kann man immer noch einige architektonische Details wie Darstellungen von Gesichtern, an der Südseite auch eine Gottheit und am Bogen des Eingangs mehrere Miniaturen erkennen. Bei genauem Hinsehen ist an der südlichen Seite des Sockels auch eine Tantra-Arbeit auszumachen.

Bunte Boote in der Lagune von Batticaloa (siehe S. 198f)

Osten

Abgelegen und weitgehend unerschlossen, bietet Sri Lankas Ostküste einen auffälligen Kontrast zum bevölkerungsreichen Westen. Das war aber nicht immer so. Der Tiefwasser-Naturhafen in Gokana (das heutige Trincomalee) war von der Polonnaruwa-Periode bis zum Zweiten Weltkrieg ein wichtiger Handelshafen, während Batticaloa weiter südlich Standort des ersten holländischen Forts war. Im 20. Jahrhundert verlor der Osten an Bedeutung, als der Handel zunächst nach Galle und dann nach Colombo umgeleitet wurde. Als sich der wirtschaftliche Schwerpunkt der Insel nach Westen verlagerte, geriet der Osten zunehmend in Vergessenheit.

Ethnisch gesehen ist er einer der vielfältigsten Teile der Insel. Rund um den Maduru Oya National Park versuchen die Vedda – die Ureinwohner der Insel – noch immer, ihre traditionelle Lebensweise aufrechtzuerhalten. Außerhalb des Parks ist der größte Teil der Küste von Tamilen und Muslimen bewohnt, während die Gebiete im Landesinneren überwiegend singhalesisch sind. Während des Bürgerkriegs hat die Region sehr gelitten, wobei die endlosen Zusammenstöße zwischen der tamilischen LTTE und der singhalesischen Sri Lankan Army weiter zu ihrer Isolation beitrugen. Der Wiederaufbau nach dem Krieg war bescheiden, wobei die neu errichteten Resorts in Passekudah die einzigen Zeichen der rasanten Entwicklung sind, die in anderen Teilen der Insel stattgefunden hat.

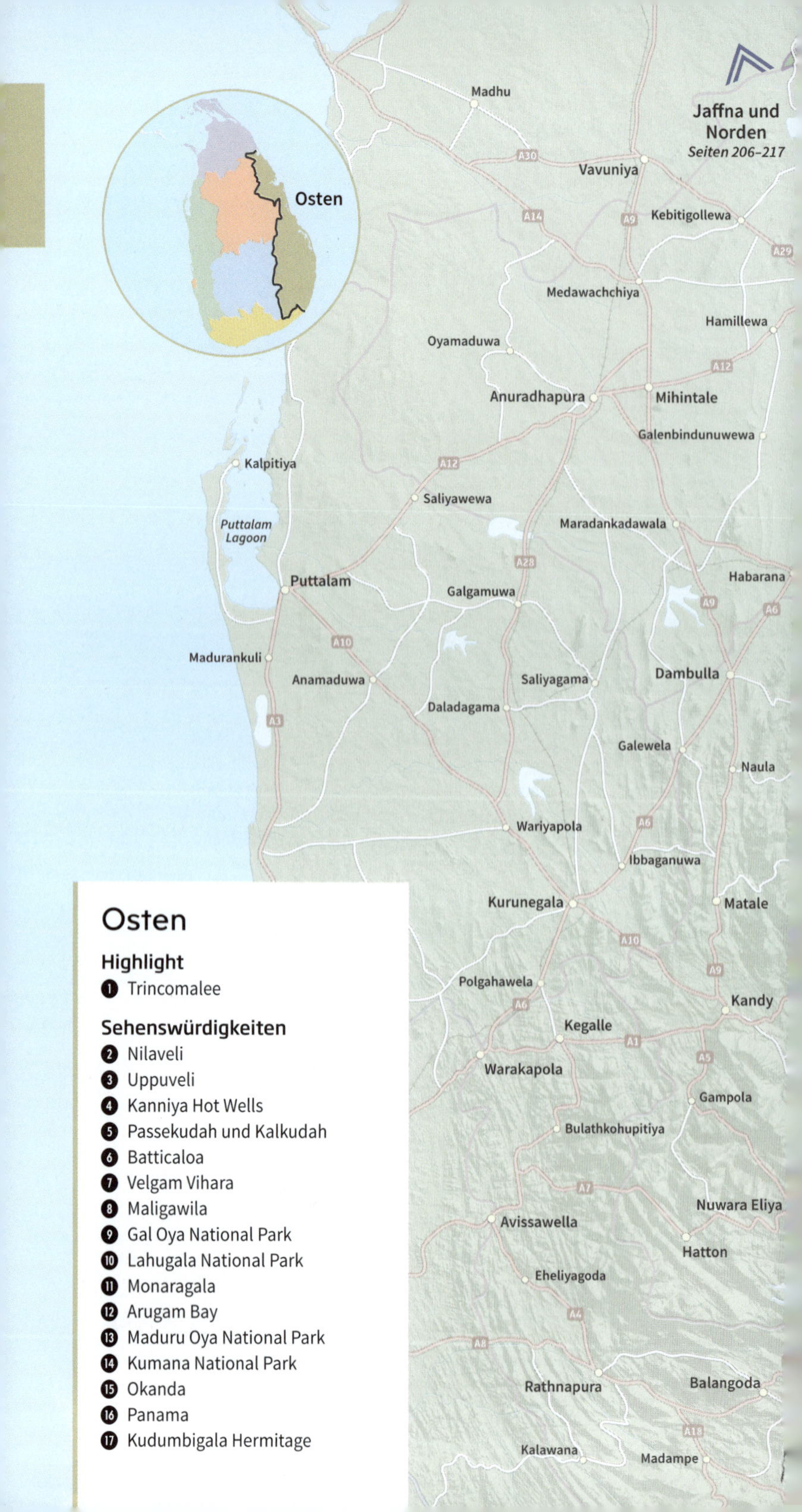

Osten

Highlight

❶ Trincomalee

Sehenswürdigkeiten

❷ Nilaveli
❸ Uppuveli
❹ Kanniya Hot Wells
❺ Passekudah und Kalkudah
❻ Batticaloa
❼ Velgam Vihara
❽ Maligawila
❾ Gal Oya National Park
❿ Lahugala National Park
⓫ Monaragala
⓬ Arugam Bay
⓭ Maduru Oya National Park
⓮ Kumana National Park
⓯ Okanda
⓰ Panama
⓱ Kudumbigala Hermitage

0 Kilometer 30
N
Pulmoddai
B424
Pigeon Island
2 Nilaveli
Velgam Vihara 7
Commonwealth War Cemetery
A12
Kanniya Hot Wells 4
3 Uppuveli
1 Trincomalee
China Bay
A6
B541
Mullipotana
Mutur
Vendaransan Kulam
Per Aru
Ganga
Ullackalie Lagoon
Bucht von Bengalen
A15
B10
Kantale
Serunuwara
Mahaweli
Vakarai
Upaar Lagoon
Kulturelles Dreieck
Seiten 158–189
A11
A15
Vandalous Bay
Welikanda
A11
5 Passekudah und Kalkudah
Polonnaruwa
Maduru Oya
Kalkudah Bay
A15
Eravur
Chenkaladi
Bakamuna
Aralaganwila
6 Batticaloa
Rugam
Batticaloa
A5
Batticaloa Lagoon
Dehiattakandiya
Maduru Oya Reservoir
Rukam Tank
AB44
A4
OSTPROVINZ
13
Mahaoya
A27
Koddaikallar
Navakiri Aru Tank
Madura Oya National Park
B18
Kalmunai
A5
Goonagolla
A26
Kehelulla
A27
Karativu
Uhana
B73
A31
Mahiyanganaya
B527
Ampara
AB01
Andaulpotha
Inginiyagala
B1
Akkaraipattu
Hingurana
Senanayake Samudra
Periya Kalappu
Bibile
B350
Thambiluvil
Pannela Oya
B2
9
Vinayagapuram
Kandy und Hill Country
Seiten 132–157
A5
B56
Gal Oya National Park
Lahugala National Park
A4
A25
10
Karanda Oya
Siyambalanduwa
A4
Pottuvil
A22
Mudu Maha Vihara
A5
Peacock Rock 1111 m
Heda Oya
Monaragala 11
Magul Maha Vihara
12 Arugam Bay
Bandarawela
A4
Wila Oya
Buttala
UVA
16 Panama
Wellawaya
8
Maligawila
Kudumbigala Hermitage 17
15 Okanda
Kalthota
B35
A2
Kumana National Park 14
B374
Kiragalla Bay
Thelulla
Kumana Wewa
Hambegamuwa
Süden
Seiten 102–131

❶

Trincomalee

E3 · 109 000 · 269 km nordöstl. von Colombo

»Trinco«, die Hauptstadt der Ostprovinz, ist berühmt für ihren Tiefwasser-Naturhafen. Die meisten Besucher kommen wegen der Strände, aber die Stadt hat ihren eigenen Charme mit verblassten Kolonialgebäuden, einer malerischen Strandpromenade und lebhaften *kovils*.

①

Fort Frederick

Konesar Road · tägl.

Auf einer in den Indischen Ozean hinausragenden Landspitze steht Fort Frederick, die wichtigste Sehenswürdigkeit der Stadt. Die von den Portugiesen errichtete Festung wurde von Holländern und Franzosen eingenommen. 1795 fiel sie an die Briten, die sie bis zur Unabhängigkeit Sri Lankas 1948 unter Kontrolle hatten. Sie benannten die Anlage nach dem Duke of York, dem zweiten Sohn des britischen Königs George III.

Das Fort wird immer noch militärisch genutzt, kann aber besichtigt werden. Die von alten Bäumen mit breiten Kronen durchsetzte Anlage birgt einige Bauten aus der Kolonialzeit. Zu diesen gehört die Wellesley Lodge, in der sich 1800 Arthur Wellesley, der spätere Duke of Wellington, aufgehalten haben soll.

②

Koneswaram Kovil und Lover's Leap

Konesar Road · tägl.

Am höchsten Punkt des Swami Rock, einer 130 Meter hohen Klippe, die steil ins Meer abfällt, befindet sich der Koneswaram Kovil, einer der fünf heiligsten dem Hindu-Gott Shiva geweihten Tempel in Sri Lanka. An dieser Stelle soll für etwa 2500 Jahre ein Schrein gestanden haben, bis er von den Portugiesen im 17. Jahrhundert zerstört wurde. Eine blaue Statue Shivas ziert heute den Eingang zum Koneswaram Kovil, der 1952 gebaut wurde.

Von den Ästen eines Baums zur rechten Seite des Tempels hängen hölzerne Wiegen. Sie wurden von Gläubigen befestigt, die damit ihren Kinderwunsch bekräftigen wollen. Ein anderer Baum, der nahe der Klippe steht, ist mit Gebetsfahnen behangen. Der Ort wird Lover's Leap genannt. Er markiert die Stelle, an der sich angeblich die Holländerin Francina van Rhede 1687 in die Tiefe stürzte, nachdem sie von ihrem Geliebten verlassen worden war. Amtlichen Dokumenten zufolge war sie jedoch noch acht Jahre, nachdem die Gedenkstätte eingerichtet worden war, am Leben.

Der Ort wird Lover's Leap genannt. Er markiert die Stelle, an der sich angeblich die Holländerin Francina van Rhede 1687 in die Tiefe stürzte.

↑ *Die Bucht von Trincomalee säumen viele Gebäude*

③
Commercial Centre

Westlich von Fort Frederick erstreckt sich das Geschäftszentrum von Trincomalee, das im Wesentlichen drei etwa parallel verlaufende Straßen umfasst: Main Street, Central Road und North Coast (NC) Road. Wo NC Road und Central Road aufeinandertreffen, steht der Uhrturm, daneben befindet sich der lebhafte Fischmarkt. Dieser lohnt ebenso einen Besuch wie der nahe Obst- und Gemüsemarkt.

Etwas südlich vom Uhrturm, an der Dockyard Road, kommt man zum Kali Kovil mit seinem bunten *gopuram*. Die *Puja*-Zeremonien (16–17 Uhr) werden hier von Glockenläuten und Trommelwirbeln begleitet.

Auf dem nahe gelegenen christlichen Friedhof erinnern Grabsteine an die vielen Opfer, die in den 1820er Jahren an Malaria und anderen Tropenkrankheiten starben. Angeblich ist hier auch der an Cholera verstorbene Admiral Charles John Austen, der Bruder von Jane Austen, bestattet.

④
Dutch Bay

Die halbmondförmige Dutch Bay ist zu Sonnenuntergang ein magischer Anziehungspunkt. Einheimische kommen dann hierher, spazieren am Strand entlang oder machen es sich im Sand gemütlich. Etwa auf halber Strecke entlang der Bucht liegt das Maritime and Naval History Museum. Es befindet sich in einem wunderschön restaurierten Gebäude aus dem Jahr 1602, das einst die Residenz des holländischen Marinekommandanten war. Die Exponate sind ein interessantes Sammelsurium von Artefakten, sowohl von der Marine als auch aus dem Meer. Die Sammlung reicht von chinesischen Keramiken, die geborgen wurden, bis zu einer großen Kanone.

Gleich südlich davon ist die St Mary's Cathedral, ein weiteres Überbleibsel aus der Kolonialzeit, ebenso wie die kleinen, pastellfarbenen Villen, die die umliegenden Straßen säumen.

Entdeckertipp
Versteckt

Innerhalb der Hochsicherheitsmarinebasis der Stadt bietet das kleine Hood's Tower Museum einen interessanten Einblick in einen von Sri Lankas größten Häfen. Sie müssen Ihren Reisepass vorzeigen.

SEHENSWÜRDIGKEITEN

2 Nilaveli

E3 900 15 km nordwestl. von Trincomalee von Trincomalee

Nördlich von Trincomalee liegt das Dorf Nilaveli mit einigen Hotels und Gästehäusern. Entlang des kilometerlangen weißen Sandstrands, der von Palmen umrahmt wird, ist dies eines von Sri Lankas ultimativen Reisezielen, um von allem wegzukommen. Tauchen, Wassersport und Ausflüge zur Wal- und Delfinbeobachtung werden saisonal angeboten.

Beliebt sind auch Bootsausflüge zum Pigeon Island National Park. Benannt nach den blauen Felsentauben, die hier nisten, ist die Insel ein Meeresnationalpark. Sie hat zwei kleine Strände, und das seichte Wasser der geschwungenen Buchten macht die Insel zu einem der besten Plätze Sri Lankas zum Schnorcheln. Sehen Sie sich Korallen und tropische Fische an, manchmal auch Schwarzspitzen-Riffhaie und Schildkröten.

Pigeon Island ist an Wochenenden und an Feiertagen sehr beliebt. Deshalb sollte man früh herkommen, da die Insel in der Hochsaison (Mai – Sep) zur Mittagszeit bereits überfüllt ist.

Pigeon Island National Park

1 km nordöstl. von Nilaveli tägl. 8–17

3 Uppuveli

E3 1700 4 km nordwestl. von Trincomalee von Trincomalee

Nördlich von Trincomalee ist das Dorf Uppuveli mit einem der schönsten Strände Sri Lankas gesegnet, mit klarem Wasser, weißem Sand und dem Umriss des Swami-Felsens von Trincomalee in der Ferne.

Zuerst vom Bürgerkrieg und dann vom Tsunami heimgesucht, hat Uppuveli mehr als seinen gerechten Anteil an Unglück gehabt, obwohl dies auch dazu beigetragen hat, das Gefühl der Abgeschiedenheit zu bewahren. Selbst jetzt fühlt sich der ganze Ort noch sehr ruhig an, trotz der vielen Cafés und Restaurants am Strand und einiger großer Hotels.

Wie auch in Nilaveli sind die Hauptaktivitäten Faulenzen, Strandspaziergänge und das Beobachten der Wellen, obwohl es auch eine Reihe von Tauch- und Wassersportanbietern gibt. In der Saison werden auch Ausflüge zur Walbeobachtung arrangiert.

Nur wenige Gehminuten vom Dorf entfernt befindet sich der **Commonwealth War Cemetery**, der die Gräber von 362 Soldaten birgt, die während des Zweiten Weltkriegs in Sri Lanka gefallen sind. Im April 1942 wurde Trincomalee – damals ein

↓ *Der Pigeon Island National Park und die Meeresfauna* (Detail)

wichtiger Stützpunkt der Alliierten – Opfer japanischer Luftangriffe, bei denen auch mehrere britische und australische Schiffe versenkt wurden. Unter den versenkten Schiffen waren der Flugzeugträger HMS *Hermes* der Royal Navy und der begleitende australische Zerstörer HMAS *Vampire* *(siehe S. 199)*.

Jeder der Grabsteine trägt die Symbole, die den Verstorbenen als Seemann oder Teil der Flugzeugbesatzung ausweisen. Sie weisen auch auf die Nationalität hin: Die Grabsteine der Neuseeländer sind zum Beispiel mit dem Silberfarn graviert. Die bewegenden Epitaphien erinnern an die Schrecken des Zweiten Weltkriegs, etwa das der Krankenschwester Joan Barker: »Ein kurzes, aber ungeheuer nützliches Leben«.

Wer einen Blick in das Verzeichnis der Gräber werfen möchte, kann sich an den Friedhofswärter wenden. Es gibt keine feste Eintrittsgebühr für den Friedhof, aber eine Spende ist erwünscht.

Commonwealth War Cemetery
200 m nördl. der Nilaveli Road
tägl. Sonnenauf- bis -untergang

4

Kanniya Hot Wells

E3 20 km westl. von Uppuveli tägl. 6–18

Die Kanniya Hot Wells bestehen aus sieben warmen Quellen, die in sieben quadratischen Brunnen eingeschlossen sind. Dem Quellwasser werden therapeutische Eigenschaften zugeschrieben; Menschen mit Hautproblemen, Arthritis oder Rheuma kommen hierher, um Linderung zu finden. Da die Brunnen zu klein sind, um darin zu baden, benutzen Einheimische und Pilger Eimer, um sich mit Wasser zu übergießen. Die Temperatur des Wassers variiert in jedem der Brunnen.

Die Brunnen sind zwar nur einen Meter tief, sollen aber Geheimnisse bergen. Eine Legende besagt, dass Vishnu die Brunnen erschuf, als er Ravana, dem König von Lankapura, an dieser Stelle erschien. Man glaubt, dass Wasser hervorsprudelte, als Vishnu mit seinem Schwert auf den Boden schlug. Nach einer anderen Legende hat König Ravana die Brunnen geschaffen, um die Begräbnisriten für seine geliebte Mutter durchzuführen.

↑ *Die Kanniya Hot Wells sollen therapeutische Eigenschaften haben*

Hotels

Amaranthé Bay
Stilvolles Resort in Uppuveli mit weißen Villen, die sich um einen herrlichen Pool gruppieren.
E3 Alles Garden, Uppuveli
amaranthe bay.com
$$$

Nilaveli Beach Hotel
Das attraktive Resort in Nilaveli ist direkt aus dem Paradies.
E3 11. Meilenpfosten, Nilaveli
nilaveli.tangerine hotels.com
$$$

Jungle Beach
Das stilvolle kleine Boutique-Hotel, zehn Kilometer nördlich von Nilaveli, liegt zwischen Meer und Lagune.
E2 Pulmoddai Road, Kuchchaveli
ugaescapes.com
$$$

Restaurants

Café on the 18th
Das stilvolle Café in Uppuveli wartet mit westlichen Gerichten wie Panini auf. Gute vegetarische und vegane Optionen.
E3 18 Alles Garden, Uppuveli
+94 77 978 8814
$$$

Ubay Restaurant
Rustikales kleines Restaurant in Uppuveli, das hausgemachte sri-lankische Gerichte serviert.
E3 15 Beach Road, Uppuveli
+94 77 713 3920
$$$

Sri Kishna Café
Das an der Lagune gelegene Lokal in »Batti« serviert schmackhafte vegetarische Gerichte.
F4 Lake Road, Batticaloa
+94 65 222 8900
$$$

5
Passekudah und Kalkudah

F4 Passekudah: 28 km nordwestl. von Batticaloa; Kalkudah: 27 km nordwestl. von Batticaloa von Batticaloa

Die Zwillingsstrände Passekudah und Kalkudah sind ein gutes Barometer für Sri Lankas wechselndes Glück im Lauf der Jahre. Vor dem Bürgerkrieg waren sie das am weitesten entwickelte Touristenziel an der Ostküste. Kurz nach Ausbruch des Kriegs wurden die Hotels aufgegeben und anschließend von der LTTE in die Luft gesprengt. Nach ihrer Zerstörung kehrte die Gegend zu ihrer früheren Verschlafenheit zurück und geriet scheinbar in Vergessenheit.

Das änderte sich schlagartig in den späten 2000er Jahren, als Passekudah für eine massive Entwicklung vorgesehen war. Eine Reihe von Resorts wurde gebaut und verwandelte den Strand innerhalb weniger Jahre in eines der größten Pauschaltourismusziele der Insel. Trotz dieser Bauten ist Passekudah immer noch einer der schönsten Strände Sri Lankas mit weißem Sand und klaren, sanft plätschernden Wellen. Für diejenigen, die sich vor der Idee scheuen, den ganzen Tag nur am Strand zu liegen, gibt es eine Reihe von Wassersportangeboten.

Kalkudah hingegen hat viel von seiner früheren Ruhe und seinem Charme bewahrt, mit einem wunderschönen und fast völlig unbebauten Strandstreifen. Hier gibt es nur ein Boutique-Hotel (mit stilvollen Zelt-Zimmern) und ein paar Häuser. Die verbleibenden zwölf Kilometer Sandstrand werden von scheinbar endlosen Kokosnussplantagen und Cashew-Hainen gesäumt. Die Wellen sind hier rauer als in Passekudah, und der Meeresboden fällt nahe der Küste steil ab, aber Sie können tamilischen Fischern zusehen, die morgens ihre Netze einholen, während Seeadler über ihnen schweben – ein toller Anblick!

↑ *Der Strand von Kalkudah ist einer der schönsten des Landes*

6
Batticaloa

F4 87 000 138 km südöstl. von Trincomalee

Die zweitgrößte Stadt an der Ostküste, Batticaloa (oder »Batti«), macht das, was ihr an Sehenswürdigkeiten fehlt, mit ihrer reichen Geschichte, ihrem schrulligen Charme und ihrem Reiz abseits ausgetretener Pfade wett. Die Tatsache, dass die Stadt scheinbar in der Mitte eines verwirrenden Wasserlabyrinths liegt – eingeklemmt

Expertentipp
Rund um Batti
East 'n' West On Board bietet eine Auswahl an lokalen Touren und Aktivitäten rund um Batti an, darunter Radfahren und geführte Wanderungen, Bootsfahrten und Kochkurse (www.eastonboard.com).

»Singende Fische« von Batticaloa

Der im Bereich der Kallady Bridge verlaufende Abschnitt der Batticaloa Lagoon gilt als Revier der »Singenden Fische«. Bei Vollmond zwischen April und September hört man hier ein Geräusch, das an Violinklänge erinnert. Zeuge dieses faszinierenden »Konzerts« wird man am besten von einem Boot. Die Erklärungen des Phänomens reichen von sich paarenden Muscheln bis zu Wasserbewegungen am Lagunengrund.

↑ *Die St Mary's Cathedral in Batticaloa und deren farbenfroher Eingang* (Detail)

zwischen Lagune und Meer, macht die Schönheit nur noch größer.

Das Fort ist die Hauptattraktion der Stadt. Ursprünglich von den Portugiesen 1628 erbaut, wurde es zehn Jahre später von den Holländern eingenommen. Innerhalb des zentralen Hofs gibt es nicht viel zu sehen, gehen Sie also direkt zur Spitze des Forts. Hier befinden sich einige Kanonen unter einem schattigen Vordach, und man hat einen fantastischen Blick auf die Lagune.

Westlich davon erstreckt sich das Stadtzentrum entlang der parallel verlaufenden Main und Bazaar Street, die beide von kleinen Läden und Cafés gesäumt sind. Im Schatten des altmodischen Uhrturms steht eine ungewöhnliche Statue eines Pfadfinders. Sie wurde 1998 zur Feier des 80-jährigen Bestehens der örtlichen Pfadfinderbewegung errichtet.

In den Straßen südlich des Uhrturms stehen koloniale Kirchen und Colleges, darunter das St Michael's College, eine der größten Schulen im Osten. Es wurde 1873 von Ferdinand Bonnel gegründet und bis in die 1970er Jahre privat geführt. Direkt gegenüber steht die St Mary's Cathedral mit puderblauer neoklassizistischer Fassade. Sie wurde in den 1970er Jahren durch einen Zyklon beschädigt und danach mehrmals restauriert. Hier wurde der tamilische Politiker Joseph Pararajasingham während der Mitternachtsmesse im Jahr 2005 ermordet.

Durch die Lagune von Batticaloa getrennt und über die schmiedeeiserne Kallady-Brücke zu erreichen, bietet der entspannte Vorort Kallady einen schönen Strand, mehrere Gästehäuser und Tauchschulen. Achtung: Das Wasser ist hier rau und nicht zum Schwimmen geeignet.

Fahren Sie stattdessen zum Wrack der HMS *Hermes*, das vor der Küste liegt. Dieser Flugzeugträger der Royal Navy und sein Begleiter, der australische Zerstörer HMAS *Vampire*, sanken während eines Luftangriffs durch japanische Bomber im April 1942. Etwa 307 Männer verloren bei dem Untergang ihr Leben. Das Wrack liegt 44 Meter unter der Wasseroberfläche und eignet sich perfekt für erfahrene Taucher, da es gute Sichtverhältnisse, reichlich Meereslebewesen und eine Reihe von Wracks in der Nähe zu erkunden gibt. Das Tauchen ist nur von März bis Oktober möglich.

Eine der beiden riesigen Buddha-Statuen in Maligawila

7

Velgam Vihara

E3 · 9 km westl. von Uppuveli · tägl. Sonnenauf- bis -untergang

Die stimmungsvollen Überreste von Velgam Vihara liegen nördlich der Kanniya Hot Wells *(siehe S. 197)*. Das von Hindus Natanar Kovil genannte buddhistische Kloster soll im 3. Jahrhundert v. Chr. von König Devanampiya Tissa gegründet worden sein. Als die Chola aus Südindien im 10. Jahrhundert Sri Lanka angriffen, zerstörten sie das Kloster – im Unterschied zu vielen anderen buddhistischen Stätten – nicht, sondern restaurierten es und nutzten es als Andachtsstätte.

Zu der riesigen Anlage gehören ein Bilderhaus, ein stehender Buddha und eine *dagoba*. Man erkennt noch einige tamilische Inschriften aus dem 10. Jahrhundert. Hier wird zwar kein Eintritt erhoben, aber eine Spende ist immer willkommen.

Ein kleines Museum in der Nähe erinnert mit Fotografien an die 26 bei einem im Jahr 2000 erfolgten Bombenanschlag der LTTE getöteten Zivilisten und singhalesischen Soldaten.

8

Maligawila

E6 · 17 km südl. von Monaragala · von Monaragala · tägl. Sonnenauf- bis -untergang

Nahe dem Dorf stehen zwei im dichten Tieflanddschungel verborgene, mächtige Buddha-Statuen. Die beiden aus Kalkstein gemeißelten, eindrucksvollen Skulpturen aus dem 7. Jahrhundert sollen zur Ausstattung eines Klosters gehört haben. Nachdem sie vermutlich schon vor Jahrhunderten umgestürzt und in mehrere Teil zersprungen waren, wurden sie Ende der 1980er Jahre aufgerichtet und wieder zusammengesetzt.

Man erreicht die Stätte über einen Pfad, der am Parkplatz beginnt und durch den Wald verläuft. An einer Gabelung führt je ein Weg zu einer der beiden Statuen. Auf dem nach links verlaufenden kommt man zu einem elf Meter hohen Buddha, den man umrunden und somit von allen Seiten bewundern kann.

Der Weg nach rechts führt zu einer Treppe, über die man zu einer vom Blätterdach der Bäume bedeckten *Bodhisattva*-Statue kommt. Die Statue (10. Jh.) zur linken Seite der Treppe trägt eine Inschrift aus der Regierungszeit Mahindas IV. Sie preist dessen Verdienste für den Buddhismus und listet Regeln für die Verwaltung buddhistischer Stätten auf.

9

Gal Oya National Park

F5 · 80 km südwestl. von Batticaloa · von Batticaloa nach Ampara, dann Taxi nach Inginiyagala · tägl. 6–18

Der ungefähr 540 Quadratkilometer große, in einem Trockengebiet gelegene Nationalpark befindet sich ein wenig abseits der touristischen Hauptrouten. Der Senanayake Samudra, ein künstlich geschaffener See, wurde 1948 aufgestaut. Der Nationalpark selbst wurde 1954 zum Schutz des Einzugsgebiets des wichtigen Wasserreservoirs eingerichtet. Der See weist zahlreiche Inseln auf und zählt zu den größten in Sri Lanka.

↑ *Die pittoresken Ruinen des Tempels Magul Maha Vihara im Lahugala National Park*

Rund um den Senanayake Samudra kann man eine große Zahl an Wasservögeln beobachten, darunter Weißbauchseeadler, Tropfenfrankolin, Blauschwanzsittich und Nachtschwalbe. Auf den Inseln sieht man mit etwas Glück Elefanten, auf dem Areal des Parks leben auch Säugetiere wie Graue Languren, Wildschweine, Wasserbüffel und Hirschwild.

Für Erkundungstouren kann man sich einen Jeep mieten. Interessant ist auch eine Bootsfahrt zu den Inseln im Stausee. Zu den spannendsten Arealen des Nationalparks gehört Bird Island, ein wichtiges Brutgebiet vieler Vogelarten.

10 Lahugala National Park

F6 · 19 km nordwestl. von Arugam Bay an der Monaragala Road
tägl. 6–18

Der kleine, von Arugam Bay *(siehe S. 202)* aus gut erreichbare Nationalpark mit drei Seen ist Lebensraum zahlreicher Wasservögel sowie von Elefanten. Am Lahugala Tank bieten sich die besten Möglichkeiten zur Vogelbeobachtung (u. a. Störche und Pelikane). In der Trockenzeit (Juli/Aug) versammeln sich hier Elefantenherden, um das am Ufer im Überfluss vorhandene *Beru*-Gras zu fressen.

Umgebung: Sechs Kilometer südwestlich kommt man zu den Ruinen von **Magul Maha Vihara**. Inschriften lassen vermuten, dass die Klosteranlage im 5. Jahrhundert – zur Zeit von König Dhatusena – erbaut und im 14. Jahrhundert restauriert wurde. Bisher wurde nur ein kleiner Teil der Stätte freigelegt, weitere Gebäude sind noch von dichtem Dschungel bedeckt. Sehenswert sind die *dagoba*, das Bilderhaus und der gut erhaltene, mit Elefantenfiguren und ihren *mahouts* (Führern) verzierte Mondstein.

← *Ein Fischer auf dem Stausee Senanayake Samudra im Gal Oya National Park*

Magul Maha Vihara
tägl. Sonnenauf- bis -untergang

11 Monaragala

E6 · 10 000 · 151 km südwestl. von Batticaloa

Monaragala (wörtlich: »Felsen der Pfauen«) ist nach dem landschaftlich eindrucksvollen, bewaldeten Peacock Rock benannt, auf dem sich die Stadt befindet. Durch ihre üppig grüne Umgebung verlaufen einige Wanderwege. Die artenreiche Tierwelt umfasst u. a. Elefanten, Büffel, Hirschwild und Pfauen, denen man bei Wanderungen begegnen kann.

Monaragala ist ein sehr guter Ausgangspunkt für die Besichtigung der faszinierenden Kolossalstatuen in Maligawila sowie für Fahrten nach Arugam Bay.

> Entdeckertipp
> **Gummi**
> Eine der besten Wanderungen in Monaragala beginnt am Busbahnhof. Sie passieren einen farbenfrohen Ganesha-Tempel, bevor Sie die Gummifabrik erreichen. Der Weg schlängelt sich durch eine Plantage mit Gummibäumen.

Shopping

Ecowave
Der von einem lokalen Sozialunternehmen betriebene Laden in Arugam Bay verkauft Gewürze aus der Region. Es werden auch Touren und Kochkurse angeboten.
F6 Main Street, Arugam Bay
ecowave.lk

Rice and Carry
Souvenirs aus recycelten Säcken und Plastiktüten in Arugam Bay.
F6 Main Street, Arugam Bay
riceandcarry.com

Batticaloa Central Market
Stände mit Stoffen, Lebensmitteln und anderen bunten Dingen in »Batti«.
F4 Lloyds Avenue
tägl. 8–18

12
Arugam Bay
F6 3500 76 km östl. von Monaragala

Das abgelegene Dorf bleibt dank seiner entspannten Atmosphäre der größte Anziehungspunkt an der Ostküste. Die ersten Touristen, die hierherkamen, waren aufgrund der Weltklasse-Wellen Surfer. Das Surfen ist nach wie vor der wichtigste Grund für eine Reise, obwohl es noch viele andere Attraktionen gibt. In dem Ort geht es immer noch ruhig zu, in der Nebensaison (Nov–Apr) haben viele Läden geschlossen.

Der Ort hat einen (für Sri Lanka) einzigartigen linksorientierten Appeal, der auch durch das Wahrzeichen, das Siam View Restaurant in thailändischem Stil mit einer alten britischen roten Telefonzelle draußen, deutlich wird. Große Hotels und Pauschaltouristen findet man hier nicht. Die meisten Unterkünfte sind gemütliche Gästehäuser, Bambus-Cabanas und gelegentlich ein Baumhaus auf riesigen Stelzen. Alles liegt direkt an einem schönen Strand, an dem einheimische Fischer und sonnenbadende Ausländer fröhlich nebeneinander existieren.

Surfanfänger sollten zum Pottuvil Point gehen, erfahrene Surfer kommen am Whiskey Point oder am Crocodile Rock *(siehe S. 205)* auf ihre Kosten.

Abgesehen vom Surfen gehören zu den beliebten Ausflugszielen der Kumana National Park *(siehe S. 204)*, Kudumbigala Hermitage *(siehe S. 205)*, Okanda *(siehe S. 205)* und Pottuvil. Letzteres liegt eine kurze Strecke nördlich von Arugam Bay, auf der gegenüberliegenden Seite der Arugam-Lagune. In dem Ort kommen die meisten Busse nach Arugam Bay an und fahren von dort ab. Es lohnt sich, einen Ausflug auf die Pottuvil Lagoon zu machen, um das reiche Wasserleben des Mangrovensumpfes zu sehen. Neben Wasservögeln leben hier auch Affen und Krokodile.

In der Nähe an der Küste liegen die stimmungsvollen Ruinen des Mudu Maha Vihara. Mitten im Sand befinden sich die Überreste der Mauern eines Bilderhauses und eine drei Meter hohe stehende Buddha-Skulptur sowie Bilder von zwei *bodhisattvas*.

Ein Mann verkauft am Strand von Arugam Bay von seinem Fahrrad Eiscreme ↑

Surfen in Sri Lanka

Das ganze Jahr über finden Surfer aus aller Welt – vom Anfänger bis zum Könner – in Sri Lanka beste Möglichkeiten. Ziehen Sie Ihre Badehose an, schnappen Sie sich ein Board, und los geht's.

Hikkaduwa *(siehe S. 100f)* ist aufgrund seiner coolen Atmosphäre, seiner großen Auswahl an Unterkünften und seines Nachtlebens der populärste Surfspot an der Westküste. Weiter südlich, in Midigama *(siehe S. 123)* und Ahangama, wo es vor der Küste Korallenriffe, Felsen und lang ausrollende Linkswellen gibt, kommen erfahrene Surfer auf ihre Kosten, die sich ganz auf ihren Sport konzentrieren wollen. Weitere bei Surfern beliebte Treffpunkte an der Südküste sind Mirissa *(siehe S. 120)* und Weligama *(siehe S. 124)*. Hier sind auch Anfänger gut aufgehoben. Der bekannteste Surfspot an der Ostküste (und für viele Surfer sogar der gesamten Insel) ist Arugam Bay, wo schon mehrere internationale Surfwettbewerbe sowie der Sri Lanka Champion of Champions Surf Contest ausgetragen wurden. Sehr populäre Reviere in der Umgebung des Orts sind Point, Pottuvil Point, Peanut Farm, Crocodile Rock und Okanda Point. Die Saison dauert an der Westküste von November bis April, an der Ostküste von Mai bis Oktober.

↑ *Surfer mit ihren Boards am Strand von Weligama*

Surf's up!

Surfschulen in stark frequentierten Orten bieten neben Kursen für alle Niveaus auch Verleih und Reparatur von Boards sowie Ausflüge zu beliebten Surfspots. Einige Gästehäuser bieten auch Packages für Anfänger an. **Gruppen- oder Einzelstunden** können an fast allen Stränden gebucht werden. In Revieren mit schwächeren Wellen (zwischen einem und zwei Metern hoch) finden Einsteiger geeignete Bedingungen.

Ein Surfer auf einer Welle in der westliche Ecke des Strands von Mirissa ↑

13

Maduru Oya National Park

F4 E4 91 km nördl. von Monaragala tägl. 6–18

Der Eingang zum Park liegt in Dambana, wo man auch Jeeps zur Erkundung des Parks mieten kann. Der Nationalpark wurde 1983 zum Schutz der Einzugsgebiete mehrerer Seen ausgewiesen, an denen sich Vögel bevorzugt aufhalten. Unter den hier lebenden Säugetieren dominieren Elefant, Sambar und Affe.

In dem unter dem Namen Henanigala bekannten Areal am Rand des Schutzgebiets leben Vedda, Angehörige des indigenen Volks von Sri Lanka. Die Vedda wurden bei der Gründung des Nationalparks Maduru Oya umgesiedelt und dürfen sich hier nur tagsüber und mit Sondergenehmigung aufhalten. Das rustikale kleine Dorf Kotabakina bietet einen seltenen (wenn auch touristischen) Einblick in die Lebensweise der Vedda. Den Besuchern werden traditionelle Tänze, Feuermachen und Bogenschießen vorgeführt, und sie haben die Möglichkeit, mit einigen der Vedda zu sprechen.

Hotel

Samantha's Folly

Das Gästehaus bietet eine Auswahl an Cabanas oder »Follies« direkt am Strand, die strohgedeckten Hütten ähneln. Es gibt ein gutes Restaurant vor Ort.

F6 Main Road, Arugam Bay
+94 77 338 7808

$$$

14

Kumana National Park

F6 120 m östl. von Okanda tägl. 6–18

Der früher Yala East National Park genannte Nationalpark war während des Bürgerkriegs geschlossen und wurde 2010 wiedereröffnet. Das Schutzgebiet an der Pilgerroute nach Kataragama gehört zu den fünf Blöcken des Yala National Park *(siehe S. 116)*.

Das 357 Quadratkilometer große Areal ist wichtiger Lebensraum einer artenreichen Vogelwelt, u. a. Buntstorch, Kormoran und Eurasischer Löffler. Auch der bedrohte Riesenstorch wird hier gesichtet.

Als wichtigstes Ökosystem des Nationalparks gilt das vom Kanalsystem des Kumbukkan Oya gespeiste Mangrovensumpfland Kumana Villu. Es bietet vielen Vogelarten ausreichend Schutz. Auch außerhalb des Mangrovengebiets sind die Lebensbedingungen für Vögel sehr gut, viele tummeln sich in den Lagunen und Salzmarschen des Nationalparks.

Expertentipp
Pade Yathra

Planen Sie Ihren Besuch in Okanda so, dass er mit der Pade Yathra zusammenfällt, Sri Lankas ältester und längster Pilgerfahrt. Im Juni und Juli wandern die Gläubigen die ganze Ostküste entlang.

Im Schutzgebiet leben auch viele Säugetiere wie Elefanten, Wildschweine, Fischkatzen und Schakale. Unter den Reptilien finden sich Schildkröten, für die der Park einen wichtigen Platz zur Eiablage bildet.

Im Kumana National Park gibt es darüber hinaus auch einige archäologische Stätten zu erkunden. Sehenswert ist vor allem Bambaragasthalawa, dessen Höhlen faszinierende Inschriften und eine (beschädigte) elf Meter hohe Buddha-Statue aus dem 9. Jahrhundert beherbergen.

In Bowattegala, acht Kilometer südwestlich, findet man die Ruinen eines Felsentempels aus dem 3. Jahrhundert v. Chr.

Der Maduru Oya National Park, ein Schutzgebiet für Vögel, Elefanten, Affen und Sambars

15
Okanda

F6 900 18 km südwestl. von Panama von Panama

Der östlich des Eingangs zum Kumana National Park gelegene Ort ist ein Etappenziel für Pilger auf dem Weg von Jaffna *(siehe S. 210–213)* nach Kataragama *(siehe S. 118)*. Sehenswert ist der unter einem Felsvorsprung errichtete Velayudha-Swami-Tempel. Hier soll der Hindu-Gott Skanda gemeinsam mit seiner Ehefrau Valli in einem steinernen Boot auf Sri Lanka angelangt sein. Im Juli feiern hier Pilger ein 15-tägiges Fest. Auf dem Felsen thront der Valli Amman Kovil, ein einfacher Schrein. Vor dem Bau entspringt eine Quelle.

Der wenige Gehminuten östlich des Velayudha-Swami-Tempels gelegene Strand war vor dem Bürgerkrieg ein populärer Surfertreff. In der Zwischenzeit kehren die Wellenreiter wieder hierher zurück, um den Massen in Arugam Bay zu entgehen. Hier sollten sich nur erfahrene Surfer in die Wellen stürzen, da es keine Rettungsschwimmer gibt.

16
Panama

F6 4000 12 km südl. von Arugam Bay

Der kleine, etwas abseits gelegene Ort verfügt über einen sich nach Osten erstreckenden Strand. Sanddünen und Felsbrocken schaffen ein wüstenartiges Ambiente. Wegen des starken Wellengangs sollte man hier nicht schwimmen. Am Ortseingang von Panama steht eine sehenswerte weiße *dagoba*.

Die Straße zwischen Arugam Bay und Panama führt durch eine wunderschöne Landschaft mit menschenleeren Stränden und Küstenlagunen, die von einer Reihe seltsam geformter Felsen durchsetzt sind, vor allem dem Crocodile Rock und dem Elephant Rock – benannt nach ihrer angeblichen Ähnlichkeit mit diesen Tieren. Krokodile sind in vielen der Lagunen zu finden und können gelegentlich bösartig werden – ein britischer Besucher wurde hier 2017 von einem getötet.

17
Kudumbigala Hermitage

F6 14 km südwestl. von Panama tägl. 6–17

Die in dichtem Dschungel versteckte Waldklause von Kudumbigala ist ein ruhiger und stimmungsvoller Ort. Die Einsiedelei, die sich über eine Fläche von 47 Quadratkilometern erstreckt, besteht aus Hunderten von Schreinen in Felshöhlen, von denen einige Inschriften in Brahmi enthalten – einer altindischen Schrift aus dem 5. Jahrhundert v. Chr.

Die Stätte soll aus dem 2. Jahrhundert n. Chr. stammen und wurde ursprünglich als Zufluchtsort für buddhistische Mönche eingerichtet, die Abgeschiedenheit und Stille suchten. Noch immer kommen Mönche hierher zum Meditieren. Besucher hingegen kommen wegen der fantastischen Aussicht vom Gipfel des höchsten Felsens, der von einer *dagoba* gekrönt wird.

Vedda

Die Vedda – die Eigenbezeichnung *Wanniyala-Aetto* bedeutet »Waldbewohner« – sind das indigene Volk Sri Lankas. Sie leben schon seit Jahrtausenden auf der Insel. Bedingt durch die fortschreitende Rodung des Dschungels, ihres angestammten Lebensraums, wurden viele Vedda in Dörfer umgesiedelt, wo sie sich mit Singhalesen und Tamilen vermischten. Einige widersetzten sich jedoch diesen Maßnahmen und bewahren weiter die Lebensweise ihrer Vorfahren, wozu ein Leben als Jäger und Sammler im Einklang mit der Natur sowie bestimmte Bräuche (u. a. Totenkult, Ahnenverehrung) gehören. Siedlungen der Vedda bestehen in der Nähe von Dambana östlich von Manampitiya – hier wohnen die Vedda seit der Vertreibung aus ihrem ursprünglichen Lebensraum im Maduru Oya National Park.

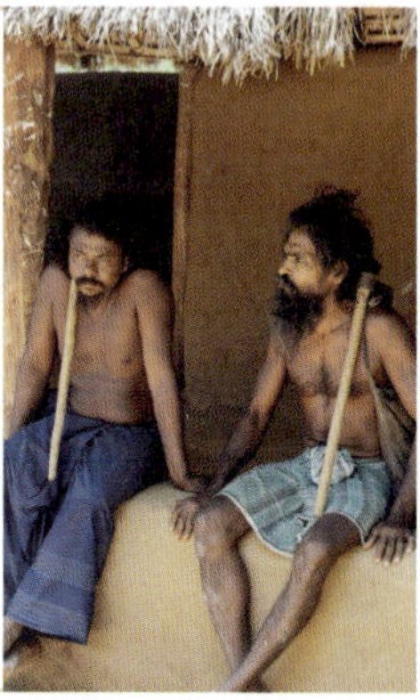

RUBA VERSATILE TR
104, Stanley Road, Jaffna.
Viva
Velvet
AMANDA

Ein Ladenbesitzer in Jaffna füttert eine Kuh

Jaffna und Norden

Das nördliche Sri Lanka wurde größtenteils durch seine Nähe zu Indien geprägt. Wann genau die ersten Siedler aus Südindien hier ankamen, ist unklar, sicher ist, dass bereits im 3. Jahrhundert v. Chr. Tamilen auf der Halbinsel Jaffna lebten.

Bis zum 13. Jahrhundert n. Chr. war hier ein mächtiges tamilisches Königreich entstanden – Jaffnapatnam. Dank der Kontrolle über die strategisch wichtige Palkstraße, die die Ost- und Westküste Indiens verbindet, zog Jaffnapatnam bald die Aufmerksamkeit der Portugiesen auf sich. Diese europäischen Invasoren ergriffen 1621 die Kontrolle über Jaffna, nur um 1658 von den Holländern vertrieben zu werden, die Jaffnas massives Sternfort bauten.

Während der britischen Ära verlor der Norden an Bedeutung, erlangte aber mit dem Ausbruch des Bürgerkriegs wieder tragische Berühmtheit. Während des Konflikts fungierte ein Großteil der Region als eigenständiger Staat, der von der LTTE regiert wurde. Wiederholte Kämpfe legten viele Städte und Dörfer der Region in Schutt und Asche, Hunderttausende von Landminen machten weite Teile des Landes unbewohnbar. Der Wiederaufbau seit dem Ende des Kriegs im Jahr 2009 verlief lobenswert schnell, obwohl viele Narben in Form von durch Kugeln zerstörten Gebäuden und einer starken Militärpräsenz zurückblieben. Heute zieht es Besucher in Sri Lankas reichste und am wenigsten entwickelte Region, um ihre natürliche Schönheit zu erleben.

Palkstraße
Kankesanturai
Valvedditturai
Point Pedro
AB21
AB20
Tellippalai
Jaffna
Uppu Aru Lagoon
Vallipuram
Karaitivu
Karainagar
Puttur
Halbinsel Jaffna 1
Manalkadu Desert
Jaffna Islands 2
Kayts
Jaffna
Kodikamam
A9
B371
Kayts
Valanai
AB19
Chavakachcheri
Nainativu
A32
Pallai
AB39
Kurikadduwan
Punkudutivu
Jaffna Lagoon
Delft
Palaitivu
Pooneryn
A32
Kakerativu
Chempankundu
B375
Mandekal Aru
Mudkompan
Palkbucht
Pallawarayankaddu
Akkarayan
Iranativu North
Akkarayan Kulam
Iranativu South
Mulankavit
Vellankulam
B269
A32
Talaimannar
Mannar Island
Anthoniyarpuram
Vavuni Kulam
A14
5
Vidattaltivu
Mannar
Thiruketheeswaram
Periyamadu
Moondu Murippu
A32
Adampan
Parappukadanthan
Palampiddy
Golf von Mannar
Yodha Wewa
Madhu
B378
B299
A14
Ahathimurippu
A30
Silavathurai
Mullikulam
Westküste
Seiten 86–101

Jaffna und Norden

Highlights

1. Halbinsel Jaffna
2. Jaffna Islands

Sehenswürdigkeiten

3. Vavuniya
4. Kilinochchi
5. Mannar Island
6. Elephant Pass

Der Uhrturm mit Blick auf ein Kricket-Spielfeld in Jaffna, dem Hauptort der Halbinsel ↑

❶

Halbinsel Jaffna

D1 · 385 km nordöstl. von Colombo

Die fruchtbare Halbinsel Jaffna an der nördlichsten Spitze Sri Lankas ist noch ziemlich isoliert vom Rest des Landes. Spuren des Bürgerkriegs sind noch vorhanden, aber Tempel werden renoviert, und Häuser werden wieder aufgebaut. Die Halbinsel hat einen fast schon beschaulichen Charakter, noch nicht alle Errungenschaften der Moderne scheinen hier angekommen zu sein.

①

Jaffna

169 km nordöstl. von Mannar Island

Jaffna, die Hauptstadt der Halbinsel, unterscheidet sich sehr vom Rest Sri Lankas, vor allem wegen der Narben, die sie vom Bürgerkrieg trägt. Obwohl es nur wenige touristische Sehenswürdigkeiten gibt, ist es dennoch ein faszinierender Ort.

Das von den Niederländern 1680–1792 an der Stelle einer älteren portugiesischen Befestigungsanlage errichtete Jaffna Fort beeindruckt allein schon durch seine Ausmaße. Die im Bürgerkrieg umkämpfte Festung wird seit Jahren restauriert. Die Anlage ist nicht öffentlich zugänglich, Besucher können sie aber umrunden. Weitere Sehenswürdigkeiten sind die wiederaufgebaute Jaffna Public Library, die 1981 von einem singhalesischen Mob niedergebrannt worden war, und der 1875 nach Plänen des britischen Architekten J. G. Smither errichtete Uhrturm.

In Jaffna stehen Gotteshäuser aller hier vertretenen Religionen, am auffälligsten sind die großen christlichen Kirchen. Einige befinden sich in der Main Street, darunter auch die St James Church und die von den Niederländern erbaute, mächtige **St Mary's Cathedral**. Letztere ist sehr schön ausgestaltet.

Westlich des Zentrums erreicht man das **Archaeological Museum**. Zu den Exponaten gehören Grabungsfunde aus Kantharodai sowie hinduistische und buddhistische Artefakte. Westlich des Busbahnhofs befindet sich Jaffnas stimmungsvoller Markt. Neben Alltagsgegenständen findet man hier auch Waren, die aus den Blättern der Palmyra-Palme gefertigt sind, darunter Taschen und Matten. Der Markt umfasst auch einen überdachten Bereich, in dem die Händler frisches Obst und Gemüse anbieten.

In Jaffna stehen Gotteshäuser aller hier vertretenen Religionen, am auffälligsten sind die großen christlichen Kirchen.

St Mary's Cathedral
Press Road · tägl. 8 –17

Archaeological Museum
Navaly Road
Mi – Mo 8 –17

②
Nallur-Kandaswamy-Tempel

2 km nordöstl. von Jaffna
tägl. 5 –19; Heiligtum: tägl. 6 –14, 16 –19 · Nallur Chariot Festival (Aug/Sep)
nalluran.com

Der dem hinduistischen Gott Skanda (bzw. Murugan) geweihte prachtvolle Nallur-Kandaswamy-Tempel wurde im 17. Jahrhundert von den Portugiesen zerstört, die heutige Anlage stammt aus dem 19. Jahrhundert. Das Innere ist üppig ausgestaltet. Der Tempel ist zentraler Schauplatz des 25 Tage dauernden Nallur Chariot Festival. Es erreicht seinen Höhepunkt am 24. Tag, wenn ein großer aus Holz geschnitzter Wagen durch die Straßen gezogen wird.

Männer müssen ihre Kleidung von der Taille aufwärts ausziehen, um den Tempel zu betreten, Frauen ihre Knie und Schultern bedecken.

③
Kantharodai

10 km nördl. von Jaffna
tägl.

Die recht ungewöhnlich wirkende archäologische Stätte umfasst auch eine Ansammlung bemerkenswert kleiner *dagobas*. Sie sollen ungefähr 2000 Jahre alt sein, um ihre Bedeutung ranken sich Legenden. Nach einer bergen sie die sterblichen Überreste von Mönchen, nach einer anderen wurden sie der Verheißung eines Gebets entsprechend errichtet. Einige Funde aus Kantharodai werden im Archäologischen Museum in Jaffna präsentiert.

④ ♿
Nilavarai Well

10 km nordöstl. von Jaffna · tägl.

Der Überlieferung zufolge soll der Hindu-Gotts Rama den Brunnen geschaffen haben, um seinen Durst zu stillen. Der Brunnen an sich ist ein interessantes Phänomen: An der Oberfläche führt er Süßwasser, etwas tiefer ist das Wasser hingegen salzig.

Restaurants

Rio Ice Cream
Die Eisdiele ist einer der beliebtesten Treffpunkte in Jaffna und ein toller Ort, um sich abzukühlen.

448 Point Pedro Road, Jaffna
$$$

Mango's
Auf der Speisekarte stehen viele nord- und südindische vegetarische Gerichte.

359 Temple Rd, Jaffna
+94 21 222 8294
$$$

Malayan Café
Café im südindischen Stil, das authentische tamilische Küche bietet.

36 Grand Bazaar, Jaffna
$$$

5

Valvedditturai

30 km nordöstl. von Jaffna

Der Fischerort Valvedditturai ist insbesondere als Geburtsort des LTTE-Gründers Velupillai Prabhakaran bekannt. Das Haus, in dem dieser seine Kindheit verbracht hatte, wurde 2010 zerstört.

In Valvedditturai findet man einige sehenswerte Tempel, darunter im östlichen Teil den **Amman-Tempel**. Die Anlage ist dem Hindu-Gott Shiva geweiht. Zum Tempelfest im April kommen viele Menschen. Hinter dem Schrein befindet sich ein Shiva geweihter Tempel.

Schon gewusst?

Die Halbinsel Jaffna ist berühmt für ihre saftigen Mangos.

Amman-Tempel
Commantharai Road
tägl. 6–18

6

Point Pedro

90 000 33 km nordöstl. von Jaffna

Point Pedro am nördlichsten Punkt Sri Lankas ist die zweitgrößte Stadt der Halbinsel. Die geschäftige Stadt hat nicht viele Sehenswürdigkeiten zu bieten, aber Sie können sich das Theru Moodi Madam anschauen. Dieses Tor, das die Straße beschattet, stammt vermutlich aus der niederländischen Kolonialzeit.

Der nördlichste Punkt befindet sich zwei Kilometer nordwestlich des Stadtzentrums und bietet ideale Sicht auf den Sonnenauf- wie auf den Sonnenuntergang. Der Leuchtturm der Stadt liegt innerhalb einer Militärbasis östlich des Zentrums, kann aber mit Erlaubnis der Wache von außen fotografiert werden. Der Fischerhafen östlich davon ist attraktiv.

7

Manalkadu Desert

11 km südl. von Point Pedro

Südlich von Point Pedro erstreckt sich ein Areal mit weißsandigen Küstendünen, das wegen seines wüstenhaften Ambientes als Manalkadu Desert bezeichnet wird. Die zum Teil von Sand bedeckten Überreste der im 20. Jahrhundert erbauten St Anthony's Church können besichtigt werden. In der Nähe befinden sich einige Gräber, die meisten stammen von Opfern des Tsunamis 2004. Vor dem Strand ist das Wasser klar und blau. Nach dem Tsunami wurden auch einige Häuser neu errichtet.

8

Keerimalai Springs

20 km nördl. von Jaffna
tägl.

Im Nordwesten der Halbinsel Jaffna treten zwei heiße Quellen aus – eine für Män-

Bunte Boote am Fisherman's Beach, in der Nähe des Leuchtturms von Point Pedro ↓

ner, eine für Frauen. Letztere ist ummauert, von der anderen genießt man einen schönen Blick aufs Meer.

Nach einer Sage hatte im 7. Jahrhundert eine Prinzessin der Chola ein derart entstelltes Gesicht, dass es dem eines Pferds ähnelte – ein Bad in den Quellen erlöste sie von ihrem Leid. Zum Dank ließ sie weiter südlich den **Maviddapuram-Kandaswamy-Tempel** errichten.

Viele Besucher kommen hierher, um in den Quellen, denen therapeutische Wirkung nachgesagt wird, ein Bad zu nehmen. In der Nähe liegt der **Naguleswaram Siva Kovil** genannte Tempel. Ende der 1990er erlitt die Anlage schwere Schäden, die inzwischen beseitigt wurden. Der Innenraum erstrahlt in leuchtenden Farben.

Maviddapuram-Kandaswamy-Tempel
Kankesanturai **tägl. 6–18** **mavaikandan.com**

Naguleswaram Siva Kovil
Kankesanturai
tägl. 6–18

↑ *Betende Frauen im Vishnu Kovil, dem Hindu-Tempel in Vallipuram*

⑨
Vallipuram
4 km südl. von Point Pedro

Hauptattraktion des verschlafenen Städtchens ist der **Vishnu Kovil**, der dem Hindu-Gott Vishnu gewidmet ist, der hier in Form eines Fischs erschienen sein soll.

Vishnu Kovil
Maruthankerny Road
tägl. 5–17

Hotels

Jetwing Jaffna
Jaffnas Top-Hotel, direkt im Zentrum, verfügt über makellose Zimmer und eine großartige Dachbar.

37 Mahatma Gandhi Road, Jaffna
jetwinghotels.com

$$$

Jaffna Heritage Hotel
Ein attraktives Anwesen an der friedlichen Nordseite von Jaffna. Entspannen Sie in den Gärten des Hotels.

195 Temple Road, Jaffna
jaffnaheritage.com

$$

Morgan's
Das Morgan's ist eines der beliebtesten Gästehäuser in Jaffna und liegt in einer schönen alten Kolonialvilla.

215 Temple Road, Jaffna
+94 21 222 3666

$

2

Jaffna Islands

B/C1 380 km nördl. von Colombo
für Fahrten nach Nainativu und Delft

Die Jaffna Islands erstrecken sich westlich der Halbinsel Jaffna in der Palkstraße. Bei einer Fahrt zu dieser Ansammlung kleiner Inseln lernt man eine völlig andere Facette von Sri Lanka kennen. Die Inseln sind nur dünn besiedelt, weißer Sand, blaues Meer und Palmen prägen das Ambiente. Kayts, Karaitivu und Punkudutivu sind mit der Hauptinsel Sri Lanka über Dämme verbunden, die Inseln Nainativu und Delft erreicht man nur per Boot. Für einen Tag am Strand eignen sich Karaitivu und Kayts, wer Ruhe sucht, findet sie auf Delft.

①

Delft

41 km westlich von Jaffna

Benannt nach der berühmten holländischen Stadt und lokal besser bekannt unter dem tamilischen Namen Neduntivu, wurde diese Insel von allen drei Kolonialmächten besetzt, obwohl sie die abgelegenste der bewohnten Inseln Jaffnas ist.

Delft ist bekannt für seine wilden Ponys, Nachkommen von Pferden, die von den Portugiesen nach Delft gebracht wurden. Westlich des Fähranlegers stehen die Ruinen eines holländischen Korallenforts, im Süden des Anlegers steht ein riesiger Baobab-Baum, ein ungewöhnlicher Anblick außerhalb Afrikas. Die Insel bietet darüber hinaus einige ruhige Sandflächen – perfekt zum Faulenzen.

Machen Sie das Beste aus Ihrem Ausflug auf die Insel und mieten Sie sich am Dock gleich ein Tuk-Tuk, wenn Sie mit der Fähre vom Festland ankommen. Ihr Fahrer wird Ihnen alle wichtigen Sehenswürdigkeiten zeigen und kann Sie dann für den Rest des Tages an einem schönen Strand absetzen.

②

Nainativu

31 km südwestl. von Jaffna

Die kleine Insel ist sowohl für Hindus als auch für Buddhisten von großer Bedeutung. Der Naga Pooshani Ambal Kovil befindet sich nahe der Anlegestelle und ist ein Hindu-Tempel, der der Göttin Ambal gewidmet ist, die neugeborene Babys segnet. Der ursprüngliche Tempel wurde von den Portugiesen zerstört. Der heutige Bau stammt aus dem Jahr 1788.

In der Nähe befindet sich der buddhistische Nagadipa Vihara mit einer silbernen *dagoba*, die den Ort von Buddhas zweitem Besuch in Sri Lanka markiert. Gegenüber beim Bodhi-Baum befindet sich ein siebenköpfiger Kobra-Brunnen.

Schon gewusst?

Die entlegenste der Inseln, Kachchativu, ist nur 22 Kilometer von Indien entfernt.

←
Nainativus markanter Naga Pooshani Ambal Kovil und sein farbenfrohes Interieur (Detail)

③
Punkudutivu

⌂ 24 km südwestl. von Jaffna

Die meisten Besucher kommen nach Punkudutivu, um vom Anleger im Westen der Insel mit der Fähre nach Nainativu oder Delft zu fahren.

④
Kayts

⌂ 6 km südwestl. von Jaffna

Die größte der Inseln liegt am nächsten zu Jaffna. Sie wurde von den Holländern auf den Namen Leiden getauft und wird lokal Velanai genannt. Im Süden befindet sich der beliebte Chatty (Velanai) Beach. Im Nordwesten liegt die Stadt Kayts, von wo aus Fähren nach Karaitivu ablegen. Die Stadt bietet auch einen schönen Blick auf das vorgelagerte Hammenhiel Fort aus dem 17. Jahrhundert, heute ein gehobenes Hotel, das von der sri-lankischen Marine betrieben wird.

⑤
Karaitivu

⌂ 33 km nordwestl. von Jaffna

Unter den Holländern als Amsterdam bekannt, ist Karaitivu die nördlichste Insel. Karaitivu hat Kirchen, Tempel und Schreine, aber das Highlight ist der Casuarina Beach, der am nördlichen Ende liegt. Der bei Einheimischen und Touristen beliebte Strand ist gut zum Schwimmen. Einrichtungen wie Umkleidekabinen und Toiletten sind vorhanden.

SEHENSWÜRDIGKEITEN

3 Vavuniya

D2 60 000 63 km nördl. von Anuradhapura

Zwei Autostunden nördlich von Anuradhapura markiert die Provinzstadt Vavuniya die kulturelle Grenze zwischen dem singhalesischen Süden und dem tamilischen Norden. Als solche befand sie sich während eines Großteils des Bürgerkriegs an der Frontlinie der Kämpfe und wurde zum Grenzpunkt für die Einreise in die von der LTTE kontrollierten quasi-unabhängigen Gebiete.

Vavuniya bietet nicht viele Gründe, um anzuhalten, aber es gibt einige interessante *kovils* sowie die goldene Kuppel der **Grand-Jummah-Moschee**.

Nördlich von hier erstreckt sich das Vanni, eine der leersten Regionen Sri Lankas, die immer noch mit undurchdringlichem Dschungel übersät ist. Historisch gesehen eine der am wenigsten besiedelten Gegenden Sri Lankas, bleibt die Region im Vergleich zu anderen Teilen der Insel seltsam, fast unheimlich, menschenleer.

Der Highway A9, der von Vavuniya nach Jaffna führt, war ein weiterer Schauplatz des Krieges und wurde aufgrund der vielen Toten, die er forderte, als »Highway des Todes« bezeichnet. Heute ist er ausgebaut und bietet nur noch wenige Erinnerungen an die Vergangenheit.

Grand-Jummah-Moschee
Horowapatana Road
Sa–Do 7–19, Fr 7–12, 14–19

4 Kilinochchi

D1 13 000 nördl. von Vavuniya

Kilinochchi, die Hauptstadt des Vanni, ist ein Symbol für die Wiedergeburt der Insel nach dem Bürgerkrieg. In den Kriegsjahren diente sie als Hauptstadt eines faktisch unabhängigen tamilischen Staats, der von der LTTE regiert wurde. Die Rückeroberung Kilinochchis wurde daher nach der Wiederaufnahme der Kämpfe 2008 zu einem Hauptziel der sri-lankischen Armee. Es folgte eine verheerende zweimonatige Schlacht um die Stadt, bevor die LTTE vertrieben und Kilinochchi in einen Trümmerhaufen verwandelte wurde.

Das Ausmaß des Wiederaufbaus seither war beeindruckend, außer einigen von Einschusslöchern übersäten Häusern sind nur noch wenige Überreste der Kämpfe sichtbar. Zwei Denkmäler erinnern an die Schlacht. Das erste zeigt eine Granate, die einen Steinwürfel durchbohrt, aus dessen Spitze eine Lotusblüte wächst. Noch ergreifender ist jedoch das zweite: ein riesiger, eingestürzter Wasserturm, der zerschmettert auf der Seite liegt; er wurde von der LTTE gesprengt und erinnert nun

Schon gewusst?

Ein Drittel der sri-lankischen Tamilen lebt heute außerhalb Sri Lankas.

Die Grand-Jummah-Moschee in Vavuniya mit goldenen Kuppeln ↓

Die Überreste einer alten portugiesischen Befestigung an der Küste auf Mannar Island

eindringlich an die Verwüstungen, die der Konflikt verursacht hat.

5

Mannar Island

C2 36 000 63 km nordwestl. von Vavuniya

Die Insel Mannar, die wie ein krummer Finger aus der Nordostküste in Richtung Indien ragt, ist eines der abgelegensten, aber faszinierendsten Reiseziele Sri Lankas. Während des Bürgerkriegs schwer getroffen, sieht die Insel nun zum ersten Mal seit Jahrzehnten wieder Touristen, darunter abenteuerlustige Kitesurfer, die von den unberührten Stränden und den ausgezeichneten Windbedingungen angezogen werden. Die Insel ist auch ein Hotspot für die Vogelbeobachtung, da viele Zugvogelarten nach ihrem Flug von Indien hier zum ersten Mal in Sri Lanka landen.

Mannar Town ist die größte Siedlung und birgt die interessanten Überreste eines alten portugiesischen Forts am Meer. Gleich außerhalb der Stadt steht ein kurzer, aber immens dicker Baobab-Baum mit einem Umfang von fast 20 Metern. Der Baum soll um 1480 von arabischen Händlern gepflanzt worden sein, von denen man auch annimmt, dass sie die wilden Esel auf der Insel eingeführt haben, die man in der Stadt noch immer sieht.

Von hier aus führt eine einzige Straße quer über die Insel, durch eine wunderschöne Landschaft mit Sanddünen, Salzwiesen und Palmyra-Palmen, nach Talaimannar, das nur 30 Kilometer von Indien entfernt ist. Die Überreste der alten Anlegestelle sind noch erhalten, während auf dem Meer eine Kette von Inselchen und Sandbänken, bekannt als Adam's Bridge, die Landbrücke umreißt, die einst die beiden Länder verband.

6

Elephant Pass

D1 90 km nördl. von Vavuniya

Der schmale Damm, der die Halbinsel Jaffna vom Festland trennt, war während des Bürgerkriegs einer der am härtesten umkämpften Orte der Insel und Schauplatz zweier großer Schlachten. Ein großes Kriegsdenkmal steht am südlichen Rand des Damms und zeigt Hände, die eine mit Lotusblüten übersäte Karte der Insel anheben. Weiter südlich bieten die ausgebrannten Überreste eines Bulldozers eine bewegende Erinnerung an die Schrecken des Kriegs. Der Bulldozer, der von der LTTE als Panzer benutzt wurde, konnte erst gestoppt werden, als ein Soldat der sri-lankischen Armee in das Fahrzeug sprang, eine Granate zündete und sich selbst und alle Insassen tötete.

Das Elephant Pass War Memorial

TOP 5 Vögel auf Mannar

Rosaflamingo
Der auffälligste Besucher von Mannar lebt in den Feuchtgebieten.

Buntstorch
Sofort erkennbar am großen gelben Schnabel und den schlanken rosa Beinen.

Schachwürger
Der farbenfrohe kleine Vogel ist einer der vielen indischen Besucher.

Austernfischer
Einer der vielen Watvögel, außerhalb von Mannar selten zu sehen.

Großer Brachvogel
Ebenfalls jenseits von Mannar selten in Sri Lanka zu sehen.

REISE-INFOS

Straßenszene in Pettah, Colombo

SA TRANS

SRI LANKA
REISEPLANUNG

Mit etwas Planung sind die Vorbereitungen für die Reise schnell zu erledigen. Die folgenden Seiten bieten Ihnen Tipps und Hinweise für alle Eventualitäten.

Auf einen Blick

Währung
Sri-lankische Rupie (LKR)

Ausgaben pro Tag

Sparsam	Preisbewusst	Luxus
6000 LKR	16 000 LKR	40 000 LKR

Mineralwasser	Kaffee	Bier	Dinner für zwei
100 LKR	400 LKR	500 LKR	5000 LKR

Wichtige Redewendungen

Hallo	Ayubowan oder kohomadah
Auf Wiedersehen	Mung yunnung oder kohomadah
Bitte	Karunakara
Danke	Sthuthi
Sprechen Sie Englisch?	Obah ingireesi kata karanavaada?
Ich verstehe Sie nicht	Mata theruney nayhay

Strom
Die Stromspannung in Sri Lanka beträgt 230 Volt bei 50 Hertz. Runde Stecker mit drei Stiften sind am verbreitetsten.

Einreise
Für die Einreise nach Sri Lanka benötigt man ein Visum. Man kann es direkt bei Ankunft erwerben, einfacher und billiger ist es jedoch, eine **elektronische Reisegenehmigung (ETA)** im Voraus online zu kaufen. Standard-Touristenvisa sind für 30 Tage gültig, können aber im Immigration Service Centre in Colombo auf bis zu sechs Monate verlängert werden.
Electronic Travel Authorization
W eta.gov.lk

Sicherheitshinweise
Aufgrund unvorhersehbarer Entwicklungen kann es zu Änderungen und Einschränkungen kommen. Aktuelle Hinweise zur Einreise sowie Sicherheitshinweise finden Sie beim Auswärtigen Amt (www.auswaertiges-amt.de), beim österreichischen Bundesministerium für europäische und internationale Angelegenheiten (www.bmeia.gv.at) oder beim Eidgenössischen Departement für auswärtige Angelegenheiten (www.eda.admin.ch).

Zoll
Man darf Folgendes für den persönlichen Gebrauch mit nach Sri Lanka nehmen:
Tabakwaren: Nicht erlaubt.
Alkohol: 1,5 Liter Spirituosen und zwei Flaschen Wein.
Bargeld: Man darf nicht mit mehr als 20 000 LKR in bar nach Sri Lanka einreisen. Wenn man mehr als 15 000 LKR (oder den Gegenwert in anderen Währungen) mit sich zu führt, muss man das bei der Ankunft deklarieren.
Medikamente: Bringt man eine größere Menge an persönlichen Medikamenten mit, sollte man die Rezepte für den Fall von Nachfragen dabeihaben.

Versicherungen
Schließen Sie unbedingt eine Versicherung ab, die Diebstahl, den Verlust von Habseligkeiten, medizinische Probleme, Stornierungen und Verspätungen abdeckt. Vergewissern Sie sich auch, dass Ihre Police Sie abdeckt, wenn Sie Aktivitäten wie Surfen, Kitesurfen, Tauchen und Wildwasser-Rafting planen.

Impfungen
Für die Einreise nach Sri Lanka sind keine Impfungen erforderlich, abgesehen von Gelbfieber, wenn Sie aus einem betroffenen Gebiet kommen. Eine Hepatitis-A-Impfung wird aber oft von Ärzten empfohlen.

Bezahlen
Die offizielle Währung ist die sri-lankische Rupie (LKR). Einige Hotels verlangen aber, dass Sie in US-Dollar bezahlen. Es gibt in allen Städten Geldautomaten, die auch Visa und/oder Mastercard akzeptieren. Hier wird zusätzlich zu allen anderen Gebühren eine Transaktionsgebühr an die lokale Bank fällig. Manchmal werden auch Kreditkarten akzeptiert, obwohl in Sri Lanka nach wie vor hauptsächlich bar bezahlt wird. Sie sollten immer genügend Geldscheine bei sich haben, besonders außerhalb von Colombo.

Hotels
Sri Lanka bietet eine riesige Vielfalt an Unterkünften, von Fünf-Sterne-Hotelketten bis zu kleinen familiengeführten Gästehäusern. Gästehäuser sind eine Spezialität der Insel, ob in Bungalows von Teepflanzern in den Bergen oder in stilvollen Boutique-Häusern an der Küste. Es gibt auch viele Kitesurfing-Camps und Zeltsafari-Lodges, oft an spektakulären Orten. Lokale Unternehmen wie **Red Dot Tours**, **Villas in Sri Lanka** und **Sri Lanka in Style** arrangieren Touren und haben Zugang zu den besten Unterkünften der Insel.
Red Dot Tours
W reddottours.com
Villas in Sri Lanka
W villasinsrilanka.com
Sri Lanka in Style
W srilankainstyle.com

Reisende mit besonderen Bedürfnissen
Leider stellt Sri Lanka eine Herausforderung für Reisende mit besonderen Bedürfnissen dar. Bürgersteige sind oft mit parkenden Autos verstopft, öffentliche Verkehrsmittel sind schwierig oder unmöglich zu besteigen, und es gibt nur wenige behindertengerechte Hotelzimmer. Am besten, man wendet sich an einen seriösen Reiseveranstalter und arrangiert einen Transport mit einem Fahrer.

Sprache
Singhalesisch ist die Sprache der Singhalesen, Tamil die Muttersprache der tamilischen Bevölkerung auf der Insel. Englisch ist weitverbreitet, und selbst in abgelegenen Gegenden gibt es meist jemanden, der zumindest ein paar Worte versteht. Die meisten Schilder sind dreisprachig in Singhalesisch, Tamilisch und Englisch, obwohl einige Busse nur in Singhalesisch oder in Tamilisch beschriftet sind.

Öffnungszeiten
Samstag und Sonntag Banken und Büros sind am Wochenende geschlossen, einige Postämter öffnen am Samstag. Museen und andere Attraktionen sind in der Regel täglich geöffnet. Einige wenige schließen für einen oder zwei Tage in der Woche, allerdings nicht unbedingt über das Wochenende. Die meisten Läden sind täglich geöffnet, obwohl einige wenige sonntags schließen.
Feiertage Banken, Postämter und Regierungsstellen schließen, obwohl viele kleinere, unabhängig geführte Geschäfte geöffnet bleiben.

Feiertage

Januar	Duruthu Poya
14./15. Jan	Tamil Thai Pongol
Februar	Navam Poya
4. Februar	Unabhängigkeitstag
Feb/März	Maha Sivarathri
März	Medin Poya
März/April	Karfreitag
April	Bak Poya
13./14. April	Singhalesisches und tamilisches Neujahr
1. Mai	Tag der Arbeit
Mai (2 Tage)	Vesak Poya
Mai/Juni	Eid ul-Fitr
Juni	Poson Poya
Juli	Esala Poya
August	Nikini Poya
September	Binara Poya
Oktober	Vap Poya
Oktober	Milad un-Nabi
Okt/Nov	Deepavali
November	Il Poya
Dezember	Unduvap Poya
25. Dez	Weihnachten

IN SRI LANKA UNTERWEGS

Ob Sie einen Strandurlaub oder einen Aufenthalt im ländlichen Gebiet planen– hier erfahren Sie, wie Sie Ihre Destination am besten erreichen und sich im Land bewegen.

Auf einen Blick

Tickets

1. Klasse
800 LKR
Colombo – Kandy

2. Klasse
280 LKR
Colombo – Kandy

3. Klasse
180 LKR
Colombo – Kandy

Tipp
Die erste Klasse ist klimatisiert, in der zweiten können Sie die Fenster öffnen.

Tempolimits

Autobahn
100 km/h

Ländliche Gebiete
70 km/h

Stadtgebiet
50 km/h

Anreise mit dem Flugzeug

Der einzige funktionierende internationale Flughafen ist der **Bandaranaike International Airport**, der sechs Kilometer von der Stadt Negombo entfernt ist. Der Flughafen hat regelmäßige Verbindungen zu vielen europäischen, asiatischen und nahöstlichen Städten. Der Mattala Rajapaksa International Airport bei Hambantota nimmt derzeit keine kommerziellen Passagierflüge auf. Die Fahrtzeiten zwischen dem Flughafen und den größeren Städten können Sie der nebenstehenden Tabelle entnehmen.

Bandaranaike International Airport
W airport.lk

Inlandsflüge

Die schnellste Art, über die Insel zu reisen, ist mit dem Flugzeug. **Cinnamon Air** bietet regelmäßige Linienflüge von Colombo zu verschiedenen Städten an. Flugreisen sind eine großartige Alternative zum mühsamen Reisen auf der Straße. Die siebenstündige Fahrt von der Hauptstadt nach Trincomalee beispielsweise dauert in der Luft nur 50 Minuten. Der größte Vorteil ist jedoch die Möglichkeit, die Insel von oben zu sehen. Die atemberaubendsten Aussichten genießt man, wenn man zu oder über die grünen Hügel des Hill Country fliegt.

Einige Routen erfordern den Einsatz eines Wasserflugzeugs, mit dem Sie an Lagunen starten und landen, darunter das abgelegene Castlereagh Reservoir sowie die palmengesäumten Lagunen an der Südküste bei Koggala und Dickwella. Zu den Zielen der Wasserflugzeuge gehören derzeit Kandy, Castlereagh (für Adam's Peak), Koggala, Dickwella, Hambantota, Sigiriya, Trincomalee und Batticaloa. Die Flugpreise liegen zwischen 27 000 und 45 000 LKR für eine einfache Fahrt. Charterflüge gibt es auch nach Nuwara Eliya, Anuradhapura und Jaffna. Der Air Taxi Service von **Sri Lankan Airlines** bietet Wasserflugzeuge und Charterflüge an.

Cinnamon Air
W cinnamonair.com
Sri Lankan Airlines
W srilankan.com

Vom und zum Bandaranaike Airport

Ziel	Fahrtdauer	Taxipreis
Colombo	1 Std.	3000 LKR
Negombo	20 Min.	800 LKR
Galle	2 Std.	8000 LKR
Kandy	3 Std.	10 000 LKR

Sri Lanka mit dem Auto

Diese Karte bietet eine praktische Referenz für Reisezeiten mit dem Auto oder Expressbus zwischen den wichtigsten Städten Sri Lankas. Die Eröffnung der Autobahnverlängerungen in Kandy und Hambantota hat einige Fahrtzeiten deutlich verkürzt.

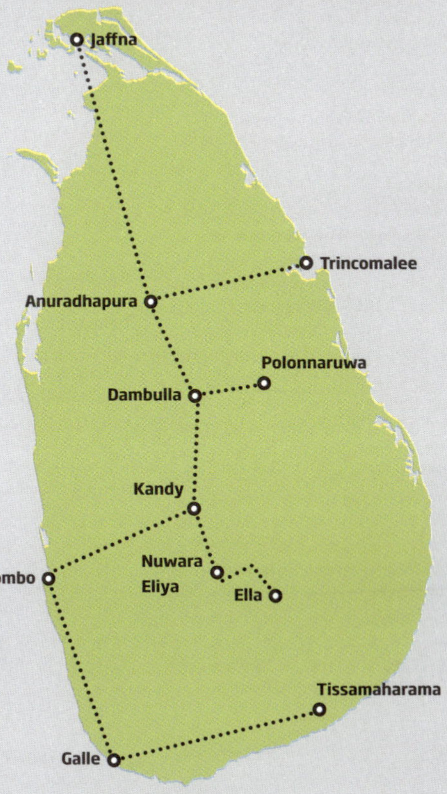

Anuradhapura – Trincomalee	3 Std.	**Dambulla – Polonnaruwa**	1,75 Std.
Anuradhapura – Jaffna	5 Std.	**Galle – Tissamaharama**	4,5 Std.
Colombo – Kandy	3,5 Std.	**Kandy – Dambulla**	2 Std.
Colombo – Galle	1,5 Std.	**Kandy – Nuwara Eliya**	2,5 Std.
Dambulla – Anuradhapura	1,5 Std.	**Nuwara Eliya – Ella**	2,5 Std.

Züge

Eine Fahrt mit Sri Lankas Eisenbahnen aus der Kolonialzeit *(siehe S. 48f)* ist eine der besten Möglichkeiten, die Insel zu erkunden. Jüngste Modernisierungen der Strecken und der Züge haben die Fahrtzeiten erheblich verkürzt, obwohl die Fahrpreise nach wie vor extrem günstig sind.

Es gibt drei Klassen. Die erste Klasse (nur auf einigen Strecken) umfasst moderne, klimatisierte Wagen. Die zweite und dritte Klasse sind ähnlich, wobei die zweite Klasse komfortablere Sitze hat. Unreservierte Fahrkarten (nur zweite und dritte Klasse) kann man direkt am Bahnhof kaufen. Reservierte Plätze (in allen drei Klassen) sind schnell ausverkauft, deshalb sollte man im Voraus buchen, entweder über einen Reiseveranstalter oder online bei **Visit Sri Lanka Tours** oder **12Go**. Auf der Website der **Sri Lankan Railways** sind Fahrplan- und Tarifinformationen.

Visit Sri Lanka Tours
W visitsrilankatours.co.uk
12Go
W 12go.asia
Sri Lankan Railways
W railway.gov.lk

Fernbusse

Busse sind nach wie vor die beste Möglichkeit, in abgelegene Gebiete oder kleinste Städte zu gelangen. Die Dienste werden von privaten Unternehmen und dem Sri Lanka Transport Board (SLTB; rote Busse) betrieben. Es gibt auch private »Luxus«-Services auf den Hauptrouten in kleineren, minibusähnlichen Fahrzeugen mit verglasten Fenstern, die allerdings ziemlich eng sein können. Die Abfahrten auf den Hauptrouten sind etwa alle 30 Minuten, die Fahrpreise extrem günstig – im Durchschnitt etwa 100 LKR pro Stunde (außer auf den gebührenpflichtigen Autobahnen). Die Busse sind nicht besonders komfortabel und können sehr gut besetzt bis überfüllt sein. Eine Übersicht über die wichtigsten Verbindungen finden Sie auf der **Routemaster**-Website. Einige wenige Verbindungen können im Voraus oder online gebucht werden, obwohl es in der Praxis am einfachsten ist, einfach zum Busbahnhof zu gehen und ein Ticket an Bord zu kaufen.

Routemaster
W routemaster.lk

Transport in Städten

Tuk-Tuks und Taxis sind die wichtigsten Verkehrsmittel für kurze Strecken. Colombo ist der einzige Ort, an dem es sich lohnen könnte, mit öffentlichen Bussen zu fahren, aber selbst hier ist es schwierig, die richtige Haltestelle zu finden.

Tuk-Tuks

Tuk-Tuks (motorisierte Rikschas, auch bekannt als »Dreiräder« oder einfach »Taxis«) sind in Sri Lanka allgegenwärtig und ein Standardverkehrsmittel, um von A nach B zu kommen. Außer in Colombo gibt es keine Taxameter oder feste Fahrpreise. Sagen Sie dem Fahrer einfach, wohin Sie wollen, und er wird Ihnen einen Preis nennen, den Sie dann akzeptieren oder verhandeln können. Es ist hilfreich, sich an der Rezeption seiner Unterkunft nach einem angemessenen Fahrpreis zu erkundigen, bevor man sich auf den Weg macht, obwohl man in der Regel mehr bezahlen muss als ein Einheimischer. Man sollte den Fahrpreis vor Abfahrt vereinbaren, um Unannehmlichkeiten oder Betrug am Ende der Fahrt zu vermeiden.

Tuk-Tuks mit Taxameter sind in Colombo weitverbreitet, obwohl viele Fahrer behaupten, dass sie »kaputt« sind, und es gibt auch regelmäßig Berichte über manipulierte Taxameter. Um einen fairen Preis zu gewährleisten, buchen Sie ein Tuk-Tuk über die **PickMe**-App, die innerhalb weniger Minuten eine seriöse Rikscha mit Taxameter vermittelt.

PickMe
W pickme.lk

Taxis

Sie können in allen größeren Städten ein Taxi mieten, dabei handelt sich aber oft um Minibusse und nicht um Autos, die keine Taxameter haben. Wie bei Tuk-Tuks müssen Sie den Fahrpreis vorab aushandeln. In größeren Städten gibt es oft ausgewiesene Taxiparkplätze (z. B. gegenüber dem Eingang zum Zahntempel in Kandy), wo etliche Fahrzeuge auf Kundschaft warten.

In Colombo kann man ein Taxi (Auto, nicht Minivan) über die PickMe-App buchen. Die Preise sind über die App oft günstiger als das, was Sie zahlen würden, wenn Sie ein Tuk-Tuk an der Straße anhielten. Der Service der App kann außerhalb der Hauptstadt lückenhaft sein. In Colombo gibt es auch mehrere engagierte Taxiunternehmen wie das angesehene **Kangeroo Cabs**, das eine Flotte moderner funkgesteuerter Taxis mit Taxameter hat.

Kangeroo Cabs
W kangeroocabs.com

Autofahren

Autofahren in Sri Lanka ist nichts für schwache Nerven, und nur wenige Besucher setzen sich hinter das Steuer. Die Straßenverhältnisse sind schwierig mit engen, verstopften Autobahnen und einer Vielzahl von Gefahren wie streunenden Hunden, unberechenbaren Radfahrern, umherirrenden Fußgängern, Kamikaze-Busfahrern und so weiter. Wenn Sie mit dem Auto fahren wollen, brauchen Sie eine internationale Fahrerlaubnis, die dann bei Ankunft bei der **Automobile Association of Ceylon** (AAC) in Colombo genehmigt werden muss. Zuverlässige Mietwagenfirmen sind **Malkey** und **Casons Rent-a-Car**.

Automobile Association of Ceylon
W aaceylon.lk
Malkey
W malkey.lk
Casons Rent-a-Car
W casons.lk

Mietwagen mit Fahrer

Die überwiegende Mehrheit der Besucher mietet ein Auto mit Fahrer, entweder für die Dauer ihres Aufenthalts oder für einzelne Fahrten von Ort zu Ort. Alle großen Reiseveranstalter auf der Insel stellen Fahrzeuge zur Verfügung, darüber hinaus gibt es viele kleinere Unternehmen sowie freiberufliche Fahrer, die ihre Dienste anbieten. Zu den seriösen Anbietern gehören **Sri Lanka Driver Tours** und **Destination Sri Lanka Tours**.

Sri Lanka Driver Tours
W srilankadrivertours.com
Destination Sri Lanka Tours
W dsltours.com

Verkehrsregeln

Der Verkehr in Sri Lanka folgt allgemein akzeptierten, etwas anarchischen, ungeschriebenen Konventionen. Es herrscht Linksverkehr, und es gelten verschiedene Geschwindigkeitsbegrenzungen. Wer Vorfahrt hat, bestimmt die Hackordnung: Größere und schnellere Fahrzeuge (vor allem Busse) erwarten, dass kleinere abbremsen und anhalten, um ihnen das Überholen zu ermöglichen. Das Überholen selbst ist oft ein haarsträubendes Manöver. Von einem entgegenkommenden Auto, das sich einem überholenden Bus gegenübersieht, wird zum Beispiel erwartet, dass es langsamer wird. Es wird oft gehupt, besonders von Bus- und Lkw-Fahrern, die damit ihren Wunsch signalisieren, ein langsameres Fahrzeug zu überholen, oder sich dafür bedanken, dass ein langsameres Fahrzeug sie überholen ließ. Der rechte Blinker wird verwendet, um einem nachfolgenden Fahrzeug zu zeigen, dass es sicher überholen kann.

Fahrradfahren

Radfahren ist eine der angenehmsten Arten, sich auf der Insel fortzubewegen, vorausgesetzt, Sie können mit der Hitze und dem Verkehr umgehen. Eine Fahrradtour um Polonnaruwa und Anuradhapura ist eine großartige Möglichkeit, die Sehenswürdigkeiten zu erkunden, während eine längere Route durch das Bergland ebenfalls zu empfehlen ist. Touren werden von einer Reihe von Anbietern organisiert, darunter **Chameera Cycling**, **Enviro Bicycle Tours** und **Beyond Escapes**.

Chameera Cycling
W chameeracycling.com
Enviro Bicycle Tours
W envirobicycletours.com
Beyond Escapes
W beyondescapes.com

Fahrradverleih

Einen offiziellen Radverleih gibt es nur selten. Fragen Sie in Ihrem Gästehaus nach einem Ersatzrad oder nach jemandem, der eines hat. Die nächstbeste Möglichkeit ist, sich bei lokalen Reiseveranstaltern umzuhören, die manchmal Motorräder und Fahrräder vermieten. Erwarten Sie auch hier keine Qualitätsfahrräder – die meisten sri-lankischen Fahrräder sind alt mit klobigem Rahmen und fragwürdigen Bremsen, obwohl einige Veranstalter in Negombo, wie etwa **Pick & Go**, relativ neue Mountainbikes verleihen.

Pick & Go
W pickandgotravels.com

Sicherheit beim Fahrradfahren

Wenn es ums Radfahren geht, ist Sri Lanka definitiv nicht Amsterdam oder Kopenhagen. Die Vorfahrt wird durch Größe und Kraft bestimmt, als Radfahrer stehen Sie praktisch am unteren Ende der Nahrungskette. Bus- und Lkw-Fahrer können besonders aggressiv sein. Seien Sie immer vorsichtig, rechnen Sie mit dem Unerwarteten und tragen Sie einen Helm (bringen Sie Ihren eigenen mit, wenn Sie viel mit dem Rad fahren wollen, da man sie nicht oft leihen kann). Auch die Straßen sind oft in schlechtem Zustand: Achten Sie auf Schlaglöcher und andere Gefahrenquellen.

Fähren

Derzeit gibt es keine Linienfähren nach Sri Lanka, obwohl immer mehr Kreuzfahrtschiffe die Insel besuchen. 2011 wurde der Betrieb zwischen Colombo und Tuticorin in Indien kurzzeitig wieder aufgenommen, aber bald wieder eingestellt. Gerüchte, dass die indische Fähre wiederbelebt wird, kursieren weiterhin, obwohl es unwahrscheinlich erscheint, dass sie jemals Realität werden.

Die einzigen regelmäßigen Fährverbindungen in Sri Lanka sind die zwischen den verschiedenen Inseln rund um die Halbinsel Jaffna. Es ist nur ein kurzer Sprung über seichtes Wasser von Kayts nach Karaitivu und von Punkudutivu nach Nainativu, während die Überfahrt zwischen dem Festland und Delft viel länger dauert und potenziell auch um einiges rauer ist.

PRAKTISCHE HINWEISE

Ein paar wenige Kenntnisse der lokalen Gegebenheiten genügen – hier finden Sie die wichtigsten Hinweise und Tipps für Ihren Aufenthalt in Sri Lanka.

Auf einen Blick

Notrufnummern

Generellér Notruf	Krankenwagen
118/9	110

Feuerwehr	Polizei
110	118/9

Zeit

Sri Lanka ist der Mitteleuropäischen Zeit 4,5 Stunden voraus. Es gibt keine Sommerzeit.

Leitungswasser

Trinken Sie kein Leitungswasser, das kann Magenprobleme verursachen.

Trinkgeld

Trinkgeld wird in Restaurants und Hotels im Allgemeinen nicht erwartet, obwohl es natürlich immer nett ist, seine Wertschätzung für guten Service zu zeigen.

Persönliche Sicherheit

Sri Lanka ist im Allgemeinen ein sehr sicheres Land, Übergriffe auf Touristen sind äußerst selten, trotzdem sollte man leere Strände und dunkle Seitenstraßen bei Dunkelheit meiden. Sexuelle Belästigung von weiblichen Touristen ist leider häufiger der Fall. Kleiden Sie sich konservativ und rufen Sie laut, wenn Sie an einem öffentlichen Ort belästigt werden, um auf sich aufmerksam zu machen.

Nach den Bombenanschlägen zu Ostern 2019 haben viele Hotels ihre Sicherheitsvorkehrungen verschärft, und Sie müssen möglicherweise durch Scanner gehen.

Beim Verlust von Pass oder Personalausweis oder wenn Sie anderweitig in größeren Schwierigkeiten sind, wenden Sie sich an die Botschaft Ihres Heimatlandes.

Botschaft Deutschland
40 Alfred House Avenue, Col 3
+94 11 258 0431
colombo.diplo.de

Honorarkonsulat Österreich
6 Flower Terrace, Col 3
+94 11 238 5660
austrialanka.com

Botschaft Schweiz
63 Srimath R. G. Senanayake Mawatha (Gregory's Road), Col 7
+94 11 269 5117
eda.admin.ch/colombo

Gesundheit

Vor der Reise sollte man sich ärztlich beraten lassen, vor allem, wenn man sich längere Zeit im Land aufhalten will. Alle Besucher sollten vor der Reise eine Reiseversicherung abschließen. Wenn Sie krank sind, suchen Sie einen Arzt in einer örtlichen Klinik auf; bei kleineren Problemen gehen Sie zu einer Apotheke. Malaria ist in Sri Lanka inzwischen ausgerottet, die häufigsten Beschwerden sind Magenverstimmungen durch verunreinigtes Essen oder Wasser. Hitzebedingte Probleme sind ebenfalls ein Risiko, einschließlich Sonnenbrand, Hitzschlag und Sonnenstich. Achten Sie darauf, dass Sie immer ausreichend trinken und entsprechend gekleidet sind.

Rauchen, Alkohol und Drogen
Der Besitz aller gängigen Freizeitdrogen, sowohl weicher als auch harter, ist illegal, der Besitz kann mit einer Geld- oder sogar einer Freiheitsstrafe geahndet werden.

In den meisten geschlossenen öffentlichen Räumen ist Rauchen verboten. Die meisten Restaurants in Innenräumen sind Nichtraucherlokale, in den meisten Bars und Kneipen darf man hingegen noch rauchen.

Die Promillegrenze liegt bei 0,06.

Etikette
Der traditionelle Gruß ist *Ayubowan* (Mögest du ein langes Leben haben), bei dem die Hände in einer gebetsähnlichen Geste zusammengelegt werden. Jenseits des Strands sollten Sie sich konservativ kleiden (vor allem Frauen), um nicht Anstoß oder unerwünschte Aufmerksamkeit zu erregen. Vermeiden Sie auch Küsse oder ähnliche öffentliche Zeichen der Zuneigung.

Die buddhistische Ikonografie ist ein heikles Thema, Tätowierungen, die Bilder des Buddha zeigen, sollten abgedeckt werden.

Ziehen Sie vor Betreten eines Tempels Ihre Schuhe aus. Bedecken Sie Schultern und Knie. Verhalten Sie sich respektvoll, besonders in der Nähe von Buddha-Statuen. Lassen Sie sich nicht mit dem Rücken zu einer Buddha-Statue fotografieren. Wenn Sie sitzen, dürfen Ihre Füße nicht auf einen Buddha zeigen.

LGBT+
Homosexualität ist in Sri Lanka illegal, die öffentliche Zurschaustellung von Zuneigung sollte vermieden werden. Trotzdem ist es unwahrscheinlich, dass gleichgeschlechtliche Paare auf Probleme stoßen. Nützliche Infos bieten **Equal Ground** und **Utopia Asia**.

Equal Ground
W equal-ground.org
Utopia Asia
W utopia-asia.com.

Mobiltelefone und WLAN
WLAN gibt es fast überall in Gästehäusern, Hotels und vielen Restaurants.

Die meisten internationalen Handys funktionieren in Sri Lanka. Wenn Sie viel telefonieren wollen, lohnt es sich, eine lokale SIM-Karte zu kaufen. Spezielle Touristenpakete werden am Flughafen für etwa 1800 LKR verkauft. SIM-Karten und Aufladekarten können Sie (mit Reisepass) in Läden auf der ganzen Insel kaufen. Zwei der größten und zuverlässigsten Anbieter sind **Dialog** und **Mobitel**.

Dialog
W dialog.lk
Mobitel
W mobitel.lk

Post
Die Postämter sind in der Regel von Montag bis Freitag von 7 bis 21 Uhr geöffnet, einige auch am Samstagmorgen. Wenn Sie Pakete schicken, bringen Sie den Inhalt zuerst zum Schalter für die Zollabfertigung, bevor Sie ihn verpacken. Luftpost braucht etwa vier Tage nach Europa oder Nordamerika.

Sri Lanka Post
W slpost.gov.lk

Steuern
Auf einige Hotelzimmer und Restaurantpreise wird eine Vielzahl von Steuern erhoben, darunter die Mehrwertsteuer (15 Prozent), die Nation-Building Tax (2 Prozent) und die Tourist Development Tax (1 Prozent). Die Preise werden oft inklusive aller Steuern angegeben (der sogenannte »Netto«-Tarif), aber nicht immer. Zusätzlich erheben einige Hotels und Restaurants eine zehnprozentige Servicegebühr. Es lohnt sich nachzufragen, welche Steuern enthalten sind und welche nicht, um Überraschungen zu vermeiden.

Websites und App
Sri Lanka Tourism
Die offizielle Website des staatlichen Fremdenverkehrsamts, srilanka.travel, bietet eine Reihe nützlicher Infos.

Colombo Telegraph
Die Online-Zeitung, colombotelegraph.com, ist Sri Lankas führende Quelle für unabhängige Nachrichtenberichterstattung und investigativen Journalismus.

Sinhala by Nemo
Nützliche App, wenn Sie in die Grundlagen des Singhalesischen eintauchen möchten, mit Aufnahmen von Muttersprachlern und Skripten.

REGISTER

Seitenzahlen in **fetter** Schrift verweisen auf Haupteinträge.

A

B

C

D

U

V

W

Y

Z

SPRACHFÜHRER

Die indoarische Sprache Singhalesisch bzw. Sinhala ist die Sprache der Singhalesen, der mit rund 16 Millionen Menschen größten ethnischen Gruppe in Sri Lanka. Tamil, eine drawidische Sprache, ist die zweite Nationalsprache des Landes. Sie ist im Norden Sri Lankas bei drei Millionen Tamilen verbreitet. Von den Dialekten des Tamil sind das von über 60 Millionen im südindischen Bundesstaat Tamil Nadu gesprochene Indian Tamil und das insbesondere auf der Halbinsel Jaffna gesprochene Jaffna Tamil verbreitet. Darüber hinaus werden auch Negombo Tamil, Batticaloa Tamil (in Küstenregionen) sowie Hill Country Tamil (auf den Teeplantagen) gesprochen. Im Tamil unterscheiden sich Schriftsprache und Umgangssprache stark voneinander.

Alphabet und Aussprache

Die *singhalesische Schrift* ist eine Zwischenform aus Alphabet und Silbenschrift. Jeder Konsonant wird mit einem Buchstaben dargestellt, Vokale hingegen durch *pilla* (diakritische Zeichen) auf den Konsonanten. Das Alphabet umfasst 54 Buchstaben (18 Vokale, 36 Konsonanten), von denen in der gemischten Schrift aber nur 36 Buchstaben (zwölf Vokale, 24 Konsonanten) vorkommen.

Die *tamilische Schrift* umfasst zwölf Vokale, 18 Konsonanten, fünf Konsonantenzeichen (für Lehnwörter aus dem Sanskrit oder dem Englischen) sowie das spezielle Konsonantenzeichen *āytam*. Durch Kombination der Vokal- und Konsonantenzeichen können 216 (bzw. 276) Konsonant-Vokal-Verbindungszeichen gebildet werden. Die Aussprache der Vokale variiert je nach Position.

Vokale

u	wie in **A**st (kurz)
aa	wie in S**aa**l (lang)
a	wie im engl. **a**pple
e	wie im engl. **e**ver (kurz)
ay	wie im engl. pl**ay** (lang)
i	wie in Z**i**nn (kurz)
ee	wie in Z**ie**l (lang)
o	wie im engl. **o**ver (kurz)
oa	wie im engl. **o**ld (lang)
oo	wie in M**u**ster (kurz)
ou	wie in M**u**t (lang)
er	wie im engl. b**ur**n (das »r« ist stimmlos)
ai	wie in M**ai**
ei	wie im engl. w**ai**t
ouw	wie in H**au**s
ull	wie in Kn**all**

Konsonanten

dh	wie im engl. **th**e (stimmhaft)
d	wie in **D**ach
th	wie im engl. **th**irty (stimmlos)
ng	wie in la**ng**
gn	wie in Ke**n**ia
g	wie in **G**arten
j	wie in **Dsch**ungel

	Singhalesisch	Tamil
Notfall		
Hilfe	**Udhaw karanne!**	**Udhavungal!**
Feuer	**Gindhara!**	**Neruppu!**
Rufen Sie die Polizei!	**Polisiyata kathaa karanne!**	**Polissai koopudungal!**
Rufen Sie einen Arzt!	**Dhostere kenekuta kathaa karanne!**	**Doctorai koopudungal!**
Grundwortschatz		
Ja	**Ow**	**Aamaam**
Nein	**Nay**	**Illai**
Hallo	**Ayubowan**	**Vanakkam**
Auf Wiedersehen	**Mung yunnung**	**Naan porane**
Bitte	**Karunakara**	**Thayavu seithu**
Danke	**Sthuthi**	**Nandri**
Ich verstehe nicht.	**Mata theruney nay.**	**Enakku puriyavillai.**
Entschuldigung!	**Mata Sama venna!**	**Manniyungal!**
Was?	**Mokaddhe?**	**Enna?**
Warum?	**Ei?**	**Yen?**
Wo?	**Kohedhe?**	**Engey?**
Wann?	**Kavadhadhe?**	**Eppa?**
Nützliche Redewendungen		
Wie geht es Ihnen?	**Oya kohomadhe?**	**Eppudi irukureengal?**
Sehr gut, vielen Dank.	**Mama hondhing, sthuthi.**	**Naan nalla irukiren, nandri.**
Was ist das?	**Mey mokadhdhe?**	**Idhu enna?**
Wie komme ich nach …?	**… ekata yanney kohomadhe?**	**… iku povadhu eppudi?**
Waschraum / Toilette	**Kaamaraya / Vesikilya**	**Toilet**
Nützliche Wörter		
Ich	**Mama**	**Naan**
Frau / Frauen	**Geheniya / Gehenu**	**Pen / Penghal**
Mann / Männer	**Pirimiya / Pirimi**	**Aan / Aanghal**
Kind / Kinder	**Lamaya / Lamai**	**Pillai / Pillaighal**
Familie	**Pawula**	**Kudumbam**
gut	**Hondhai**	**Nallam**
schlecht	**Narakai**	**Koodaadhu**
offen	**Erilaa**	**Thirandhulladhu**
geschlossen	**Vahala**	**Moodiyulladhu**
links	**Vama**	**Idathu**
rechts	**Dhakuna**	**Valathu**
geradeaus	**Keling issaraha**	**Neraagha munnaal**
nahe	**Langai**	**Arughil**

weit	Dhurai	Dhooram
Eingang	Dhoratuwa	Vaasal
Ausgang	Pitavena dhora	Veliyerum vali
Toilette	Vesikiliya	Toilet
Postamt	Thepel kanthoruwa	Thabaal aluvalagham
Brief	Liyuma	Kadidham
Adresse	Yomuwa	Mughavari
Straße	Veedhiya	Theru
Stadt	Nagharaya	Nagharam
Ort	Gama	Graamam
Internet-Café	Antharjaala aapana shaalaava	Inaiyakham
E-Mail	E-thepel	Minnanjal

Geld

Wechselkurs	Vinimaya anupathikaya	Maatru vighidham
Bank	Bankuwa	Vangi
Bargeld	Salli / Mudhal	Kaasu / Panam
Kreditkarte	Naya kaadpatha	Kadan attai

Shopping

Wo bekomme ich …?	… ganne puluwang kohendhe?	… engey vaangalaam?
Wie viel kostet das?	Meykhe keeyadhe?	Idhu evalavu?
Haben Sie …?	… thiyanavaadhe?	… irukiradha?
Akzeptieren Sie Kreditkarten?	Oba naya kaadpath gannavaadhe?	Kadan attai eduppeerghala?
teuer	Ganang vedi	Kooda vilai
billig	Laabai	Malivu
Größe	Pramaanaya	Alavu
Farbe	Paata	Niram
Apotheke	Farmasiya / Beheth saapuwa	Marunthu kadai
Buchhandlung	Poth saapuwa	Puththaha kadai
Markt	Velendha Pola	Sandhai
Souvenirladen	Sihivatana alevi sala	Ninaivu porulhal kadai

Sightseeing

Berg	Kandha	Malai
Bucht	Bokka	Virikuda
Festival	Utsavaya	Thiruvila
Fluss	Ganga	Aaru
Information	Sanchaaraka kaaryalaya	Suttrula aluvalaham
Insel	Dhupatha	Theevu
Museum	Kouwthukagaraya	Arungkaatchiyagam
Reisebüro	Sanchaaraka niyojithaya	Prayana muhavar
See	Veva	Eri
Strand	Vella / Verala	Kadatkarai
Tempel	Pansala	Kovil
Wald	Keleva	Kaadu

Unterwegs

Bahnhof	Dhumriya pala	Rail nilayam
Bus	Bus eka	Bus
Busbahnhof	Bus nevathumpala	Bus nilayam
Einzelfahrkarte	Thani gaman ticket ekak	Oru vali ticket ondru
Fähre	Dhoney	Padaghu
Fahrrad	Bysikalaya	Cykil
Flughafen	Guwan thotupala	Vimaana nilayam
Flugticket	Plane ticket eka	Vimaana ticket
Flugzeug	Plane eka	Vimaanam
Motorrad	Motor cycleye	Motaar cykil
Rückfahrkarte	Prathyaagamana ticket ekak	Irandu vali ticket
Taxi	Kulee rathayak	Taaksi
Zug	Kochchiya	Rayil vandi

Im Hotel

Haben Sie ein Zimmer frei?	**Hiss kaamarayak thiyanavaadhe?**	**Kaaliyaana arai ondru irukkiradhaa?**
Ich habe reserviert.	**Mang venuveng, veng kara etha.**	**Enakkaaha odhukka pattulladhu.**
Hotel	**Hotelaya**	**Hotel**
Gästehaus	**Guesthouse eka**	**Virundhinar vidudhi**
Zimmer	**Kamaraya**	**Arai**
Einzelzimmer	**Thani kaamaraya**	**Ottrai arai**
Doppelzimmer	**Dvithva kaamaraya**	**Irattai arai**
Klimaanlage	**AC ethi**	**AC ulla**
Badezimmer	**Naana kamaraya**	**Kuliyal arai**

Im Restaurant

Kann ich die Karte haben?	**Mata Menu eka balanne puluwangdhe?**	**Menuvai paarka mudiyuma?**
Die Rechnung, bitte.	**Karuna kara bila dhennewadha.**	**Billai tharavum.**
scharf	**Dhevillai / serai**	**Urappu**
süß	**Pani rasa**	**Inippu**
Messer	**Pihiya**	**Kaththi**
Gabel	**Garappuwa**	**Mullkarandi**
Löffel	**Handhe**	**Karandi**
Restaurant	**Avanhala**	**Unavagham**
Westliche Küche	**Batahira kema**	**Metrkaththiya unavu**

Speisekarte

Apfel	**Appel**	**Aappil**
Banane	**Kesel**	**Valaipalam**
Bier	**Beer**	**Beer**
Brot	**Paang**	**Paan**
Dessert	**Athurupasa**	**Palavaghai unavu**
Ei	**Biththara**	**Muttai**
Ente	**Thara**	**Vaaththu**
Fisch	**Maalu**	**Meen**
Flasche	**Bothalaya**	**Pottil**
Fleisch	**Mas**	**Eraichchi**
Gemüse	**Elavalu**	**Marakari**
Getränke	**Beema**	**Paanangal**
Glas	**Vidhuruwa**	**Tumbler**
Hühnchen	**Kukul mas**	**Koli erachchi**
Hummer	**Pokirissa**	**Periya iraal**
Kaffee	**Kopi**	**Kopi**
Kartoffel (Süßkartoffel)	**Ala (bathala)**	**Kilangu (vattraalai kilangu)**
Kokosnuss	**Pol**	**Thengai**
Krabbe	**Kakuluvo**	**Nandu**
Lamm	**Batalu mas**	**Aatterachchi**
Milch	**Kiri**	**Paal**
Mineralwasser	**Bothal kala vathura neer**	**Pottilil adaikkapatta**
Obst	**Palathuru**	**Palam**
Pfeffer	**Gummiris**	**Milaghu**
Pilze	**Hathu**	**Kaalaan**
Reis	**Bath**	**Soaru**
Rindfleisch	**Harak mas**	**Maatterachchi**
Salat	**Saladhu**	**Salad**
Salz	**Lunu**	**Uppu**
Schweinefleisch	**Urumas**	**Pandri erachchi**
Softdrinks	**Sisil beema**	**Menpaanam**
Tee	**They**	**Theyneer**
Wassser	**Vathura**	**Thannir**
Wein	**Vine**	**Vine**
Zucker	**Seeni**	**Seeni**
Zwiebel	**Lunu**	**Vengayam**

Gesundheit

Ambulanz	Gilan rathaya (ambulansaya)	Noyaali vandi
Arzt	Dhostara	Maruthuvar
Durchfall	Bada burul veema	Bedhi
Grippe	Una	Salikaichchal
Krankenhaus	Rohala	Aspathri
Rezept	Beheth thunduwa	Marundhu cheettu
Unfall (Verkehrsunfall)	Hadhisi anathurak (thadabadaya)	Vibaththu (pokkuvarathu)

Zeit

Tag	Davasa	Naal
Woche	Sumanaya	Vaaram
Monat	Maasaya	Maatham
Jahr	Avurudhdha	Varusham
Montag	Sandhudha	Thingal
Dienstag	Angaharuwaadha	Sevvai
Mittwoch	Badhadha	Pudhan
Donnerstag	Brahaspathindha	Viyaalan
Freitag	Sikuradha	Vellikilamai
Samstag	Senasuraadha	Sanikilamai
Sonntag	Iridha	Gnaayiru
Wie spät ist es?	Velaava keeyadhe?	Mani enna?
12 Uhr mittags	Dhaval dholaha	Nanpahal
Vormittag	Udhay	Kaalai
Mittag	Dhaval	Paghal
Nachmittag	Pasvaruwa	Madhiyaanam
Abend	Havasa	Maalai
Nacht	Reh	Iravu

Zahlen

1	Ekai	Ondru
2	Dhekai	Irandu
3	Thunai	Moondru
4	Hatharai	Naalu
5	Pahai	Aindhu
6	Hayai	Aaru
7	Hathai	Elu
8	Atai	Ettu
9	Namayai	Onbadhu
10	Dhahayai	Paththu
50	Panahai	Aimbadhu
100	Seeyai	Nooru
200	Dheyseeyai	Iranooru
1000	Dhaahai	Aayiram
10 000	Dhaha dhaahai	Pathaayiram

DANKSAGUNG

Dorling Kindersley bedankt sich bei allen Personen, die bei der Herstellung dieses Buchs mitgewirkt haben.

BILDNACHWEIS

Der Herausgeber dankt den folgenden Personen für die freundliche Genehmigung zur Wiedergabe ihrer Fotos.

o = oben; u = unten; m = Mitte; l = links; r = rechts

123RF.com: Ievgenii Fesenko 106o; Angela Grant 99ul; Sergiy Lukutin 50ml; Izflzf 6–7; Yakov Oskanov 136–137o; Matyas Rehak 196–197u; Thomas Wyness 118ol.

4Corners: Guido Cozzi 8ml, 218–219; Jeremy Flint 18or, 18ul, 132–133, 158–159; Tuul & Bruno Morandi 8mlu, 92–93o; Ben Pipe 19ul, 82–83u, 206–207; Reinhard Schmid 59mr; Richard Taylor 59ul; Luigi Vaccarella 8mlo.

Alamy Stock Photo: Mohammed Abidally 114–115u; AGE Fotostock/Christian Goupi 13ur, 33ur, 200–201u; Mark Andrews 67ol; Cedric Angeles 45or; Arcaid Images/Richard Bryant 81u; Arco Images GmbH/TUNS 131mr; ArkReligion.com/Helene Rogers 140ul; Art Directors & TRIP/ArkReligion.com/Helene Rogers 187mlo; Avalon/Photoshot License/ Andy Rouse 36–37u; Peter Barritt 196mlu; BE&W agencja fotograficzna Sp. z o.o./ BE&WON99 72mro; Georg Berg 46–47o; Sabena Jane Blackbird 90ur; Jon Bower – Sri Lanka 115or; Michele Burgess 54mr; Wojtkowski Cezary 171or; Jui-Chi Chan 178–179o; China Span/Keren Su 53ul; Stuart C. Clarke 181ol; Justin Cliffe 148ol; Peter Cook 40–41o; David Crausby 96ol; Cultura Creative (RF)/John Philip Harper 144–145u, /Benedicte Vanderreydt 32ol; Mark Daffey 165ol; dbimages/Marcia Chambers 164–165u; Marius Dobilas 128o; Alison Eckett 36ol; eFesenko 20, 30–31u, 68o, 181mr; EyeEm/ Francisco Rama 131mro; Daniele Falletta 174ul; Philip Game 31ur, 199mu; Paul Gapper 199or; Thomas Haensgen 30ol; hemis.fr/ Christophe Boisvieux 59ml, /Franck Chaput 181um, /Jean-Pierre Degas 60–61, /Gil Giuglio 212–213u, /Franck Guiziou 109ur, 129u, 201ol, /Camille Moirenc 22ol, /Bertrand Rieger 185ur, /Alain Schroeder 11mr, 119u; Image Professionals GmbH 39mu; image-BROKER/Stefan Auth 67um, /Peter Giovannini 56um, /Harry Laub 172mlu; INTERFOTO/ Travel 79ul; Ivoha 176mlo, 202u; Olga Khoroshunova 129mru; Joana Kruse 26mlu; Abhishek Kumar 82mu; Adrian-Catalin Lazar 44ol; Lebrecht Music & Arts/Lebrecht Authors 128um; Llewellyn 187ml; Lookinglost 10mlu; Terry Mathews 24ul, 163; mauritius images GmbH/Cash 33mlo, /Harald Schön 13o; MehmetO 72mru; Tuul & Bruno Morandi 12o, 47u, 114mro, 122or, 123u, 153ml, 198ul, 203ml; Nature Picture Library/Edwin Giesbers 17ur, 102–103; Anne-Marie Palmer 31or, 84mlu, 113mlu; Photopat 41mlo; The Picture Art Collection 53ol; Rob Pinney 26mru; Paul Quayle 35ml; Simon Reddy 11ur, 31ml; Frederic Reglain 50mr; Robertharding/ Christian Kober 43mr, /James Strachan 152ol, /Matthew Williams-Ellis 120u; Pep Roig 58ml; Marco van Rooijen 37ur; Shalom Rufeisen 121o; Vipula Samarakoon 125o; Peter Schickert 124ul; Nick Servian 113ur; David South 93ur; Paul Springett C 10mo; Kumar Sriskandan 39ml; Dave Stamboulis 73; Jochen Tack 33o; Travel Pictures/pictures-colourlibrary.com 168ol; Travelib Asia 46ur; Matthew Wakem 32ur; wanderluster 95ur; Finnbarr Webster 194–195o; Hilda Weges 182u; Westend61 GmbH/Christian Vorhofer 143mr; Jan Wlodarczyk 20ul, 28mr, 42mru, 141mo, 186ul, 187mlu (Dhyana Mudra); Xinhua/Ajith Perera 51or, /Gayan Sameera 72ul; Ariadne Van Zandbergen 51mlu, 52um, 101ur, 170ml, 175ul, 183or, 210o; ZUMA Press; Inc./© Andrey Nekrasov 97u.

AWL Images: Peter Adams 168–169u; Katja Kreder 17ol, 86–87, 174–175o, 187mlu; Ludovic Maisant 8–9u, 213or; Nigel Pavitt 76u, 156ol; Bertrand Rieger 48–49o; Jane Sweeney 2–3, 10–11u; Ian Trower 16m, 62–63, 74–75u.

Bridgeman Images: Leemage/© The British Library Board 52o, 54ol; © British Library Board. All Rights Reserved 54–55o, © Giancarlo Costa 54ur; Bilder aus der Geschichte 54mlo; The Stapleton Collection 55mlu.

Dorling Kindersley: Idris Ahmed 67mro, 109om.

Dreamstime.com: Jaromír Chalabala 127or; Tomas Ciernik 90–91o; Dinozzaver 121mr; Mikhail Dudarev 147ur; Anna Dudko 189or; Feathercollector 37ur, 156or; Evgeniy Fesenko 4, 20mr, 23ol, 23or, 41ur, 85or, 187o, 200ol; Filipp Filipovich 98u; Kevin Gillot 164mro; Mykola Ivashchenko 54mlu; Izanbar 121mru; Olga Khoroshunova 166ul, 170–171u; Sergii Kolesnyk 45ur; Krivinis 150–151o; Kyslynskyy 22or; Len4foto 94u; Dmitry Malov 28o; Msanca 12mlu; Njarvis5 177ur; Oskanov 165mro; Kuganathan Priyatharsan 53mru; Saiko3p 24o, 24mlu, 24mru, 34ur, 66–67u, 126–127u, 197or, 217ol; Saletomic 39or; Scaliger 126ol; Vadym Soloviov 22–23mo; Takepicsforfun 176–177o; Thilan-kaperera 131mru; Toxawww 77or; Travelvr 143ul; Trofoto 42mlu; Pavel Trubnikov 108ml; Hilda Weges 34–35o, 142; Thomas Wyness 26o, 38ol, 38–39u, 43mru, 116ul, 139ml, 139u.

Geoffrey Bawa Trust/Lunuganga Trust: 80mru, 81mro; Luca Tettoni 80o.

Getty Images: 500Px Plus/Richard Guijt 204–205o; AFP/Ishara S. Kodikara 50mlo, 51mlo, 51ol, 57mu, /Jimin Lai 57ul, /Lakruwan Wanniarachchi 50mro, 51mru, 56–57o, 57or, /Sanka Vidanagama 205ur; Archive Photos/Smith Collection/Gado 55or; AWL Images/Nigel Pavitt 184–185o; Bettmann 56ol; Cultura/Ben Pipe Photography 48ur; De Agostini/DEA/ICAS94 52mlu; Hulton Archive/ Robert Nickelsberg 56mr; The LIFE Images Collection/Robert Nickelsberg 56mru; Lonely Planet Images/John W. Banagan 172–173u, 216u, /Christer Fredriksson 99o, /Rhonda Gutenberg 95ol, /Diana Mayfield 58mr, /Oliver Strewe 119or, 119mr, /Peter Stuckings 78–79o, 149u, 150ur; Moment/ A Photo By Bhagiraj Sivagnanasundaram 19o, 190–191, /Paul Biris 53mro; Moment Unreleased/Malcolm P. Chapman 81mr; NurPhoto/Creative Touch Imaging Ltd. 51mr, 188–189u, 214–215o, 217ur; Photodisc/ Gerard Soury 91ur; Photolibrary/Andrea Thompson Photography 155u, /Tuul & Bruno Morandi 166–167o; Popperfoto/Paul Popper 55um; Stockbyte/Imagebook/Theekshana Kumara 75ol, 157ur; Universal Images Group/GeographyPhotos 82ol, 154or, /Majority World 43o, 147mlo, /Werner Forman 53or; Saman Weeratunga 139mro.

iStockphoto.com: Jui-Chi Chan 42mr; danilovi 50mru, 110mlu; Andrey Danilovich 35ur, 100o, 100mlo; DavorLovincic 47mlo, 113mru; deniscostille 215om; E+/danilovi 37ml, 146–147, /hadynyah 26ur, 180–181u, /republica 42mu, /tunart 153u; elkor 97mro; FrankvandenBergh 130u; helovi 20o; life in shots 20mru; Nuwan Liyanage 141om; MariusLtu 13mr, 49u; PeskyMonkey 45ml; pidjoe 141; Ruben Ramos 70u; Rbulthuis 112–113o; saiko3p 138ol; Travel Wild 28ul; UWPhotog 11o; D Wulfers 49mo; yotrak 44–45u.

Rex by Shutterstock: EPA/M. A. Pushpa Kumara 50mlu.

Robert Harding Picture Library: Robert Francis 203u; Ben Pipe 12–13u; Ian Trower 40u.

The Sanctuary at Tissawewa Hotel/ Quickshaws: 28ml

Shutterstock: Frank McClintock 131o; Sergieiev 117.

Umschlag
Vorderseite und Buchrücken:
AWL Images: Christian Kober.
Rückseite: **Alamy Stock Photo:** Lookinglost m, Jan Wlodarczyk mlo; **AWL Images:** Christian Kober u, Ludovic Maisant or.

DK Penguin Random House
www.dk-verlag.de

Hauptautoren Gavin Thomas, Rachael Heston
Senior Editor Ankita Awasthi Tröger
Senior Designer Sarah Snelling, Ben Hinks
Project Editor Rebecca Flynn
Designer Stuti Tiwari Bhatia, Hansa Babra, Simran Lakhiani
Factcheck Emma Boyle
Editor Ruth Reisenbergert
Korrektur Kathryn Glendenning
Register Helen Peters
Senior Picture Researcher Ellen Root
Bildredaktion Sophie Basilevitch, Åsa Westerlund, Sumita Khatwani, Rituraj Singh, Vagisha Pushp
Illustrationen Chingtham Chinglemba, Sanjeev Kumar, Arun Pottirayil
Cartographic Editor James Macdonald
Kartografie Ashutosh Ranjan Bharati, Rajesh Chhibber, Simonetta Giori
Design Umschlag Sarah Snelling, Bess Daly
Bildredaktion Umschlag Susie Watters
Senior DTP Designer Jason Little
DTP-Koordinator George Nimmo
DTP-Designer Rohit Rojal
Technical Prepress Manager Tom Morse
Bildretouche Steve Crozier
Producer Rebecca Parton
Managing Editor Hollie Teague
Managing Art Editor Bess Daly
Art Director Maxine Pedliham
Publishing Director Georgina Dee

Zuerst erschienen 2014 in Großbritannien bei Dorling Kindersley Ltd., London

Aktualisierte Neuauflage 2021 / 2022

Programmleitung Monika Schlitzer, DK Verlag
Redaktionsleitung Stefanie Franz, DK Verlag
Übersetzung Claudia Fritzsche, München; Dr. Gabriele Rupp, München
Redaktion Dr. Gabriele Rupp, München
Schlussredaktion Philip Anton, Köln
Umschlaggestaltung Ute Berretz, München
Satz und Produktion DK Verlag, München
Druck Vivar Printing Sdn Bhd, Malaysia

ISBN 978-3-7342-0638-2

5 6 7 23 22 21

Dieser Reiseführer wird regelmäßig aktualisiert. Angaben wie Telefonnummern, Öffnungszeiten, Adressen, Preise und Fahrpläne können sich jedoch ändern. Der Verlag kann für fehlerhafte oder veraltete Angaben nicht haftbar gemacht werden. Für Hinweise, Verbesserungsvorschläge und Korrekturen ist der Verlag dankbar. Bitte richten Sie Ihr Schreiben an:

Dorling Kindersley Verlag GmbH
Redaktion Reiseführer
Arnulfstraße 124 • 80636 München
travel@dk-germany.de

A
B
C
D
1
2
3
4
5
6
7
INDIEN
Tiruvadanai
Tondi
Devipattinam
Ramanathapuram
Rameswaram
Palk-
straße
Adam's
Bridge
Kankesanturai
Kantharodai
Valvedditurai
Point Pedro
Karaitivu
Kayts
Vallipuram
Halbinsel Jaffna
Jaffna
Islands
Chavakachcheri
Jaffna
Nainativu
Pallai
Punkudutivu
Delft
Jaffna
Lagoon
Elephant Pass
Kachchativu
Palk-
bucht
Kilinochchi
Nanthi Kadal
Lagoon
Mannar
Island
Mankulam
Talaimannar
Vavuni Kulam
Tank
Mannar
Madhu
Omantai
Golf von
Mannar
Yoda
Wewa
Padawiya
Tank
Vavuniya
Portugal
Bay
Medawachchiya
Hamillewa
Wilpattu
National Park
Anuradhapura
Mihintale
Nuwarawewa
Kalpitiya
Kala Oya
Puttalam
Lagoon
Nachchaduwa
Tank
Halbinsel
Kalpitiya
Alankuda Beach
Ritigala
Aukana
Habarana
Puttalam
Miyallawa
Sasseruwa
Jathika
Namal Uyana
Madurankuli
Anamaduwa
Dambulla
Popham
Arboretu
Yapahuwa
Udappu
Arankele
Anawilundawa
Nalanda
Gedige
Padeniya
Chilaw
Sri-Munnesvaram-
Tempel
Ridigama
Panduwas
Nuwara
Aluvihare
Ridi Vihara
Marawila
Kuliyapitiya
Kurunegala
Matale
Maha Oya
Peradeniya
Botanical
Gardens
Kandy
Kochchikade
Kegalle
Ceylon Tea
Negombo
Henarathgoda
Botanical Garden
Gampola
Three-Temples
Damro
Labookellie
Tea Lounge
Muthurajawela
Wetlands
Kelani Ganga
Nawalapitiya
Kitulgala
COLOMBO
Malambe
Avissawella
Nuwara Eliya
Talangama
Wetlands
Adam's Peak
Hatton
Dickoya
Dehiwala
Mount Lavinia
Horton Plains National
Park und World's End
Moratuwa
Bambarakanda Falls
Lakkadiven-
see
Kalu Ganga
Ratnapura
Balangoda
Kalutara
Udawalaw
Beruwala
Brief
Garden
Aluthgama
Kudawa
Bentota
Sinharaja
Forest Reserve
Induruwa
Lunuganga
Kosgoda
Galagoda-
Sailatharamaya-Tempel
Deniyaya
Balapitiya
Ambalangoda
Gangarama Maha Vihara
Seenigama-Tempel
Akuressa
Hikkaduwa
Kottawa
Rainforest
Hiyare
Rainforest
Mulgirigala
Galle
Unawatuna
Koggala
Weligama
Dickwella
Midigama
Matara
Mirissa
Polhena
Dondra
0 Kilometer
50
N